师 途

清华大学导学故事集

赵 岑 主编

清華大学出版社
北京

内 容 简 介

本书主体部分共分为"初心不改""行之以躬""立德立言""火传穷薪"四个章节。"初心不改"一章主要展现清华导师们的家国情怀。"行之以躬"一章主要呈现导师与学生共同攻坚克难的生平纪实。"立德立言"一章主要展示优秀导师关于导学思政和人才培养的理论探讨。"火传穷薪"一章展示了清华园里动人的导学故事。清华大学即将迎来建校110周年,希望本书的出版能够总结清华研究生教育经验,展示导学思政工作成果,探索人才培养规律,助力清华育人工作的美好未来,为清华百十校庆献礼。

版权所有,侵权必究。举报:010-62782989, beiqinquan@tup.tsinghua.edu.cn。

图书在版编目(CIP)数据

师途:清华大学导学故事集/赵岑主编. —北京:清华大学出版社,2021.4(2024.2重印)
 ISBN 978-7-302-57936-6

Ⅰ.①师… Ⅱ.①赵… Ⅲ.①清华大学—优秀教师—生平事迹 Ⅳ.① K825.46

中国版本图书馆CIP数据核字(2021)第061480号

责任编辑:陈凯仁 佟丽霞
封面设计:傅瑞学
责任校对:刘玉霞
责任印制:丛怀宇

出版发行:清华大学出版社
 网   址:https://www.tup.com.cn, https://www.wqxuetang.com
 地   址:北京清华大学学研大厦A座   邮   编:100084
 社 总 机:010-83470000   邮   购:010-62786544
 投稿与读者服务:010-62776969, c-service@tup.tsinghua.edu.cn
 质量反馈:010-62772015, zhiliang@tup.tsinghua.edu.cn
印 装 者:三河市龙大印装有限公司
经   销:全国新华书店
开   本:170mm×240mm   印   张:26   字   数:458千字
版   次:2021年4月第1版   印   次:2024年2月第4次印刷
定   价:138.00元

产品编号:090827-02

编委会

主　编　赵　岑

副主编　徐　鹏　赵　璞　张秀吉　金雨浩

编　委　林　景　傅宇杰　孙启明　龙　腾
　　　　　胡明远　赵　鑫　王琦煜　张景宇
　　　　　白浩浩　高源龙　李嘉贝　魏强强
　　　　　邢逸凡　柳　馨　吕子亮　李　冲
　　　　　黄嘉惠　赵小维　王　曼　徐浩然
　　　　　梁靖卿

序

"学校犹水也,师生犹鱼也,其行动犹游泳也。大鱼前导,小鱼尾随,是从游也。"80 年前,清华大学老校长梅贻琦在《大学一解》中的这段话不仅对导学关系作出了形象的比喻,也直接点明了导师在学生成长发展过程中所扮演的重要角色。良好的导学关系对研究生培养具有重要意义,一所大学优良学风的形成离不开一支优秀的导师队伍。我们欣喜地看到,110 年来,清华园里涌现出一批又一批严谨求实、德高望重的良师益友。他们中,有坚持一字一句修改研究生论文,始终重视学生"手头基本功"的梁思成教授;有鼓励学生"真刀真枪做毕设",亲自带领水利系 1958 届毕业班同学参与密云水库建设的张光斗教授;有带领 160 多名师生睡在工厂的地铺上,以"BUG(漏洞)不过夜"的精神研发可以替代国外版本 CAD 系统的孙家广教授;有在大年初五的晚上匆匆赶回学校,只因为学生一条论文求助短信的孟庆国教授……在他们的影响下,一代代清华学子紧跟老师们的脚步,奋战在科研攻坚一线,投身于中华民族伟大复兴的历史伟业中。

《师途——清华大学导学故事集》记载了 60 余个动人的导学故事,以及导师对研究生培养、导学关系建设等一系列问题的深度思考。这些故事虽然只是清华建校百余年来师生佳话的一小部分,却也充分反映了"严谨、勤奋、求实、创新"的优良学风和良好的导学氛围。

全书共分为"初心不改""行之以躬""立德立言""火传穷薪"四个部分,分别展现清华导师们将个人学术研究同国家发展紧密结合的家国情怀、同学生一道攻坚克难的率先垂范、导学思政和人才培养的理论探讨,以及与学生之间亦师亦友的真挚情感。在这本书中,读者能看到与学生建立起跨越 70 年师生情谊、四代薪火传承的金涌、魏飞、张强等老师;能看到喜欢带着同学们一边聊法律案例,一边捡拾银杏果的张明楷老师;能看到自 2003 年来到深圳国际研究生院后,十余年如一日与学生同住宿舍、同吃食堂的黄维老师;能看到国庆 70 周年群众游行彩排间隙在长安街上带着同学们开组会的刘知远老师;以及和学生们乐此不疲地互相"Push",要求他们把思政课讲得更"有趣"的李蕉老师……

这些导学故事的背后，是清华导师们对教书育人的思考和对"如何培养人"的回答。在杨振宁教授看来，"只有遇到好的题目，我才安排学生做这个课题；当我没有题目的时候，我可能就不会轻易接收博士生。"对于李衍达教授来说，"研究生首先要研究人生"。薛其坤教授鼓励"清华学生应该学会独立思考，要有定力，不要被外界扰乱心神"。陈劲教授则提倡培养学生"从提高其眼界和格局入手，再进行全面系统的学术训练，鼓励他们争做改变世界的创新者"……

2020年7月，习近平总书记就研究生教育工作作出重要指示指出，中国特色社会主义进入新时代，即将在决胜全面建成小康社会、决战脱贫攻坚的基础上迈向建设社会主义现代化国家新征程，党和国家事业发展迫切需要培养造就大批德才兼备的高层次人才。研究生教育是我国自主培养高层次人才的主要阵地，承担着为建设社会主义现代化强国提供人才支撑的时代重任。近年来，清华大学陆续开展"学风建设年""学风大讨论"等活动，立足良好导学关系构建符合新时代研究生特点的"导学思政"工作体系，不断推进研究生教育内涵式发展。正是在此基础上，《师途——清华大学导学故事集》对过去一系列导学建设工作进行了生动总结，以讲故事的方式，让鲜活的导学案例和深刻的教育思考深入人心，以期总结经验、探索规律、开创新局、为国育才。

百十载春华秋实，清华园里必将始终流传一代代学人薪火相传、辛勤科研、为国奉献的动人故事。翻开这本《师途——清华大学导学故事集》，导学应有的样态，便可一览无余。

是为序。

过 勇

2021年3月

前 言

千秋基业，人才为本。国家和社会的发展归根结底要依靠人才的发展。在 2020 年 7 月召开的全国研究生教育会议上，习近平总书记作出重要指示：党和国家事业发展迫切需要培养造就大批德才兼备的高层次人才。大学是人才培养的重要场所，应当在人才培养方面进行更深入的探索，总结更深刻的经验。

与其他类别和层次的教育相比，研究生教育作为国民教育顶端，肩负着高层次人才培养和创新创造的重要使命，在国家发展、社会进步过程中发挥着重要作用。新中国成立以来，我国自主培养的研究生规模越来越大，质量越来越高。1949 年，我国研究生在学人数仅为 629 人，到 2020 年，这一数字突破 300 万人。截至 2020 年，我国的研究生教育已累计为国家输送培养 1000 多万高层次人才。当前，中国特色社会主义进入新时代，即将在决胜全面建成小康社会、决战脱贫攻坚的基础上迈向全面建设社会主义现代化国家新征程。在此背景下，人才培养的重要性和紧迫性更加突出，研究生教育的责任也更加重大。

清华大学一向重视研究生教育，强调发挥研究生教育在人才培养方面的作用。导学关系是研究生阶段的核心社会关系，存在于导师与学生的双向互动过程中。为加强青年学生思想政治教育，发挥导学互动在人才培养中的作用，清华大学提出"导学思政"理念，通过导学互动将研究生的思想教育渗透到日常科研学习中。在研究生培养方面，导师既要传播科研领域的显性知识，同时也通过与学生之间的多维互动，传递包括个人生活、事业选择、价值引领等方面在内的隐性知识。在创新多元的导学互动场景中，导师和学生可以实现双向的思想塑造、行为引导和价值引领。回望过去，清华大学能够培养出一批批有理想、有知识、有能力、富有爱国主义情怀的人才，良好的导学关系是一个非常重要的因素。

作为国家培养高端人才的重要基地，清华大学也在与时俱进，不断探索符合新时代要求的人才培养模式。值此清华大学建校 110 周年到来之际，本书以清华大学优秀导学故事、导学思政理论、良好的导学关系等为素材，旨在集中展示清华大学阶段性育人成果，展现新时代背景下清华大学良好导学关系的建立与优良学风的薪火相传，体现导学思政在研究生教育与人才培养中的重要作用，树立校内良师益友的榜样，以期为未来的研究生教育和人才培养提供经验指导。

本书的书名为《师途——清华大学导学故事集》，一方面，体现导师在学术科研征途上的拼搏钻研，以及教书育人道路上的润物无声；另一方面，借"师徒"的谐音，期望展现各类学术与非学术场景中的师生关系和导学互动。

本书共分为"初心不改""行之以躬""立德立言""火传穷薪"4章。"初心不改"一章主要展现清华导师们的家国情怀。"培养什么样的人"是人才培养的核心问题。清华大学给出的答案是"又红又专，全面发展"。本章介绍的导师具有共同的特点，他们在各自的研究领域取得了突出成就，同时又将自己的研究同国家的发展紧紧地联系在一起，在国家和时代需要的时刻，绝不缺席。"行之以躬"一章主要呈现导师与学生共同攻坚克难的生平纪实。"学校犹水也，师生犹鱼也，其行动犹游泳也。大鱼前导，小鱼尾随，是从游也。"清华大学校长邱勇常用清华老校长梅贻琦的这段话来形容导学关系。导学从游，在攻克学术难题的同时也在培育人才。"立德立言"一章主要展示优秀导师关于导学思政和人才培养的理论探讨。十年树木，百年树人，人才的培养是一门大学问。本章中，各位导师结合自己教学与育人的经验，提供了关于"如何培养人"的思考。"火传穷薪"一章展示了清华园里动人的导学故事。薪火相传、继往开来，在清华，传承的不仅是技术与知识，更是导学之间真挚的情感。

本书的出版得到了各方的大力支持和帮助。感谢书中涉及老师、课题组讲述与分享他们的故事和思考，并审定了相关文章。书中部分文章首发于"清华研读间""清华大学小研在线"等公众号，在收入本书的过程中得到了文章原作者的支持和帮助。感谢清华大学党委宣传部对本书内容提供的帮助。感谢清华大学出版社在本书出版过程中给予的支持。部分同学对本书内容做了仔细的校对工作，在此表示感谢。

清华大学即将迎来建校110周年，希望本书的出版能够总结清华研究生教育经验、展示导学思政工作成果，探索人才培养规律、助力清华育人的美好未来，为清华百十校庆献礼。

编 者

2021年3月

目 录

第 1 章　初心不改　　1

钱易：做了老师，我这一生没有白过　　2

梁思成、郭黛姮、贾珺：跨越八十余载的建筑情怀　　8

金涌、魏飞、张强：跨越七十年的师生情　　15

吴澄："国家"是他挂在嘴边最多的一个词　　24

郝吉明：环境的守护者，学生的引路人　　29

朱克勤：用一生诠释学无止境　　34

张晓健：为祖国健康工作 70 年！　　40

陈丙珍：六句话读懂陈丙珍院士的"教师"角色　　49

李强：学者的家国情怀与社会责任　　56

陈辉：课题组抗"疫"，画笔下流淌的家国情怀　　62

金峰：以身许国的清华水利人　　70

于歆杰："清华慕课第一人"　　76

孙凯：在国家处于危难时坚持科研是清华人的底色　　83

李国良："程序报国"的蹈厉之志，"清华疫情地图"诞生史　　90

第 2 章　行之以躬　　97

王补宣：研教为本，"热"情终身　　98

孙家广：严于律己、以身作则，带头做"能用、管用、好用"的软件　　103

杨士强："开组会"和"见导师"是他学生最舒服的事情　　108

肖贵清："良师益友"是对老师最好的评价，也是自己应尽的职责　　113

张明楷："名补"的热爱与执着　　121

孙茂松：心若赤子，概莫如诗　　126

黄霞：与学生相处使我充满正能量　　134

骆广生：因为热爱，所以坚持　　　　　　　　　　　　　139
冯西桥："我对每个学生都很满意"　　　　　　　　　　145
唐传祥：有一种终身成就叫作良师益友　　　　　　　　152
黄维：为师爱生，为学求真　　　　　　　　　　　　　156
廖理：师生同行在路上　　　　　　　　　　　　　　　163
姜开利：清华就像一个大酒缸，师生之间其实是一个互相酿造的过程　172
张建民：每天最晚离开实验室的人　　　　　　　　　　179
石磊：严谨细致做学问，全心全意为学生　　　　　　　186
杨殿阁：立德树人，搭建阶梯　　　　　　　　　　　　193
李宝华：最期望同学们都能青出于蓝而胜于蓝　　　　　199
朱安东：在奔跑中遇见更好的自己　　　　　　　　　　206
刘震："思政课万人迷"，当马原遇上慕课（MOOC）　　211
刘知远："先有热情，再谈训练"　　　　　　　　　　　216
徐葳：我是学生并肩作战的战友　　　　　　　　　　　225
徐梦珍：学生信任老师，老师信任理想　　　　　　　　231

第 3 章　立德立言　　　　　　　　　　　　　　　239

杨振宁：我一辈子也就带了十几个博士生　　　　　　　240
张楚汉：愿与青年学生、教师一路前行，让思想、学术青春永驻　246
李衍达：研究生首要是研究人生　　　　　　　　　　　251
姚强：高质量创新成果不是学校"管"出来的　　　　　257
李克强：紧跟新时代科技发展，培养跨学科思想意识　　264
朱邦芬：做学术要走正道　　　　　　　　　　　　　　270
阎学通：追求快乐的人，在学术中获得乐趣　　　　　　278
陈劲："创新无限"的育人探索　　　　　　　　　　　285
薛其坤：别让学科边界变成科学研究的边界　　　　　　293
张小平：清华这么大，只学术不交流就亏大了　　　　　300
杨国华：在体验中研究"清华学"　　　　　　　　　　306

第 4 章　火传穷薪　　　　　　　　　　　313

姜彦福：师德门风的发扬与传承　　　　　314
聂建国：白发丹心，传道授业　　　　　　323
孟庆国：大鱼前导，小鱼从游　　　　　　329
张贵新：良师益友，厚谊长存　　　　　　335
张涛：科研路上的躬亲"传道"　　　　　339
朱荣：让学生看见成长的自己　　　　　　343
徐政：用热爱启迪人生之路　　　　　　　348
熊剑平：因材施教明方向，到祖国需要的地方去　　353
史蒂文·怀特：一切源自热爱　　　　　　359
李锋亮：明德笃行，以身垂范　　　　　　365
李蕉："Push 团"之成团小记　　　　　　370
佟浩：遇见佟老师是件幸运的事　　　　　376
黄俊：心之向阳，身之所往　　　　　　　383
范文仲：山高水长，立诚致广　　　　　　388
焦雷：要说再见了，"焦师兄"　　　　　394

第1章
初心不改

"不忘初心,方得始终",本章以师生关系为切入点,旨在讲述清华教师的家国情怀和社会责任。他们不仅在各自的研究领域取得了突出成就,同时又将自己的研究同国家的发展紧紧地联系在一起,在国家和时代需要的时刻,绝不缺席。在老师们的言传身教中,一批批"又红又专"的清华学子茁壮成长,奔赴祖国的各行各业。

钱易：
做了老师，我这一生没有白过

钱易（1935—），清华大学环境学院教授，1994年当选为中国工程院院士。曾任清华大学学术委员会主任、全国人大环境与资源保护委员会副主任委员、中国科协副主席、全国妇联副主席、世界工程组织联合会副主席和世界资源研究所理事会成员等职务。

钱易：做了老师，我这一生没有白过

"我的职业只有一项，就是做老师，这个是不会变的"

钱易出身于书香门第，国学大师钱穆是她的父亲，著名科学家钱伟长是她的堂兄。1957年2月，钱易进入清华园师从陶葆楷先生攻读研究生，那时，整个清华还只有12名研究生；1959年，她以优异的成绩留校任教。至今，钱易已经在清华的讲台上度过了57个春秋。

钱易身上有许多光环和成就。作为一名优秀的水污染防治专家，1994年，中国工程院初建之时，她就当选为院士，是当时清华园中唯一的女院士；在全国人大任职期间，钱易参与推动了《中华人民共和国清洁生产促进法》《中华人民共和国循环经济促进法》等环保法案。

尽管身兼数职，"但熟悉她的人都知道，不管有多忙，钱老师的日程表上永远把学生排在第一位。"钱易说，教师是自己钟情一生的事业，也是她唯一的职业——今年已经80岁高龄的她，还在讲台上亲自讲授全校公选课。

钱易，清华大学第十五届"良师益友"获奖教师

老骥伏枥：八十岁了，我还能讲课

20世纪90年代，钱易在接触"可持续发展"的理念之后深感认同，她认为自己有责任在国内传播这一理念。1998年，"环境保护与可持续发展"这一课程开始在清华开设，全校学生都可以通选。

这门课后来成为国家级精品课程，由于选课人数太多，一时形成了"一课难求"的局面。于是，这门课又从一年开设一次改为一年开设两次。

最初这门课仅由钱易一人讲授，然而随着她年事渐高，环境学院为了减轻钱易身体的负担，安排了几位年轻教师共同授课，以分担钱易的教学任务。一开始，钱易并不"领情"，后来，学院从教师队伍建设的角度去开导钱易，她就"想通了"——"我想我总有一天讲不动，这样我也非常放心了，我哪一天讲不动，肯定有人可以讲。"

如今，"环境保护与可持续发展"的教师队伍里除了80岁高龄的钱易，又加进了三位年轻教师；看到这份事业后继有人，钱易深感欣慰。

钱易在两岸清华博士生学术论坛上做特邀报告

幸遇良师：做老师是一件很了不起的事情

钱易对教师这个职业的向往，要从她的母亲说起。因为母亲是小学教师，每天晚上，邻里隔壁的小孩子们都要到她家里来补习功课，这构成了钱易的一段清晰的童年回忆。那是 20 世纪 40 年代初，钱易还很小，虽然还听不懂母亲讲授的内容，但母亲对学生们的关心和呵护，以及学生们和家长们对母亲的尊重与感激，都深深映入了钱易的脑海。因此，她从小就有这样一个印象，"做老师是受人欢迎的、被人需要的，是一件很了不起的事情"。

大学毕业后，钱易原本确定要去兰州工作，立志建设大西北。但机缘巧合，她被我国著名给排水工程专家陶葆楷先生招入门下，进入清华园攻读研究生。

彼时，陶先生已经是学界权威，而钱易还只是个刚刚本科毕业的小姑娘，在导师面前难免有些紧张和拘束。陶先生是无锡人，得知钱易祖籍也是无锡后，他便问钱易是否知道在无锡有一句话叫"陶钱不通婚"。钱易很纳闷，还以为是两家人有什么仇怨。陶先生笑笑回答说，不通婚是因为原本就是一家人啊！

回忆起半个多世纪前的这个场景，钱易至今十分感动。入学之初，用这种"套近乎"的方式拉近师生距离，只是陶葆楷先生"为人父、为人师、为人友"特点的一个开始。

在学术上，陶先生对钱易要求十分严格。钱易的论文白纸黑字交上去，陶先生还给她的时候常常已经改得一片红。在生活中，陶先生毫无架子，总是乐于倾听钱易的困惑，甚至也愿意和钱易分享自己的困惑与思考。直到现在，钱易老师每每回忆起恩师总会感叹"没有陶先生就没有我的今天"。

从母亲的言传身教，到陶老师的严慈并举，钱易把自己的人生也献给了教师这个在她眼中最高尚的职业。

师道传承：师不忘我，我不忘师

岁月缓缓过，钱易已经从那个初入清华园的小女生成长为学界权威，而且身上还多了许多社会兼职。

有一天，钱老师意外地收到了一封来自当年在同济大学的恩师胡家骏先生的一封信。信里写着"我知道你好多现在的近况和消息，但是我不得不提醒你，我们搞给水排水的人才难得，你有那么多的事情还能不能集中精力在这个专业上？"

数十年前，在大学毕业之际，人生面临转折的时候，正是胡老师鼓励钱易挑战困难，最终考取了研究生。数十年后，钱老师又一次收到了远在千里之外恩师的叮咛。

独立工作了多年之后，再次收到这样一封信，钱易心潮难平。字里行间，都是恩师对她的牵挂和期望。"毕业了这么多年，他也没有忘记我。"钱易很认真地给胡先生写了一封回信，信中非常详细地介绍了她在人大、政协做的绝大部分工作都和专业有关，是在不同的舞台上去开拓工作；她接着又汇报了自己在业务上的一些进展，包括手中在做什么课题；等等。胡先生回信："这样我就放心了。"

一句"这样我就放心了"，多少牵挂！良师益友，如此模范。直到现在，只要有机会去上海，钱易必不可少的一个行程就是去拜访胡先生。

师生情谊：导学关系，关键在导师

"导学关系，关键在导师。"这是钱易 57 载执教的经验凝萃。她认为，导师与学生的关系中，导师属于占据主导的一方，导师对于学生的态度和引导在很大程度上决定了关系良性与否。

钱易认为，现在有些学生喜欢把导师叫作"老板"，对此，她很不喜欢。因为共同的学术目标才是导学关系建立的基础，而非金钱，老板与员工之间的关系和师生关系的性质是完全不同的。

在指导学生上，钱易特别关注"一头一尾"。"头"就是学生开题时，钱易会给学生提供一些参考文献，并提出若干热门问题以供学生参考，在此基础上和学生讨论。在讨论的过程中碰撞出火花，最终由学生自己决定课题的方向。"尾"就是最后的论文修改阶段，钱易会亲自把关，她总是开玩笑地说自己特别爱挑毛病。清华环境学院教授陈吕军是钱易最早带的博士生之一，在 20 世纪 90 年代，他的论文还是手写版的，每次他把一沓厚厚的博士论文手稿交给老师评阅，几天后钱老师把论文还给他时，手稿总会被红笔改得密密麻麻——从专业问题到语法措辞，甚至到标点符号，都有钱老师修改的印迹。陈吕军只能重新手抄一稿，如此反复，直至第 3 稿才通过。这种严谨细致源于钱易的一种"执念"："论文是学生的作品，而学生则是我的作品，一定要认真对待！"

平易谦和的形象背后，钱易有着一份对于学术严肃性的坚持。她给自己定了一个原则，没有全程参与的研究，学生论文在发表时一律不署自己的名。后来由于学校的规定，学生必须至少有一篇与导师共同署名的文章发表，她才勉强同意署名一篇。

钱易关怀学生，更叮嘱学生要为国家的发展贡献力量。她从不直言自己的爱国热情，爱国的责任心已经渗透到她的一言一行中。她希望学生们能够在国内发展，为国家贡献力量,她也常说:"国内的舞台太大,需要的人太多了,兴趣爱好要跟着国家的需要……岗位并不重要,关键是你自己怎么努力。"

钱易和学生的关系可以用八个字来形容——"不是亲人,胜似亲人"。特别是学生取得的成就是对她最大的慰藉,她常说"后生可'慰'"。

益友、良师,钱易用了80个春秋一直在诠释这四个字。

(本文经院系审校定稿,原载于2016年9月"清华大学小研在线"平台)

梁思成、郭黛姮、贾珺：
跨越八十余载的建筑情怀

梁思成（1901年4月20日—1972年1月9日），广东人，生于日本东京，毕生致力于中国古代建筑的研究和保护，是建筑历史学家、建筑教育家和建筑师，被誉为"中国近代建筑之父"。曾任中央研究院院士（1948年）、中国科学院哲学社会科学学部委员，参与了人民英雄纪念碑、中华人民共和国国徽等作品的设计。

郭黛姮，1936年生，清华大学建筑学院教授、博士生导师，国家一级注册建筑师，兼任中国建筑史学会常务理事、学术委员；中国紫禁城学会理事，"雷峰塔"改建总设计师，著名古建筑专家。师从中国建筑史学大师梁思成先生。参与文物建筑保护和建筑设计的工程实践有：杭州六和塔维修工程、雷峰塔重建工程、珠海圆明新园设计、登封少林寺扩建、北京恭王府修缮、嵩山历史建筑群保护规划等。

贾珺，当代中国建筑师。现任职于建筑历史与文物建筑保护研究所，主要从事中国古代建筑史、园林史、中外建筑文化交流等领域的研究以及文物建筑保护设计工作。

梁思成、郭黛姮、贾珺：跨越八十余载的建筑情怀

飞檐走壁、踏破铁鞋，这不是武侠小说里的剧情，而是建筑家们测绘的"日常"。80年前，一个叫梁思成的年轻人开启了中国建筑史的大门，从此以后，工匠们的高超技艺被一一破解，冰冷的建筑徐徐诉说着历史的记忆。

梁思成：从无到有，创办清华建筑系

中国有建筑史吗？中国的建筑是否可以成为一个专门的研究门类？这是学生时代的梁思成最关切的问题。1924年，梁思成进入宾夕法尼亚大学修读建筑专业，翌年梁思成选修了一门建筑史的课程，才发现"世上竟有如此有趣的学问"。据他所知，中国有关建筑史的学问还没有文字的记录，中国人从来不认为建筑是一门艺术，也从不重视。

也是在同一年，梁思成收到万里之外父亲梁启超的来信，信中还寄来一本新近发现的古书《营造法式》的重印本，这本书是北宋京城宫殿建筑的营造手册。梁思成在一阵狂喜后，随之而来的是失望与烦恼，因为翻开这部巨著，竟如天书一般，无法看懂。为了读懂这本古书，梁思成从宾夕法尼亚大学毕业后，以"研究东方建筑"的课题申请了哈佛大学人文艺术研究史项目，可惜相关书籍资料还是太少。1931年，梁思成加入了中国营造学社。这期间，梁思成对《营造法式》的研究更加深入，学社的刘敦桢负责整理文献，梁思成则着手开始进行实地调查与测绘。

田野调查十分辛苦，学社的考察笔记常常出现这样的记载："终日奔波，仅得馒头三个（人各一），晚间又为臭虫蚊虫所攻，不能安枕尤为痛苦。"但梁思成却苦中作乐，以幽默乐观的语气记述了一次险情："今天工作将完时，忽然来了一阵'不测风云'，在天晴日美的下午五时前后狂风暴雨，雷电交作。我们正在最上层梁架上，不由得不感到自身的危险。不但是在二百八十多尺高将近千年的木架上，而且近在塔顶铁质相轮之下，电母风伯不见得会讲特别交情。"

从独乐寺到广济寺，从应县木塔到佛光寺，梁思成孜孜不倦地寻找着，这一寻就是四十年。这四十年，梁思成从此再未真正离开过田野，即使是在炮火纷飞的抗战岁月，他也在大后方川渝地区上山下乡，亲自测绘。当时，古建筑除了要经受风

雨剥蚀，还要承受天灾人祸，而就在这样的战争年代，梁思成写成了中国第一部建筑史，缩影胶卷八十余幅。千年前《营造法式》中那一个个难懂的术语名词，在无数张图纸中正变得鲜活起来。

梁思成曾说："别人都把自己的宝贝藏在家里，我的宝贝放在全国各地。"除了全国各地亟待保护的古建筑、园林，他还有一群"宝贝"，就是自己的学生。

梁思成（左三）与自己的学生们在一起

新中国成立以后，梁思成开始投入新中国建设和教育人才的培养中，特别是建筑教育。从1929年在东北大学开坛授学，到1946年创办清华建筑系，梁思成对待学生如同对待自己的子女，倾尽传授毕生所学。后来清华建筑系的老校友们回忆起初见梁思成的场景时，都会谈到在颐和园的那个下午。

"我们1954年入学，因为系主任生病了一直未能见到，到了1956年五四青年节，班上一大堆人去了颐和园，当时看到一个老人在谐趣园画水彩，也不知道是谁，一群人跑去观看，不知谁说了一句'这老头儿画得不错'，老人回头一看，学生们都戴着清华校徽，问是哪个系的，我们就说是建筑系的，听后老人特别高兴，说我不画了，到曙新楼上聊天吧！"

从一番交谈中，才知道他就是梁思成。而后来成为梁思成助手的郭黛姮，正是这群青年中的一个。

郭黛姮：我是梁思成先生的学生，我在"重现"圆明园

"我简直不知道怎么搞，难道是读古书吗？整天看古人著作能够搞历史吗？"1961年，24岁的郭黛姮被选中成为梁思成的助手，协助注释《营造法式》。而当时，她的同学都到了第一线，都去搞建筑设计，可是自己却要搞历史研究，这让郭黛姮有些不知所措。她也把自己的问题向梁思成提出，梁思成只说了一句话："读跋千篇，不如得原画一瞥。秉斯旨研究建筑，始庶几得其门径。"

亲炙梁思成的四五年里，郭黛姮协助梁思成完成了《营造法式注释》，还参与设计扬州鉴真纪念堂的任务。正是这几年间受到梁思成的感染与启发，后来已年过半百的郭黛姮将目光投向了圆明园。从2000年开始，从早期的资料搜集阶段，再到实地测绘，郭黛姮带着学生们穿梭于石桥、山洞之间。到2009年，她带领80多位研究人员开始了圆明园的数字修复工程，借助数字技术，重新"恢复"圆明园的原貌。在制作模型时，郭黛姮按照最认真、最科学的态度做事，参照圆明园的各种史料信息，绘制了几千张图纸，几千个模型，而这正是梁思成"庶几得其门径"的训诫。

研究圆明园的若干年时间里，郭黛姮发现这座院园林里有很多古建筑并不是想象的那样。不同皇帝对这座园林的定位不同，建筑的样子就不同。雍正建圆明园时，就说我要在圆明园临朝理政，你们该报的奏折都要报上来，像在故宫一样。这样首先他要扩大圆明园，所以就建了所谓的朝寝建筑。前面是外朝，后边是他的寝宫。到了乾隆时期多了许多新园子，乾隆九年（1744年）一套《圆明园四十景》就反映出那时圆明园的盛景。而又如绮春园，是嘉庆时期完成的园子，风格特色都与前朝不同。

这些例子，都是郭黛姮对"圆明园"历史的挖掘，对圆明园文化的阐释。现在郭黛姮团队通过3D技术视觉重现圆明园的努力，就是为了重现"万园之园"的艺术风采，让更多老百姓对圆明园有真实、深刻的记忆，让每个人都能"走进"这座园子，看看一百多年前是怎样的情景，甚至让全世界的华人记住这里，记住这份乡愁。"一个文物毁了之后，老百姓对它会有一个期待，这种期待是合理的，我们现在用数字化的方法告诉大家这个遗址原来是什么样的，经历了多少变迁，这也是对圆明园的另一种还原。"为了这个目标，虽然已经年过80，郭黛姮还要继续工作下去。

郭黛姮团队 3D 复原圆明园同乐园戏台

沿着梁思成的道路走下去，郭黛姮并不孤独。20 世纪 80 年代，郭黛姮回到清华园，这名曾经的助手也有了自己的学生，这些学生如今都能独当一面，在各地培育更多人才。郭黛姮多次说，圆明园的保护不是一个人的事情，而是一个团队，两三代学人的努力。郭黛姮在一次演讲时提到："为了搞清是不是每个皇帝都住在圆明园，我们当时有一位博士生（贾珺），他就每天骑着自行车从清华到第一历史档案馆，第一历史档案馆在故宫里，天天到那儿看《起居注》，看看皇帝到底在这儿住了多少天。他查的结果就列了这个统计图（见下图）。上面是住圆明园的时间，下面是住紫禁城的时间，显然住圆明园的时间要多。"

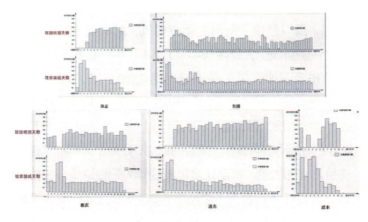

贾珺制作的统计图

这个日日骑车往返清华园和故宫的年轻人，就是郭黛姮的学生贾珺。

贾珺：我是郭黛姮先生的学生，我在做古建筑研究

在来到清华大学之前，贾珺学的是建筑设计，关于建筑史并没有特殊的热爱与投入，总觉得这些古旧的东西好像还是离自己比较远。真正的改变发生在来到清华师从郭黛姮以后。

贾珺在清华攻读博士学位时，加入郭黛姮的团队，参与圆明园的测绘与再现的工程中。抄档案、查文献、证明圆明园是清朝历代皇帝理政和生活的主要场所，贾珺说这些"笨功夫"对圆明园修复意义重大，而将文献与实地考察结合，将有温度的历史和冰冷的建筑结合，是清华建筑系自梁思成以来延续着的血脉与传统。

毕业后，贾珺的研究范围很广，从四合院到园林，继续从事自己喜爱的古建筑、古园林保护工作。说起这些园林，他如数家珍，就像是在谈论自己的儿女们。从北京的半亩园到苏州的拙政园，从北到南，在贾珺眼中，每个园林都像一个生命体一样，它本身有生长、衰亡，也有复兴，每一代的园主都会留下印记。园林是活的，园林里的花草有生有死，园中的水有时会枯竭也会再引进来，园中的假山塌了可以再找石头来堆叠，它不像其他的纯粹的建筑群如宫殿寺庙那样长期保持相对恒定的状态。这正是园林艺术的可爱之处，也是今天依旧需要保护它们的原因。

1999年清华建筑历史研究所教师节合影
（第一排右二为郭黛姮，第二排右一为贾珺）

"希望通过自己的努力,能让本国优秀的历史文化得以彰显于世",这是贾珺眼中始自梁思成、代代赓续不断的目标:战火纷飞年代梁思成筚路蓝缕开创学科,短时间内达到世界建筑史研究的顶尖水准,又在清华开坛授学,门下桃李无数;世事纷繁中郭黛姮传承建筑史研究,一头扎进圆明园的保护中去,耄耋之年仍在奔走考察;而在今天,贾珺与他的同行者,他的学生们以此自期,今天建筑系的学生们不一定还会选择建筑历史作为志向,但仍有那么一批人,从清华大学走向中国各地、世界各地,继续为我们讲述建筑背后的故事,触摸着冰冷建筑里的温情。

贾珺回想起前几个月,和已是耄耋之年的郭黛姮快步走在师徒早已谙熟的故宫建筑群中,郭黛姮突然停住了脚步,望着一处横梁思绪良久,"又有了新的思路",郭黛姮拉住贾珺驻足思考讨论并拍下照片,那一瞬纯粹地仿佛稚子一般的快乐,时间像是又回到了 80 年前,梁思成初见独乐寺,爬上木梁的那个夏天。

(本文经院系审校定稿,原载于 2018 年 9 月"清华研读间"平台)

金涌、魏飞、张强：
跨越七十年的师生情

　　金涌，1935年生，北京人，化学工程专家，中国工程院院士，清华大学化学工程系教授、博士生导师，化工科学与技术研究院院长。1973年进入清华大学化工系工作，先后担任助教、讲师、副教授、教授；1979年领衔组建清华大学反应工程研究室；1997年当选为中国工程院院士；2007年获得美国化学工程师协会的PSRT流体化讲座教授奖；主持编制《探索化学化工未来世界》系列科普片和配套书，获"典赞·2016科普中国"十大科学传播人物奖。获全国五一劳动奖章及劳动模范称号、全国优秀教师奖、北京市优秀教师奖、北京市教学名师奖、中国石油和化工行业影响力人物奖。2016年获得第十一届光华工程科技奖工程奖（奖金全部捐赠至"金涌奖学金基金"）。2017年获得清华大学突出贡献奖。金涌教授主要研究高速流态化、清洁化工工艺、粉体技术等领域。创建清华大学化学反应工程教研室和生态工业工程学科方向，建立国家环境保护生态工业重点实验室，组建全国生态学会。两次任中美化工大会主席。获重大经济、社会效益和4项国家奖。任两届全国学位委员会化工学科评议组召集人，结合重大社会转型发展关键问题，在学术会议、行业会议、大中学校、科技馆等进行主旨发言和科普讲演300余场，对各省、市、县领导作循环经济主题宣讲报告30多次。

　　魏飞，清华大学化学工程系教授、博士生导师，北京市"绿色化学反应工程和技术"重点实验室主任。重要研究领域包括多相流和多相流反应器。开发了世界最大规模的碳纳米管生产技术，获得了世界最长的碳纳米管，在流态化、多相催化及碳纳米管领域贡献卓越。1996年获得国家杰出青年科学奖，1997年获得中国青年特殊贡献奖，1999年当选为教育部长江学者特聘教授。发表论文超过200篇，取得专利30余项。魏飞及其带领的团队已成功实现气固下行床催化裂化、纳米聚团床批量生产碳纳米管、高速湍动床甲醇制芳烃、苯胺、氯乙烯、丙烯腈、间苯二腈等30台新概念反应器产业化，分别于2002年和2008年两次获得国家科技进步奖二等奖，以及中国石化科学技术奖一等奖、教育部自然科学奖和技术发明奖一等奖等。

张强，清华大学长聘教授、博士生导师。曾获得国家自然科学基金杰出青年基金、教育部青年科学奖、北京青年五四奖章、英国皇家学会牛顿高级学者基金（Newton Advanced Fellowship）、清华大学刘冰奖。2000年进入清华大学完成了本科及研究生的学习，2009年获博士学位后先后赴美国、德国开展研究工作。2011年加入清华大学从事教学科研工作至今。其热爱科学和教育事业，善于根据学生的自身特点和成长路径，因材施教，引导其找到自身兴趣，百花齐放，共同成长。指导学生中多人获得清华大学特等奖学金，2人获得全国大学生课外学术科技作品竞赛特等奖等奖励。长期从事能源化学与能源材料的研究，致力于将国家重大需求与基础研究相结合，面向能源存储和利用的重大需求，重点研究锂硫电池的原理和关键能源材料。担任 *Journal of Energy Chemistry*，*Energy Storage Materials* 期刊副主编，*Matter*, *Advanced Functional Materials*, *Journal of Materials Chemistry A*, *Chemical Communication ChemSusChem*, *Science China Materials*,《化工学报》等期刊编委。

金涌、魏飞、张强：跨越七十年的师生情

一朵花，长在树上，才有它的美丽。

一棵树，代代相承，才有它的意义。

在清华，有这样一群人

他们始终将个人命运与国家命运紧密相连

并无怨无悔地将这份信念代代传承

新中国成立 70 年来

四代清华人

承载着不同的时代使命

不变的是这份初心与信仰

四世同堂

代代花开

谨以此文

献给 70 年来为祖国默默耕耘的清华教师们

课题组四代同堂合影

（金涌（前排右二）、魏飞（前排左二）

张强（前排左一）、王铁峰（前排右一）、黄佳琦（后排右三））

风雨中的历练与成长·第一代

1949 年以前,中国在化工领域是相当落后的,连火柴厂、肥皂厂都是外国人办的。到今天,中国的化工领域已经走在了世界前沿。

大学时代的金涌

1973 年,金涌进入清华大学化工系工作,并于 1979 年领衔组建清华大学反应工程研究室。从那时起,他就在清华园里种下了这棵代代相承、花开四代的大树。

作为一个老北京,金涌自幼失去父母,成长于日军蹂躏下的北平城。受到进步思想的影响,他早在 1949 年 10 月就加入新民主主义青年团(中国共青团前身)。1953 年,成绩优异的他被国家委派赴苏联留学,从那时他就知道,国家的需要就是自己的选择。

留苏时期金涌(左一)和同学合影

1959 年回国后,金涌先是被分配到中国科学技术大学任教,后由于中科大不再设立放射化学专业,金涌和同组教师,带着 18 位学生,到一家化工厂开门办学。当时厂里进口了一台大型流化床反应器,年久失修,厂里决定改造设备,但这在当时是一个巨大的挑战。金涌毫不畏难,每天带着师生查询国际最新学术研究进展、到北京化工研究院借用实验设备、在车间反复测试数据,最后"不但设备采用的先进技术运行正常,大部分技术指标还超过了原来的苏联设备"。

金涌、魏飞、张强：跨越七十年的师生情

金涌（右一）指导青年学者进行研究工作

"文革"结束后，金涌教授领衔创建了清华大学反应工程研究室，现已发展成为"绿色反应工程与工艺北京市重点实验室"与"清洁能源化工技术教育部工程研究中心"，并带领自己的团队，不仅在科研学术上获得多项居于世界领先地位的研究成果，更在生产中取得了突出的应用。

改革开放下的腾飞·第二代

一辈子只做一两件事，要想办法做到极致。我要做的至少是要对全中国现在或未来有影响的事，我不管它有多难。

金涌教授求学于新中国成立后的建设期，而魏飞教授则求学于改革开放的浪潮期。赶上时代的新机遇，他坚定地选择了纳米材料这一新的方向。2001年，在国际纪念碳纳米管被发现10周年的学术大会上，魏飞教授宣布已经可以成吨制备碳纳米管，解决了碳材料大批量生产的世界性难题时，整个会场为之轰动。

金涌教授

魏飞教授

19

魏飞老师凌晨两点指导学生

魏飞课题组对超长碳纳米管的研究工作虽然还处于偏基础状态，但是展示出了制造超强纤维的光明前景，为发展新型超强纤维指明了方向，同时也为超强材料的大量制备奠定了基础，未来有望在大飞机、大型运载火箭、超级建筑等多个领域大显身手。

除此之外，让苯胺技术再上台阶、为煤制芳烃打牢基础，也都是魏飞团队在做的事情。在金涌教授看来，魏飞团队的研究，通过相对丰富的煤为原料生产芳烃，既能解决芳烃原料短缺、价格居高不下的难题，又丰富了芳烃原料获取途径。魏飞团队还尝试以掺氮碳纳米管替代金属催化剂，以期探索乙炔氢氯化反应更绿色、更环保的工艺路径。

新千年的攻坚与突破·第三代

张强教授

张强在国外的那两年多，感受到国内的发展非常迅速，对化工的需求非常旺盛，希望能够把自己所学的知识，转变成社会需要的技术。

张强教授赶上了新千年新清华，9年的求学时光，让他与清华之间产生了深深的联结。"在清华大学9年学习生涯中，我成长在一个老中青传承的工程科学团队里，老一辈科学家身上体现的责任感与使命感在我心中

金涌、魏飞、张强：跨越七十年的师生情

刻下深深的烙印，也让我一直思考如何传承这种精神。"

学生时期的张强老师随魏飞老师参加会议
（左三为张强老师，左四为魏飞老师）

归国回来的他，如今也在清华大学任教。虽然不到35岁，但张强已经是我国金属锂电池研究领域的佼佼者。"我们赶上了国家重视科技创新、支持前沿技术研究的好时代，要做出更多更好的成果服务国家需求。"张强说。

张强团队的学术成果多次被清华新闻网报道

张强带领课题组在高安全高容量的复合锂金属负极上取得重要突破，令国际同行瞩目。"当前，国家对能源材料的需求很大，能在国家需要的领域做点事，我感到很幸福。"张强教授如是说。

化工系在石油炼制、煤转化、生物化工、高分子聚合等领域积淀深厚，而张强则结合化工系的传统优势，将目光定位于新能源领域，选择了下一代储能材料及系统作为研究方向，探索我国未来 5~10 年需要的新型工业技术原理和方法，并取得了显著成就。

新时代的传承与花开·第四代

对科研的把控，要结合时代的需求，做国家和人类所需要的东西。

进入 21 世纪，金涌先生主动推举年富力强的魏飞教授出任实验室主任，自己则退出了流化床反应器研究的第一线。尽管如此，金涌先生的工作重心依旧还留在化工学科上，有一分光，发一分热。

"母亲的心是儿女们感情的温度表"，祖国牵挂着这些求学的学子，他们也牵挂着祖国的发展。科研之外，金涌院士退休后提出循环经济的概念，关注青少年科普教育，并联名 43 位两院院士联名发表了《振兴化学与化学工程教育，从中学生抓起》的倡议书；魏飞教授被评为清华大学"良师益友"，他深知教育传承的力量，身体力行地负起自己的担当；而从这里走出的"学术新秀"张强博士留校任教后，其指导的学生也被评为"学术新秀"。

时至今日，金涌院士的课题组里已经走出了 6 位特等奖学金获得者、5 位清华大学"学术新秀"和 1 名全国优秀博士论文奖获得者。像这样四代传承的课题组，在清华园中并不多见。

在摆满了各种证书和奖杯的陈列架前，被问及最让他骄傲的荣誉是哪一项时，金涌院士不假思索地说道："看到我的学生都在自己的岗位做着自己热爱的事情，就是最让我骄傲的荣誉。"

1973 金涌，中国工程院院士
美国化学工程师协会（AICHE）PSRT流体化讲座教授奖（2007）
中国石油和化工行业"十二五"十佳人物奖（2016）
第十一届光华工程科技奖工程奖(2016)
清华大学突出贡献奖（2016）
曾获首届"良师益友"称号

1990 魏飞，教育部"长江学者"特聘教授
国家杰出青年科学奖（1996）
中国青年特殊贡献奖（1997）
教育部"杰出科学家"荣誉称号（1999）
曾六次获选"良师益友"（含一次以研究生公选课教师身份当选）
1990年就读清华大学化学工程系博士后，师承金涌院士

2004 张强
曾获全国百篇优秀博士论文（2011年）
国家"万人计划"青年拔尖人才（2015）
入选"长江学者奖励计划"特聘教授（2018）
入选年度国家杰出青年科学基金（2018）
2004年就读清华大学化学工程系博士，师承魏飞老师

2013 唐城（2013级直博生）
发表SCI论文13篇，总影响因子大于150
ESI高被引论文3篇，封面（含封底等）论文5篇（2016年统计）

彭翃杰（2013直博生）
发表SCI论文16篇，ESI高被引论文9篇
ESI热点论文1篇，总引用超2600次（2017年统计）

2016 张学强（2016级硕士生）
发表SCI论文13篇，总引用超过800次
3篇入选ESI高被引论文，1篇入选ESI热点论文（2018年统计）

五分钟的热气能使任何人登时成为英雄，

真正的英雄却是无论受多么久、

多么大的困苦，

而仍旧毫无悔意或灰心的人。

——老舍《四世同堂》

这份滋养

是老一辈的清华人留给我们的力量，

这份传承

让清华人坚守着对国家的赤诚和对社会的责任

代代花开。

（本文经院系审校定稿，原载于2019年9月"清华研读间"平台）

吴澄：
"国家"是他挂在嘴边最多的一个词

　　吴澄，1940年生，浙江桐乡人。1962年毕业于清华大学，1966年清华大学研究生毕业。现为中国工程院院士，清华大学自动化系教授，博士生导师，国家计算机集成制造系统（CIMS）工程技术研究中心主任，国家"973计划"项目"复杂生产制造过程实时智能控制与优化理论方法"首席科学家。

　　吴澄院士自1987年至1992年主持多学科科技人员联合攻关，完成了我国第一个CIMS实验工程，解决了我国企业综合信息化的总体关键技术，获国家教委科技进步奖一等奖、国家科技进步奖二等奖。1995年当选为中国工程院院士。先后获得了美国制造工程师学会每年只评出各一名的"大学领先奖"和"工业领先奖"，这使我国成为除美国以外的、唯一获得这两个大奖的国家。

中国工程院院士吴澄是国家自动化领域首席科学家，是智能制造的先驱。他用自己的亲身经历践行着百折不挠、勇攀高峰的治学精神，映射出求真务实、行胜于言的精神品质。无论是在新生入学教育的第一课上，还是在日常指导学生的发言交谈中，都勉励学生们要正直做人，踏实做事，用自己的所学所知奉献祖国。

求学清华，留学海外，心怀民族工业发展

吴澄出生于浙江桐乡，回忆起儿时生活，浮上心头的是父亲勤勤恳恳劳作与培养自己和兄弟姐妹时的辛劳。虽然当时家境清贫，没什么娱乐生活，但儿时的吴澄心无旁骛，在单纯的环境中"以读书为乐"。从桐乡二中到嘉兴一中，从嘉兴一中再到清华园，吴澄脚踏实地地走好人生中的每一步。

吴澄在采访时谈道，"1957 年来清华园的时候，全国招生只有 10 万多人，意味着仅有一小部分人能有机会读大学"。因此，在每一个求学阶段，吴澄总是以"高标准，严要求"来勉励自己要珍惜时间，用心做好身边每一件事。

20 世纪 50 年代末至 60 年代初，我国国民经济困难重重，国家生产力落后。吴澄回忆说，"当时大背景下，蒋南翔校长强调要真刀真枪，为国家经济建设服务。我们的学习强调联系实际，所以当时数控和钢铁行业是自动化系的两大就业去向。"在这种浓厚的校园氛围中，吴澄和很多初入清华的同学一样，都觉得"大学生要有更大的责任"。

面对着艰苦的学习生活条件和纷乱的反右派斗争，吴澄深知自己上学不易，始终保持专注认真的求学态度，只想多学些知识报效祖国。研究生毕业后，他随即留校工作，在这个"优美得像个公园"的清华园中开启了为之奋斗一生的科研事业。

1981 年 2 月，吴澄以博士后研究员（postdoctoral fellow）的身份前往美国凯斯西储大学系统与控制工程系进修，留美生活的两年让吴澄的思想和观念发生了巨大的变化。在美国，吴澄曾到 IBM 公司观摩微电子的整个生产环境，也参观了国外汽车厂的自动化生产线，这些都使他震撼。他看到了中国的科技发展和国外的差距，尤其在信息技术、计算机等方面，正因如此，他放弃了美国的广阔前景，带着报效

祖国的满腔豪情回到了祖国的怀抱，回到了美丽的清华园，回到了熟悉的岗位上。

"把自己的专业技术，融入国家的建设中去"，这是吴澄常说的一句话，而"国家"是他挂在嘴边最多的一个词。无论是儿时漫漫的求学道路，还是留学后毅然回国的报国情怀，都彰显着他"不忘民族工业发展，励志用科技改变社会，用科技建设国家"的殷切热情。

立学 CIMS，攻坚克难，托起民族工业希望

研究生期间，吴澄就中国的工业发展状况做了广泛调研，他深刻地认识到无论是在工艺装备、管理水平还是质量意识方面，中国的制造业都比较落后，这一点也激发了吴澄"工业强国"的梦想。

回国后，吴澄便开始对中国工业自动化中存在的若干问题展开新的探讨与研究，调研过后的他发现当时最先进的一种生产技术和管理手段——计算机集成制造系统（CIMS）在国内还是一片空白。因此，在王大珩、王淦昌、杨嘉墀、陈芳允四位著名科学家提出"863 计划"的时候，国内许多人认为中国的制造业无论是工艺装备还是质量水平都很落后，离计算机集成制造系统还很遥远。吴澄联合任守榘等人力排众议，提出了在我国发展计算机集成制造系统的建议，也正是这个建议，开启了他投入改变民族工业现状，托起民族工业希望的"强国之路"。

"我是第一批进了'863 计划'专家委员会的人。我就从清华这个小舞台，到了全国的大舞台。"在这个全新的舞台上，迎接吴澄的是接连不断的困难与挑战。面对技术瓶颈时，吴澄日夜辛劳，熬夜数日，旨在能尽快尽好地攻克难题；面对关系矛盾时，吴澄总是能站在国家，站在民族的角度去勉励大家"这是一个为国家做事情的机会，大家都需要很纯粹地投入进去。"

自从接了这个项目之后，他几乎再也没有一天清闲过，虽然很累，但是吴澄想到能为国家、人民做点有用的事情，再苦再累也值得。

"苦心人，终不负"，通过 5 年的艰苦努力，1992 年，在清华大学等 11 家单位的通力合作下，建在清华大学的国家计算机集成制造系统技术研究中心通过了国家科委的验收，之后吴澄将 CIMS 技术应用到国家发展的多个行业中。截至 2000 年，吴澄领衔的 CIMS 专家组在机械、电子、航空、航天、轻工、纺织、石油、化工、冶金、兵器等多个行业的 200 多家企业实施了 CIMS 工程，取得了备受瞩目的经济效益和社会效益，给我国经济发展当中企业的技术进步及建立现代管理制度起到了

显著的示范引导作用，并为当时我国国民经济发展起到了提纲挈领的牵引作用。

吴澄用他卓绝的胆识与辛勤的付出实现了儿时的"工业强国梦"，在谈到对同学们的期望的时候，他告诉大家"要做对国家对人民有价值的事情，要成为心系国家民族发展的人"，这正是一位科学家带给我们的中国责任与中国希望。

在第十四届中国科学家论坛上吴澄院士做报告

教学育人，薪火相传，铸就民族工业未来

儿时的经历让吴澄明白了知识的力量，他希望自己能够成为一名教师，站在讲台上去传播知识。同时，"863计划"也让他意识到高技术人才对国家发展的关键作用，更坚定了吴澄院士严谨实干、诚信正直的育人理念。

吴澄在教导学生方面一直把严谨治学放在首位。他一方面时常告诫学生要严谨治学；另一方面以身作则，发挥严谨治学、诚信为人的示范引导作用。

在科研工作中，他经常教导工作人员"一定始终坚持实事求是，只有这样才能确保工作快速有效地开展。遇到问题要勇于担当，敢讲真话，团队人员杜绝一团和气和互相推诿"。在教导学生时，他经常告诫学生"为人做事，第一要凭良心，第二不要有野心，只有无私，才能无畏，才能精诚所至"。

吴澄认为"年轻人最好的成长就是放到难的岗位，做大项目，做难项目"，只有经历重大科研课题的攻坚克难，才能磨炼意志、增长才干，为国家和社会发展作出自己的贡献。

吴澄院士（第一排左四）与自动化系新生合影

吴澄始终坚持在实践中不断思考、总结我国的工业自动化的发展。谈及人工智能迅速发展带来的经济社会各领域加速跃升，吴澄表示，"过去我不赞成中国做智能制造，现在支持做是因为现在大环境变了，制造的内涵也变了。制造要扩展到企业的全生命周期，必然向智能化发展，这个发展趋势，会给社会带来巨大的变化。"他认为，在人工智能的推动下，工业自动化正与人工智能紧密结合，逐步走向智能制造的方向，智能制造应是我国新的经济增长点。

因此，他寄语青年学子：人工智能是年轻人的事业，年轻人要有创新的信心，做勤恳的"拓荒牛"，把个人事业和祖国大业紧紧地结合在一起。

仰之弥高，钻之弥坚。数十年的为师之路上，吴澄始终以国家需求为方向，以笃行担当为追求，指引着同学们一路前行。我们也期待，青年学子们能够铭记初心，像吴澄院士一样用实干践行使命，共同建设祖国更美好的未来。

（本文经院系审校定稿，原载于 2020 年 1 月"清华研读间"平台）

郝吉明：
环境的守护者，学生的引路人

郝吉明，1946年生于山东梁山县。1970年清华大学本科毕业，1981年获清华大学硕士学位，1984年获美国辛辛那提大学环境工程博士学位。清华大学环境学院教授，清华大学环境科学与工程研究院院长。中国工程院院士，美国国家工程院外籍院士。

主要研究领域为能源与环境、大气污染控制工程。主持全国酸沉降控制规划与对策研究，为确定我国酸雨防治对策起到主导作用。获国家科技进步奖一等奖1项、二等奖2项，国家自然科学奖二等奖1项，国家技术发明奖二等奖1项。2015年获哈根斯密斯清洁空气奖。主讲"国家级精品课程"一门，2006年被评为国家级教学名师，获国家级教学成果奖一等奖2项。

郝吉明近照

"压力和挑战都不在我的考虑范围内,唯一指引我前行的就是国家发展的需要。"著名环境工程专家、中国工程院院士、清华大学环境学院郝吉明教授是这样说的,也是这样做的。一字一诺,一生践行,及至古稀,不曾停歇。

郝吉明 1965 年考入清华大学,在 1981 年 1 月获得硕士学位后,授业恩师李国鼎先生即刻把他派到美国辛辛那提大学土木与环境工程系深造,他成为我国改革开放后第一批公派留学生。作为中国对外发放的"名片",纵然有由于客观条件的限制以及曲折的求学经历导致的年龄偏大、语言障碍严重、基础知识薄弱等问题,但是郝吉明以"学海本无涯,唯勤是岸;青云岂有路,以志为梯"时时鞭策自己,最终以一年半的时间顺利通过博士生资格考试,学分绩之高至今该系仍未有人突破。

博士毕业后,郝吉明拒绝了其导师主动为其在美国安排的工作,毫不犹豫地选择了回国,加入了清华大学环境工程系的创建工作。在郝吉明心中,祖国永远是他最壮丽的少年理想、最宽阔的创造舞台、最深切的责任和牵挂。

作为清华大学改革开放后第一位从美国回校任教的博士、清华环境系大气污染控制方向的拓荒者之一,郝吉明在环境领域不知疲倦地开垦着、辛劳着。多年来,凭借着勤奋和肩上的使命感,郝吉明立足中国、关注全球性环境问题,围绕着能源与环境、大气污染控制工程的研究领域,结出了累累硕果。

郝吉明刚回国时,国内面临的大气污染问题主要是煤烟型污染,煤燃烧释放二氧化硫形成酸雨,严重的酸性降雨给我国造成了巨大的经济损失。酸雨控制专家组设立,刚刚从美国学成归来、对美国国家酸雨控制计划较为熟悉的郝吉明义不容辞,成为清华大学在酸雨控制研究中的核心力量。

郝吉明(左三)与师弟看望恩师李国鼎先生

郝吉明带领团队先后开展了华南、柳州和我国东部地区酸沉降控制规划与对策研究,创造性地提出了"两控区"(二氧化硫控制区和酸雨控制区)的先进理念,为制定适合我国国情的控制战略和对策提供了科学依据。郝吉明深知环境科学具有自然科学与社会科学的双重属性。"进行污染控制,必须综合考虑技术、社会和经济的可行性,环境科学不仅仅是自然科学,也是社会科学。比如我们当时划定酸雨区把国家级贫困县排除,就是考虑到不同地区的社会承受能力,应允许其存在不同的发展阶段。"他的目光已经超越了一名环境科学学者的高度,而他最根本的信念仍扎根在"为国家需求服务、为国家发展服务"的沃土上。

人总是随着时代进步,研究内容亦是如此,郝吉明将目光关注在建立城市机动车污染控制规划方法上。在研究团队提出"新车污染物排放控制"这个最有效的措施时,面对可能遏制本土汽车制造业发展的激烈反对和质疑,郝吉明没有退缩,而是和同事、学生一起对国内汽车市场和汽车制造企业开展调研,将我国汽车工业的实际情况与国外对比,进行深入细致的经济可行性分析,最终用准确的事实和精确的数据告诉大家:"进行新车污染物排放控制、分步骤地加严机动车新车尾气污染物排放标准,这是我国控制城市机动车污染最有效,也是最经济可行的方法",最终推动了我国机动车污染防治的进程。

年复一年,郝吉明不断用一项又一项研究成果来回馈祖国和母校深切的期许,只为了实现他口中那淡淡的一句"不辱使命"。

光阴荏苒,郝吉明回国任教已34年。无论是课程教学还是培养研究生,他都秉承着"学高为师,身正为范;教人以智,育人以德"的原则,言传身教,以特有的人格魅力、学识魅力和卓有成效的工作为培养具有远大理想、可以适应国家建设与民族复兴需要的、具有创新精神和实践能力的一代新环境人而不懈努力。

郝吉明(第一排中间)和他的学生们

教学工作在郝吉明心中不是谋生的手段,更不是科研之外不得不去应付的负担,而是高校工作的主旋律,是能为国家发展、民族自强作出巨大贡献的神圣事业。

"做老师首先要能教好一门课。"这是郝吉明对青年教师的叮嘱,也是他自己始终坚持的准则。从1986年开始教授本科生的"大气污染控制工程"课程起,他一直站在三尺讲台上,年复一年给一届又一届学生传道、授业、解惑。尽管已是古稀之年,郝吉明仍然一站就是两节课,这是对学生的尊重,更是对教师职业和教育事业的尊重。这样认真的老师、这样慈祥的长者,如何能不被同学们喜爱?国家级精品课程、国家级优秀教材……再多的荣誉能给郝吉明带来的幸福也比不过同学们获得知识的喜悦和对课程的肯定。

在研究生的培养上，郝吉明立足国家需求，帮助学生准确选择既体现学术价值又体现国家社会需求的研究课题。他的远大抱负、坚定信念和踏实作风更是在潜移默化中浸润着学生、影响着学生。"我希望我的学生首先要有爱国之心，这是新时代青年实现自我价值的基本前提，其次要有报国之志，再次要有建国之能。"郝吉明说。

正是在这样的教诲与扶持之下，具有远大理想与坚定信念、才德兼备的新环境人茁壮成长、终成国之重器。迄今，郝吉明培养的50余位博士中已有1人于2015年当选中国工程院院士，2人荣获"全国百篇优秀博士学位论文"奖项，多人获得"清华大学优秀博士学位论文"奖项。门下弟子在清华大学、北京大学、复旦大学、南京大学、北京师范大学等多所国内知名院校任教。他们接过了老师手中守护环境、教授知识的"接力棒"，兢兢业业地为国家创造着巨大的科学财富和人力财富、为守护蓝天贡献着自己的力量。

老当益壮，宁移白首之心。郝吉明以"自强不息、厚德载物"的精神自勉，以国家民族需求为己任，誓做环境的守护者，为我国大气污染防治事业奋斗了一生。春风化雨，润物无声，先生的言传身教有力地指引着学生们，激励着学生们继承环保事业、为祖国、为人民！

（首发于2018年11月"清华大学新闻网"平台）

朱克勤：
用一生诠释学无止境

朱克勤，1946年出生，江苏吴县人。1968年本科毕业于中国科学技术大学近代力学系高速空气动力学专业；1988年在中国科大近代力学系获工学博士学位。2014年12月被中国科协聘为"全国流体力学科学传播首席专家"。曾任中国科大近代力学系副系主任、清华大学工程力学系流体力学研究所所长、清华大学力学与航空宇航分学位委员会主席、《力学与实践》主编、中国力学学会科普工作委员会主任委员、清华大学"钱学森力学班"项目主任。

朱克勤教授主要从事空气动力学、非牛顿流动和流动稳定性研究。朱克勤先后在 Journal of Aircraft, Journal of Fluid Mechanics, Journal of Non-Newtonian Fluid Mechanics, Physics of Fluids, Tribology International 等学术刊物上发表论文150余篇。合著出版《粘性流体力学》和《涡动力学基础》教材两本。1997年获中国科学院科技进步奖二等奖；2008年获北京市优秀教学成果奖一等奖；2009年获第六届高等教育国家级教学成果奖二等奖。先后获清华大学研究生"良师益友"称号9次。2006年被评为北京市优秀教师，2010年被评为"北京市师德先进个人"和"北京市高校育人标兵"。

朱克勤：用一生诠释学无止境

"我和学生一直强调六个字，自律、自信、自强。第一是自律，就是自己要管好自己，各个方面都是如此。第二是自信，中国的青年人要有这种自信心，相信自己的能力！最后两个字是自强，也就是我们的校训，自强不息。自律、自信、自强缺一不可，不自律了，哪来自信，更谈不上自强。"

今年已经74岁高龄的朱克勤教授虽然已经退休，但仍活跃在教学第一线，还在为"钱学森力学班"的同学们讲课。作为"钱学森力学班"首届项目主任，他经历了新中国成立、改革开放，见证了新中国70年来天翻地覆的变化，朱老深知教育事业对国家的重要意义，强调年轻人只有自律、自信、自强，才能承担起中华民族伟大复兴的不朽使命。

朱克勤老师（右一）为研究生新生们做报告

刻苦勤奋，汲取知识

朱老师1946年出生于上海，上学之时正逢新中国成立初期，每日有许多功课要做，到了农忙的时候，还要到郊区下地帮农民割麦子。但是作为学生的他，当时的感受还是开心。1963年高中毕业时，出于对钱学森先生的崇拜，朱老师选择了当时由钱老担任系主任的中科大近代力学系。

进入中科大后,他明显感觉到了大学学习生活的压力。朱老回忆说:"当时有严格的留级制度,考试考核非常严格。不像现在,比如考试 59 分就不忍心给你不及格了。我们那个年代非常严格,每个学期都会有一些学生留级,学生的压力很大。"朱克勤每门课都认真记笔记,下课后和同学们讨论问题整理笔记,每学期下来,都会记满一本本整整齐齐的笔记,前三年的本科学习生涯,朱克勤打下了坚实的数理化基础。

遗憾的是,在大学的第四年和第五年,学校开始停课。1968 年毕业时,原来的培养目标和分配方案完全被打乱了,朱克勤被分配到哈尔滨轴承厂当一名工人。由于钱学森、郭永怀这些力学大师只给高年级本科生上课,朱克勤在学生时代遗憾错过了聆听钱老讲课的机会,但他一直精心保存着当年参加钱老和学生座谈教改的照片。

钱老与本科生座谈教改
(中间为钱学森先生,左侧为朱克勤)

重归学校,继续前行

改革开放后,我国的教育开始恢复正规,但当时的中科大从北京搬迁到合肥,正处于教师青黄不接的状态。年轻的教师没有培养起来,老一辈的教师年龄大了。为了解决这一问题,当时的刘达校长决定,从原来的毕业生中挑选一些成绩优秀的学生回母校任教,其中就有朱克勤。

朱老回忆道:"我自己当时都没有读过研究生,但是我还要以老师的身份给他们上课,这些研究生有的就是我的同学,甚至年级还比我高。"在当了几年老师后,朱克勤感觉自己必须要进一步提高自己，不读研究生，恐怕原先大学三年的功底就要消耗殆尽。于是在 1982 年年底，朱克勤参加了中国科学院的统考，考入中科大近代力学系的博士研究生，师从我国著名的空气动力学专家童秉纲院士。

朱克勤（第二排中间）本科毕业时全班学生的合影

当时已经 36 岁的朱克勤从此开始了自己的读博生涯，这一读就是 5 年。虽然已经错过了读书的黄金年龄，但是朱克勤没有丝毫灰心和懈怠，始终以高标准要求自己。在读博期间，他首次有机会出国合作研究，赴日本东京大学应用物理系研究飞行器的地面效应，在 1988 年获得了中科大近代力学系工学博士学位。

海外交流，学无止境

随着国家改革开放的力度越来越大，出国交流访学的机会也越来越多。在国外著名大学里合作研究时，朱克勤深深地被国内外的科研差距震撼到了。当时国内在学术氛围、硬件条件、研究体系等方面都与国外有着巨大的差异。据朱老回忆，他第一次去日本东京大学应用物理系时，那里的实验室有各式各样国家来的人，美国人、法国人、德国人……但在中国的大学里，当时基本上没有碰到过外国人。虽然国内外差异巨大，但是朱克勤并不畏惧，通过刻苦地学习与钻研，他很快就取得了一系列科研成果，得到了国外合作教授和专家学者的一致认可。

在获得博士学位后的 5 年里，朱克勤先后学习并通过了日语、英语、德语的出国资格考试。曾先后赴德国哥廷根马克思·普朗克（Max-Planck）流体力学研究所研究涡－翼相互干扰，美国休斯敦大学机械工程系进行湍流大涡模拟研究，法国格勒诺布尔（Grenoble）国家研究中心（CNRS）研究电流变液的电导率模型，日本东京大学航空宇航系研究高速列车空气动力学，英国伦敦大学玛丽女王学院研究血流动力学。2006年从英国伦敦大学交流完回国后，朱克勤已经年满60，直到现在，他依然没有放弃过学习新知识的热情，他用自己的行动诠释了什么是学无止境。

投身教育，传承精神

自学生时代开始，朱克勤一直将钱老视为自己的偶像与楷模。他说："钱老为我国作出了许多伟大的贡献，大家都知道钱学森是'两弹一星'元勋，是中国导弹之父，但是钱学森另一个重要的身份应该是杰出的教育家。他十分重视和关心人才的培养，他在美国就是大学教授，培养了许多优秀的学生。回国以后，除了负责很多国防的研究任务之外，他做的第一件事就是成立了中国科学院和清华大学联合培养的力学研究班。这个班已经毕业的人，很多都是我们国内的领军人物或者是学术带头人。"受到钱老的影响，朱克勤多年来积极投身教育事业。1989—1994年，朱克勤任中国科学技术大学近代力学系副教授，1994年至今任清华大学工程力学系教授，并9次获得了清华大学研究生的"良师益友"称号。

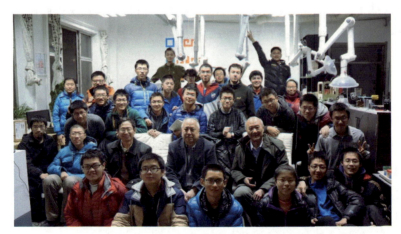

朱克勤与"钱班"学生合影

（第二排左二为"钱班"首席教授郑泉水，左三为钱学森之子钱永刚教授，左四为朱克勤教授）

2008年，时年已经62岁的朱克勤又接到一项新的任务——担任新设立的"钱学森力学班"的项目主任。当时的朱克勤因为年龄原因，感到接下这个项目可能有些力不从心，但转念一想，他又觉得能为钱老所支持的力学班尽一份力是有意义的。于是在"钱班"首席教授郑泉水的热情邀约下，他欣然接下了这份工作。

遗憾的是，第一批"钱学森力学班"学生9月刚入学，钱老就在10月的最后一天永远地离开了世间。钱老的离开让朱克勤深感悲痛，但也更加坚定了他办好"钱学森力学班"的决心。从2008年开始，每一个招进"钱班"的学生他都要参与面试，光成绩好不行，必须要有对科学的追求和报国的理想才能通过他的考核。朱克勤这一干又是8年，2016年，他正式卸下了"钱学森力学班"项目主任的职位，但是目前仍然在为"钱班"的学生上课答疑，并亲自批改每一份作业和考卷，向年轻人传承着钱学森的爱国情怀和专研精神。

朱克勤（右四）接受"钱学森力学班"首届项目主任聘书

善之本在教，教之本在师。朱克勤教授用自己的实际行动诠释了什么才是自律、自信和自强，为学生们树立了榜样，照亮了学生前进的方向。新时代的中国，需要我们年轻一代继续将这种精神不断传承下去。不忘初心，牢记使命，继续前进，才能终得伟大复兴。

（本文经院系审校定稿，原载于2019年10月"清华研读间"平台）

张晓健：
为祖国健康工作 70 年！

张晓健，1954 年出生，北京人。1978 年本科毕业于清华大学给水排水工程专业；1986 年获清华大学环境工程专业博士学位，是中国自己培养的第一名环境工程博士；2007 年被评选为"绿色中国年度人物"。2018 年 8 月 7 日，被中国广核集团有限公司聘任为"核电科普大使"。清华大学环境科学与工程系教授、博士生导师，清华大学环境系水质科学与工程研究所所长。

张晓健教授先后承担"六五"国家科技攻关计划课题"城市污水处理与再利用"、"七五"国家科技攻关计划课题"城市污水回用技术研究"、"八五"国家科技攻关计划课题"含难降解有机物工业废水治理技术与工艺"、"九五"国家科技攻关计划课题"受污染水源水净化集成技术与设备"、国家自然科学基金课题"饮水的微观团簇结构研究"等的研究，其中"城市污水回用技术研究"课题获国家科技进步奖二等奖、国家教委科技进步奖一等奖，"北京市饮用水消毒、消毒副产物、生物稳定性关系研究"科研项目获北京市科技进步奖三等奖。获"政府特殊津贴"等省部级奖励 10 项。

张晓健：为祖国健康工作 70 年！

张晓健老师

教育部大院位于北京市的西单附近，该地原来是清朝的郑王府，王府的院子很大，教育部的办公区和家属住宅都在院子里。这里，在教育部的子弟中走出了小说家王小波、诗人汪国真，以及清华大学环境学院教授、住建部和环保部顶级应急专家张晓健。本科、硕士、博士均毕业于清华大学，张晓健是我国本土培养出的第一名环境工程博士。

少时敏锐不轻狂

"大院里的日子简单却也精彩，每逢除夕过年，我们都会聚在一起看晚会、包饺子、猜灯谜，国庆期间我们还会一起看国庆群众游行的转播。"这是张晓健印象里的童年。

少年时期的张晓健对数学有着浓厚的兴趣，他是大院孩子里"九九乘法表"记得最快最熟的。至今他还清楚地记得小时候参加北京少年宫数学竞赛时的一道试题，"一个大三角形里面一个'又'字，共有多少个三角形？""直观来看是 5 个，加上外面大三角形是 6 个，组合起来一共有 12 个！"小小年纪的他是当时算得最快、想得最全的。

从那时起，他似乎认识到自己具备某种数学天赋，而这个绝没有灰度存在的理性世界令他着迷。也正是因为他从小对数学的敏锐感知和热爱，在随后的几十年间，数学计算帮助他解决了无数次环境应急事件。

年轻时候的张晓健

分秒之中见真章

组会上与学生讨论问题是张晓健特别享受的事儿，和学生们对每一个问题反复地推演和优化甚至进行激烈的争论，得出新的创新点，对这个过程他乐此不疲。

有一次在他和学生的讨论中，聊到了关于计算污水厂出水占长江流域比例的问题，他迅速将每个人排放的污水定额乘以长江流域总人口，再除以长江流域的总流量，通过心算，几秒钟就得到了正确的比例结论，这也成为他的学生一直津津乐道的场景。

事实上，张晓健对问题快速切入的能力为环境应急事件的抢险解决奠定了坚实的基础。应急前线，分秒必争，多一分的耽搁，市民便会多几万分的不便。

2005年11月，松花江发生了特大污染事故，主要污染物是硝基苯，哈尔滨全市400万人面临停水威胁。"必须在4天之内实现供水！"上级下达了"死命令"，而当时污染物的峰值超出标准30多倍，其任务之重、困难之大可想而知。但张晓健和各位专家通力合作，在短短的3天时间内完成了这个"几乎不可能"的任务。当得知时任黑龙江省省长的张左己喝下了第一口处理后的自来水后，张晓健长舒了一口气，下意识地用手搓了搓脸，这时他才发现连日的赶工累得他脸都木了。

张晓健与学生现场推演

培养"精品"的张老师

严师出高徒,做张老师的学生,无疑是辛苦又幸运的。未知的路走起来不免心怀忐忑,但在张晓健的耐心指引下,每一步都走得十分踏实。张晓健对自己学生的质量很自豪:"我培养的学生可能数目不多,但个个都是精品。"扎实的基本功,过硬的专业本领,再加上重大课题应急事件的考验,他手把手带出来的爱徒,一直都是"精品"。

张晓健还负责教授"水处理工程(三)"(现改为"高等水处理工程")这门课程,环境学院的同学们习惯称这门课为"水三",是环境学院的"三大神课"之一。

张老师的"水三"很有特点:课堂上,张晓健会在黑板上一步一步地带着学生推导公式,耐心讲解反应机理和过程,时不时还会穿插工程实践的内容;大作业是让学生寻找文献数据,运用水处理理论进行评价;期末开卷考试,学生可以带教材、讲义、资料和电脑上考场,要求自主解答不能作弊,考查学生运用知识解决问题的能力。最有意思的是考完即讲解答案,不让学生带着疑问走出教室,在课程的最后也保证做到"授人以渔"。

师途
清华大学导学故事集

张晓健在首徒雷晓玲硕士毕业答辩时的合影

"水三"考试现场

  除了对课程的细致打磨，站好课堂上的每一班岗，也是张晓健的"倔强"。2003年和2004年，因治疗甲状腺癌，张晓健两年上了两次手术台。术后仅仅两周，尚未痊愈的张晓健便又扎回了他热爱的课堂。

  张晓健的一位学生回忆说，那时候常常看着张教授带着脖子上长长的伤口，坚持讲课；怕声音太小影响教学效果，他就带着扩音器上讲台；由于手术损伤了声带，一堂课下来，张晓健总是哑到说不出话。一横一竖，一撇一捺，一字一句，一心一意，若干的"一"把"水三"课程放大成无穷,才铸就了这门清华大学的精品课程。

张晓健老师与陈超老师合影

"水三"这门课是由张晓健的硕士导师许保玖先生于 1979 年开设的,许先生讲了 20 年,到 1999 年由张晓健接力讲下去。到今年,张晓健也整整讲了 20 年。如今,张晓健 02 级的博士、现环境学院副研究员陈超,已经接替他讲授"水处理工程(三)"课程。这门课程既是清华大学研究生精品课程,也是他这一课题组的传承。

时刻准备着的应急专家

作为环境和市政应急专家,张晓健已经习惯了时刻待命,随时奔赴一线的生活。短短十几年里,祖国的大地已遍布了他应急抢险的足迹。

2007 年 5 月,无锡爆发太湖水危机事件,自来水呈现浓重的恶臭气味。张晓健第一时间奔赴现场,初到现场的他单凭自来水的"臭胶鞋味"就意识到此次应急事件非一般性的由蓝藻暴发引起。他提出无锡市自来水应急处理的重心是除臭而不是除藻。理出头绪之后,张晓健随即开始确定试验方向,3 个多小时试验水质消除了异味,20 小时后水厂应急处理工艺投入实践,出厂水达到国家生活饮用水卫生标准。在无锡 7 天 6 夜的战斗中,他累计只睡了 10 小时,连日高强度的工作使得 53 岁的他体重掉了 3 公斤。

回到北京后,他没有先回家休息,而是立即组织研究生全力投入致嗅污染物的分析和处理技术的研究工作，以便为应对类似事件提供技术储备。

2007年6月2日，《无锡日报》头版刊登了《感谢你，除嗅专家》的文章，让无锡人记住了这样一位城市英雄，也向张晓健表达了无限的敬意和谢意。

一波未平一波又起，在处理完无锡水污染事件后不久，秦皇岛水源地大规模的蓝藻暴发又将他拖上了第二个战场，两场战役连着打，他的身体确实有点吃不消了，但他还是漂亮地打完了这一仗。事后，在接受记者的采访时，张晓健自我打趣道："什么时候人就算休息过来了呢？就是做梦的时候不再想到水了。"

无论是夜半还是清晨，通知张晓健奔赴前线处理应急供水事件的手机铃声随时都有可能响起。每每放下电话，救水如救火，他就像一名特殊的消防员，先后无数次奔赴重大水污染事故现场，第一时间解决用水危机。

张晓健在应急现场（右一）

2019年，在张晓健退休前参与的最后一个国家水专项研究中，他仍然坚持站好最后一班岗。刚到现场，包还未来得及放下，就直奔实验室，指导研究人员进行试验，长时间的站立使得他的小腿慢慢肿了起来，他这才坐下，随意找了块桌角，铺着草稿纸继续工作，完全看不出一点"专家的样子"。可就是在这样的犄角旮旯，他曾举重若轻般解决的治理难题不知凡几。

张晓健：为祖国健康工作 70 年！

犄角旮旯中解决大问题

前脚刚踏进办公室后脚就被学生"拽"进实验室，也是常有的事儿。经常一个问题探讨起来就是好几个小时，以至于常常忘了饭点儿。每当他的夫人打电话催促他回家吃饭时，他总会说"快结束啦！快结束啦！"挂了电话他又接着刚刚的进度紧张讨论起来，全然忘了刚刚给家人的"承诺"。在张晓健的学生眼里，"张老师思路特别清晰，每次和他讨论完问题总是有一种豁然开朗的感觉，不管是科研上的还是生活上的"。

理工专家的"生活品位"

除了严谨细致的科研和分秒必争的应急抢险工作，张晓健的业余生活也有别样的精彩。他是环境学院公认的保龄球高手，他还喜欢旅游和摄影，尤其是摄影，在环境学院是出了名的棒。有意思的是，摄影对他来说绝不仅仅是简单按下快门的业余爱好，他把工作上的那股钻研的劲儿也带到了摄影上。他认真地学习摄影方面的书，偶尔还参加相关的讲座和沙龙活动。

有时，在应急工作结束之后，他会带着学生在当地走一走放松心情，组里的每个学生都有做他模特的有趣经历。"摄影不是单靠相机好，要讲究光线、背景、角度，你这样站光线才会……"张晓健常常兴致勃勃地跟学生讲他的拍照心得。学着玩，玩着学，摄影这个爱好在张晓健那里也成了一门学问。

张晓健对于生活也有自己的品位。出席学生的论文答辩会等正式场合时，他会提前认真准备，保证西装革履的形象；在日常生活里，他也十分注重自己的仪容仪表：腰背挺直，衣着整洁、上装必须得带领子；只要没有恶劣天气，他还是习惯骑着一辆

犄角旮旯中解决大问题

夕阳下的张晓健

上了年头的二八自行车穿梭在学校的各个角落；张晓健至今还保留着手写笔记的习惯，正如他用整齐宋体撰写的博士毕业论文；这几年，他还与时俱进，在美篇上开设了自己的主页，记录分享生活中的趣事。

尾　声

今年是张晓健在清华园的第 45 个年头，加上读大学前工作的 5 年，张晓健已经整整为祖国努力工作了 50 年。

这是他 50 年来的"成绩单"：作为教师，他曾三次获得了由学生自主评选的清华大学"良师益友"称号，他还获得过北京市"孟二冬式优秀教师"荣誉称号、北京市人民教师提名奖等奖项；作为学者，他曾承担国家"863 计划"、国家科技攻关和国家自然科学基金等多项课题，取得了多项国际先进、国内领先水平的研究成果；作为心系国家的治水专家，他是新中国的"红色工程师"，曾获得"2007 绿色中国年度人物"称号、"2011 年中国水业年度人物"称号，被媒体称为"治水大师"。

除此以外，严谨、奉献、真诚、和蔼、文艺同样是他奋斗岁月的沉淀。尽管环境学院已经为他举办了光荣退休会，但是张晓健在短暂的休整调养之后将继续他的科研和应急工作。正如他在退休会上说的那样："我已经实现了清华人'为祖国健康工作 50 年'的目标，未来，我要争取为祖国健康工作 70 年！"

张晓健（左五）在荣退报告会现场和院领导及部分师生合影

（本文经院系审校定稿，原载于 2019 年 12 月"清华研读间"平台）

陈丙珍：
六句话读懂陈丙珍院士的"教师"角色

陈丙珍，1936年5月生于江苏省无锡市。1959年毕业于莫斯科门捷列夫化工学院（现门捷列夫化工大学），1962年获得技术科学副博士学位。清华大学化学工程系教授，中国工程院院士。曾任第八届国际过程系统工程大会组委会主席，国际学术期刊 Computers & Chemical Engineering 编委，国际自动控制学会（IFAC）技术委员会委员以及《中国化学工程学报》（英文）副主编等职。

自20世纪70年代后期即致力于化工系统工程新学科的建设和工业应用，围绕石化企业能源和资源的优化利用，在化工系统综合、在线数据校正及在线优化、人工智能应用、产业链优化、面向本质安全的化工过程设计等前沿领域中展开研究。曾获全国科技大会重大科技成果奖1项，国家科技进步奖三等奖1项，省部级奖13项，出版专著2部，译著2部，在国内外重要期刊及会议上发表论文250余篇。

师途
清华大学导学故事集

陈丙珍，清华大学第十五届"良师益友"特别奖获得者

吾教承吾师

一、"我有极大的责任感，就是要回来加速国家工业化！"

1954 年，陈丙珍还只有 18 岁。经过层层选拔，她被国家派往苏联门捷列夫化工学院（现为俄罗斯门捷列夫化工大学）留学。完成本科学习之后，由于成绩优秀，她被破格接收直接攻读该校副博士学位。1962 年，陈丙珍毕业归国，她总共在苏联度过了八个春秋。

刚到苏联之时，对于一个没有俄文基础的小姑娘来说，学习、生活等方面的不便可想而知。听不懂课程无法做笔记，每天只睡 6 小时，早饭常常是将就甚至略过等。

而今回想起那段艰苦的岁月，陈丙珍淡然地说道："我来自一个小城市无锡，能够到苏联学习完全是国家分配的，所以我有一种强烈的责任心，一定要把所学的东西拿到国内加速我们国家的工业化。"年轻的她用自己瘦弱的身躯，承载起自己爱国爱家的责任情怀。

二、"作为学生的导师,既要在科研上为学生提供尽可能多的资源,也应关心学生的生活!"

在苏联求学期间,陈丙珍获得了导师的悉心指导。无论多忙,导师每天都会来实验室见她一面,有时为了不打扰她做实验,只是站在一旁看一会儿。

导师认为,开拓实验对于培养研究生非常重要,为此,他专门联系了各种研究所和专利局让陈丙珍前去参观,还提供机会让她旁听重要的学术会议。在学术科研上,导师的要求却一直十分严格,"必须要发表三篇论文才允许毕业,对于实验给出的曲线,必须要明确每个点是几次实验做出来的,能不能重复。"

回忆起恩师,陈丙珍说,"导师从来没有严厉批评过我,要批评也是很婉转的,老师的这种导学关系影响了我一辈子。作为学生的导师既要在科研上为学生提供尽可能多的资源,也应关心学生的生活。"

三、"要把丢掉的东西捡回来,失去的时间找回来!"

"文革"十年内乱过去后,陈丙珍和同事们立刻开始了辛勤的工作。在图书馆查阅资料后,她惊讶地发现化工中的计算机应用在国外已经成为一个独立学科,被称作"过程系统工程"。有丰富工程经验的她,立刻敏锐地认识到这十年我们落后太多,于是就与其他几位同事各展所长,开展过程系统工程学科的国内建设。

然而,当时的情况可谓一穷二白,面对全新的领域,只能从零开始。陈丙珍和同事们决定发挥外语方面的优势,先从翻译书籍着手,边翻译、边学习。她们4个人组成了一个学习小组,然后几个人分别学习,轮流讲课,撰写教材,开设培训班,从无到有,自学成才。就这样,几个人在小小的教研室内逐步建立起了中国的过程系统工程学科,填补了中国化学工业的一块技术空白。

陈丙珍是不服输的,很倔强。"国外有的技术,我们也要有,甚至要更好!哪怕我已经四十多了,我们只能从零开始,但就是要把丢掉的东西捡回来,失去的时间找回来!"

这就是老一辈科学家对学科发展的那种责任感,个人兴趣和国家需求相结合的使命感。

陈丙珍（左）和同事探讨科研问题

亦师亦友亦家人

一、导学关系是可逆的！

执教 54 年，陈丙珍一直严格要求自己，时刻保持严谨的作风。"我一辈子都要学我的导师，在学术上一定要严谨，一定要实事求是"，短短一句话概括了陈老师的科研态度。

陈丙珍一直坚持"导师要能解决学生的问题"。为此，80 岁高龄的她，依旧在科研上严格要求自己，时常查阅文献，一方面紧跟国际前沿热点；另一方面发现新的突破点，为的就是能够在学生遇到困难时能够给予他们指导和启发，为的就是使工作富有创新性。

在学术讨论中，陈丙珍坚持平等的观念，当遇到学生有不同的思路时，她认真听取同学的想法并进行反思，有时候甚至会回过头质疑自己的知识结构。陈丙珍认为，导学关系是"可逆"的——导师能教学生，有时候学生也能教导师。她坚信，这是导师和学生共同成长和进步的过程。

二、我看到过我的学生大哭

作为导师，除了指导学生的科研，陈丙珍还在生活和个人成长上关怀着自己的每一位学生。每周和学生交流完研究进度之后,陈丙珍都会问一句,"最近过得怎么样啊?"

岁月流逝,陈丙珍和学生之间的年龄差距越来越大,可是她那随着岁月增长而流淌出的亲切与从容能帮助打破师生之间的隔阂,拉近心的距离。陈丙珍成了学生们无话不谈的好朋友,感情倾诉的知心人。

"我看到过我的学生大哭……我就去安慰他,因为他这么痛苦,我也难受……"

谈起一个学生,陈丙珍的眼角却逐渐湿润了。"他啊,学习特别特别棒,他来的时候挺好的,后来我就发现他驼背了。我真的对他很内疚,因为我觉得我没有关心他。因为我们长期用计算机,容易这样,所以我就和另外一个老师一再找他谈话,叫他一定要挺直……作为老师如果不注意他们的身体的话,那我觉得老师应该是很内疚的。"

三、我记得你的爱好,可我还一次没听过呢

学生们为陈丙珍庆祝生日

杏坛耕耘54载,陈丙珍门下早已是桃李芬芳。现在已经到高校任教的王冰是陈丙珍的博士生,在校期间,王冰因为有手风琴演奏的特长还参与过不少演出。临毕业之际,陈丙珍和他闲聊道,"你就要走了,我挺舍不得的,我知道你手风琴拉得特别好,但是我还没有听你拉过一次呢,你能不能给我拉一个曲子啊?"

陈丙珍没想到,自己这一句话让几个学生都忙了起来。王冰和课题组的其他同学一起,策划了一个毕业专场音乐会,专门给陈老师演奏了15支曲子。回忆起这一幕,陈丙珍还是记忆犹新,"他一个人拉了两个小时,满头大汗,一口气拉下来了……"谈及此事,陈丙珍先是笑容满面,之后又眼角湿润起来,"他走的时候,我都没有去送,

太舍不得了，没法送……"

如今，陈丙珍早年的学生们都还是经常来看她。有些旅居的学生，只要有机会回国，都一定会专程来北京探望她。他们中有人知道老师爱读人物传记，回国时还不忘带给陈老师一本原版《乔布斯传》；也常有学生会将近期生活的照片发给陈丙珍，分享点滴喜悦，"前两天我一个学生，刚刚生宝宝，发照片给我，小孩子那个大眼睛啊！"陈丙珍边说边在眼睛前比画了一个圆圈。

尺方案牍著此身，桃李清香满乾坤

声名卓著，载誉无数，陈丙珍却始终保持着最朴素平淡的生活。十几平方米的办公室内，一桌，一椅，一台计算机，一个书柜，仅此而已，剩下的就是堆满各处的论文、期刊、书籍、讲义。

她觉得，这样就足够了。有时，年轻的老师打趣她，一年到头就只有那么几件衣服，"不是黑的就是白的，再就是灰的"。陈丙珍只是谈谈笑着说，"其实我们这代人，这样很普遍。"

一如这身素净的着装，陈丙珍的性格也极为低调谦逊。她说，"我就喜欢听学生叫我老师。叫我院士我也不喜欢听，叫我教授我也不喜欢听，叫我陈老师最合适了，这是最高尚、最准确的一种关系。"

然而，低调的她每每提起自己的学生时，言语间又总是流露着抑制不住的自豪。谈到如今国内很多研究生毕业之后放弃多年所学，另起炉灶，陈老师立刻说，我的学生很少有转行的。"他们每一个都很棒，特别棒。"陈丙珍总说："我最喜欢的就是青出于蓝而胜于蓝，毕竟一个人的能力太有限了，如果我指导的 10 个学生都比我强，那么我的贡献也就体现在我学生的成就里。所以，我希望他们都能成才，都能做得比我好。"

莫道她身材娇小，分明是刚柔并济，胸怀天下。

80 个人生春秋，54 年辛勤耕耘，陈丙珍用知识播种，用心血滋润，用责任守护。她把学生的每一滴泪珠都视作珍珠，为学生的每一分成绩而骄傲。

立身行道，始终如一。陈丙珍用岁月诠释了师魂。

陈丙珍：六句话读懂陈丙珍院士的"教师"角色

陈丙珍获得清华大学第十五届"良师益友"特别奖

（本文经院系审校定稿，原载于 2016 年 9 月"清华大学小研在线"平台）

李强：
学者的家国情怀与社会责任

李强，清华大学社会学系教授，兼任清华大学民生经济研究院院长、清华大学当代中国研究中心主任等。1978—1999年在中国人民大学学习和工作，曾任社会学系主任。1999年9月调入清华大学，任社会学系教授。2003—2017年曾先后任清华大学人文社会科学学院院长和社会科学学院院长。

研究领域为社会分层与社会流动、应用社会学、城市社会学等。社会兼职包括：教育部社会科学委员会委员、国家信息化专家咨询委员会委员、国务院学位委员会第六届和第七届学科评议组召集人，曾任中国社会学会会长。著有《多元城镇化与中国发展》《社会分层十讲》《农民工与中国社会分层》等20余种著作，发表学术论文260多篇。多次获得"教育部高等学校科学研究优秀成果奖（人文社会科学）""国家社会科学基金项目优秀成果奖"等学术奖励。

他 18 岁毕业于北京四中，之后在黑龙江度过了 9 年的知青岁月。他 28 岁时正值高考恢复，考取中国人民大学复校后的首届本科生，并且由此走上了学术的道路。他在 53 岁时成为清华大学人文社会科学学院院长，为清华社会学系以及多种文科学科的复建作出了重要贡献。他在 67 岁时入选清华大学首批文科资深教授，研究领域包括社会分层与社会流动、城市社会学、应用社会学、贫困研究、社会治理等，开启"新清河实验"，在学界产生重大影响。他就是清华大学社会科学学院教授——李强老师。

李强老师

"上山下乡的经历塑造了我执着的人生理念"

李强教授出生于 1950 年，是伴随着新中国长大的一代人。

1968 年，李强老师从北京四中毕业后，他和同学们就作为知青，伴随着"农村是一个广阔的天地，在那里是可以大有作为的"的指示赴黑龙江生产建设兵团参加劳动，接受贫下中农的再教育。

从北京出发在路上花了三天三夜的时间，李强老师和同学们到了距离珍宝岛 70

里（1 里 =500 米）地的一个小村庄。到了那里一年后，就爆发了珍宝岛自卫反击战。

李强教授说，人生的道路上总会遇到坎坷、挫折和不顺利，但他从未放弃过。当年上山下乡，李强老师有 9 年的时间在深山老林，但在那样艰苦的条件下，他与来自四中的其他同学从来没有气馁过。

之所以说艰苦，不仅是劳动艰苦、生活艰苦，更苦恼的是没有书、无法学习。四中的同学们为了学习就四处去找书，得知离他所在的村庄几十里外的另一个村庄的四中同学有书，就去他们那里借书。当时同行的知青都很好学，一本好书在一个人手里往往只有一天时间，所以就熬夜看书。那时候，年轻精力旺盛，白天劳累一天，夜里点着煤油灯看一夜书。

当年，邮政还是畅通的，李强教授曾订了一份国内罕有的英文刊物 *Peking Review*（北京周报），就这样在艰苦的条件下坚持了英文的学习。

正因如此，当"文革"结束恢复高考机会来到的时候，李强老师成了恢复高考后最早的一批考生，虽然那时录取的人数很少，但他成功考取了大学。在那个年代，知青们真的是对知识充满了渴求。所以李强老师觉得，那时候上大学，徜徉在知识的海洋里，是一种享受，是非常神圣的一件事。那一年，他 28 岁。

李强老师说上山下乡的经历有两点对他后来的学术道路产生了很大的影响：一是不怕吃苦、永不放弃的执着精神，让他在学术的道路上不断前行；二是认识社会，用社会学术语来讲就是"参与式观察"（participant observation）的过程。9 年的参与式观察经历，成为后来进行社会学研究激发灵感的源泉。

李强提到，作家高尔基的"三部曲"中有一部叫作《大学》。高尔基没上过大学，但高尔基的大学是什么呢？其实就是他的社会生活和社会经历，所以李强认为他有两个大学。从 1968 年下乡，到 1977 年回来，今天思考起来的话，如果李强老师后来学的不是社会学，而是物理学，是化学，是数学，是其他学科，那 9 年顶多也就是一个生活阅历，它跟学问没有什么关系。但是后来他做的这门学科恰恰是社会学，所以回想起来，实际上那段时间几乎是做了 9 年的"参与式观察"。

"学术学风是与家国情怀紧密结合的"

"做学术研究一定不能逐利。"这是李强老师在采访过程中反复提及的一句话。他认为，如果做学术是为了个人获利，那就不要在这个群体当中。因为社会科学探讨的是中国整个政治、经济和社会各方面的问题，涉及每个老百姓的利益。

如果研究者没有理想信念、道德约束和价值观，研究的内容就会出问题。因为这关乎科学研究的目标问题，为谁去研究？李强老师说，科学研究不能只为了一小撮人的利益，而是要做为广大人民群众服务的事情。

目前，社会上出现的一些学术不端行为表面上来讲是学风问题，其实背后牵扯的内容非常深刻，是和理想信念相关的。如果一个学者连学风问题都处理不好，更不要提成为"人类灵魂的工程师"，也做不了精神世界的研究。

学术研究的道路固然是艰辛的，李强老师借用马克思的一句话说："在科学的道路上没有平坦的大路可走，只有在崎岖小路上攀登的不畏劳苦的人，才有希望到达光辉的顶点。"很多时候，这样艰苦的学术研究是没有利益获得的，追求真理与获得利益之间的距离是非常遥远的。清华的学风是一代代清华人通过不懈的奋斗塑造出来的，这是和牟利没有关系的。

李强老师强调，清华学者对学术的追求，跟名利不相关，而是和家国情怀、民族精神密切相关。在这一点上，李老师生动地讲述了梁思成和赵忠尧两位清华教授的故事。

1937年9月，清华大学迁往在长沙设立的临时大学。清华物理系的赵忠尧教授临行前最惦记的就是还保存在清华大学实验室中的50毫克镭。这50毫克镭是赵忠尧教授在英国剑桥大学访问时著名物理学家卢瑟福赠送给他的。那时，北平沦陷，日军已经进入清华园，这时返回实验室是一件极其危险的事情。但是，赵忠尧教授为了避免这50毫克镭落入日军手中，决定冒着生命危险去取回这份国家的珍宝。

危急之时，赵忠尧教授就匆匆忙忙来到梁思成先生家。因为梁思成当时条件比较好，有辆小汽车，而当时城区离清华很远。梁思成一听，立即答应，两人夜闯清华园取镭。这时的清华园已经被日军侵占，他们趁着夜色悄悄潜入清华园，千方百计躲过日本兵，取回了镭。为避免在运送镭的路上被发现，赵忠尧教授把镭的铅筒放在咸菜坛子中，随着逃难的人群前往长沙。风餐露宿，昼伏夜出，风度翩翩的大学教授变成了一个蓬头垢面的乞丐。在到达长沙临时大学见到梅贻琦校长时，赵忠尧教授潸然泪下。

李强老师

"要推崇严谨求实的科学精神"

清华的学生历来以学业优秀著称，清华培养学生历来强调极为扎实的基础知识。每一门学问的获得都是脚踏实地、兢兢业业、刻苦努力的结果，来不得半点虚假，这就是科学精神。

李强教授在高校40年，从事的是社会科学研究。我们知道，科学有两大领域：自然科学和社会科学。对于社会科学可能很多人并不熟悉，它们将人类行为、社会现象作为研究对象，遵循严格的研究方法、验证方法，在实证研究中加以检验，可以证实或证伪。

诺贝尔经济学奖获得者贡纳尔·缪尔达尔（Karl Gunnar Myrdal）通过实证研究提出了"循环累积因果理论"，即市场力量会强化区域不平衡的规律；另一位诺贝尔经济学奖获得者西蒙·史密斯库兹涅茨（Simon Smith Kuznets）通过数据研究，提出了"库兹涅茨曲线"（Kuznets curve），即经济发展与收入差距变化的理论。这些都是通过社会科学的实证研究证明的。李强教授本人也曾运用人口普查数据，测量中国人的职业地位，发现了中国社会结构的基本特征。

总之，社会科学强调的是实证研究，求真、求实。清华大学也历来是以科学精神著称，其理念是：不唯书、不唯上、只唯实。

"'为学与为人'是每个清华人必须兼备的素质"

在对清华的学生和年轻的学者们寄语时,李强教授强调,学术学风和人品道德是密不可分的,"为学与为人"是每个清华人必须兼备的素质。

李强老师以周作人的例子来警示大家不要做一个学问丰富却道德匮乏的人。周作人著作等身,学识渊博,郑振铎曾在《惜周作人》中感叹:"在抗战的整整十四个年头里,中国文艺界最大的损失是周作人的附逆。"北平沦陷后,当时中国文化界的重量级人物的周作人在1938年2月出席日本军部召开的"更生中国文化建设座谈会",并先后就任伪北京大学文学院院长、伪华北政务委员会委员等职,走上了附逆之路。全国文化界纷纷声讨周作人"背叛民族、屈膝事仇"的行径。

李强老师

所以说,李强老师认为"德才兼备、德在才先"是清华需要一直坚守的教育理念。他用朱镕基校友在1992年清华大学电机系60周年系庆贺言中的话来寄语当代清华学子和年轻学者:"为学在严,严格认真,严谨求实,严师可出高徒。为人要正,正大光明,正直清廉,正己然后正人。"

(本文经院系审校定稿,原载于2019年5月"清华研读间"平台)

陈辉：
课题组抗"疫"，画笔下流淌的家国情怀

陈辉，清华大学美术学院教授，博士生导师，教育部人文社会科学基金评审专家，国家艺术基金评审专家，中国博士后基金评审专家委员会专家；清华大学教学顾问，清华大学名誉学衔校级评审专家，清华大学美术学院学术委员会副主任，吴冠中艺术研究中心副主任，张仃艺术研究中心研究员；中国美术家协会理事，中国画学会理事，北京市高等艺术教育协会理事，全国教育书画协会高等美术教育分会埋事，中国美术家协会中国画艺委会委员，北京市美术家协会中国画艺委会副主任，第十一至十三届全国美术作品展评委。

陈辉：课题组抗"疫"，画笔下流淌的家国情怀

在国家遭遇困难之际，武汉乃至全国医务工作者的奋力救助和全国人民的万众一心，控制了新冠肺炎疫情蔓延的局势，中国力量让华夏大地洒遍希望，中国精神让世界为之惊叹。而清华大学美术学院陈辉教授和他的课题组学子则把心中的感佩倾注笔端，用一幅幅生动的画作向逆行者致敬，为中国加油。

《光暖火神山》——陈辉

每一幅画作的背后都蕴藏着一个感人的故事，也蕴藏着创作人丰富的心路历程，通过专访清华大学美术学院陈辉和他的课题组学子，让我们一同探寻艺术背后的家国情怀。

以画抗疫，画笔描绘最美的逆行

"我们不能到前线去，只能拿起画笔画这些最可爱的、最美的逆行者！"

在新冠肺炎疫情防控关键时期，陈辉每天通过微信群与课题组学生互动交流，嘱咐同学们保重身体的同时要好好读书、画画，并亲自创作了疫情防控主题绘画，给课题组全体同学做出了积极示范，而这也启发了大家的灵感。

受陈辉的影响，课题组内的同学们纷纷拿起自己的画笔，致敬那些冲锋在抗疫

第一线的"最美逆行者"。以画抗疫,通过绘画作品传播社会正能量,是同学们奋斗的最大意义和价值体现。

《使命重于泰山》

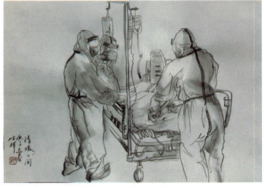

《情暖人间》

这两幅速写记录了奋战在疫情最前沿的广大医护工作者在国家危难之时,奋不顾身地以仁医仁爱的天职抢救着病患的瞬间。无数患者在他们的救治中转危为安、重获新生!

——陈辉

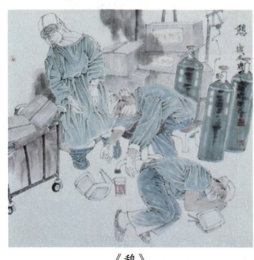

《憩》

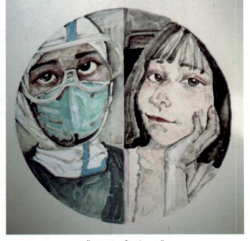

《天使爱美丽》

抗疫护士富有青春活力的容颜与超负荷工作下的疲惫状态。

——美术学院 2019 届博士　刘素之

克服挑战，真心点缀抗疫的风景

"这场战役中，最难忘的是你们的眼神。一双双坚定又充满希望的目光，让我们深深地感受到了伟大的社会使命感和面对疫情的无畏精神。"美术学院 2017 级硕士生杨秋璇的作品《交织的目光——守护者》，因其逼真笔触蕴含的深厚情感，早已传遍清华人的朋友圈。

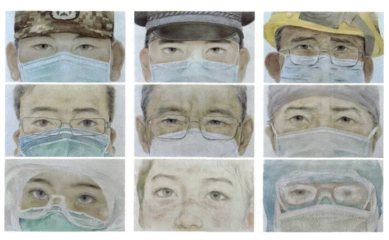

《交织的目光——守护者》——杨秋璇

杨秋璇收集素材的过程中，遇到了作画工具匮乏的困难。没有工笔画所需的熟宣纸，她自己动手在门上给纸刷浆；没有毛笔工具，便用家中剩余的油画工具作画。

备齐材料后，为达到画面所需的效果，杨秋璇找了 150 多张不同角度的图片资料进行参考。但许多图片清晰度不高，她在视频中截图，从众多素材中找到自己需要的创作灵感和具体方向。

由于家住气候湿润的南方，杨秋璇每次晕染完，都要拿吹风机吹，等色彩干掉才能继续上色。经过连续 5 天的熬夜奋战，杨秋璇最终完成了作品《交织的目光——守护者》。

受限于绘画材料，杨秋璇借助房门给纸刷浆

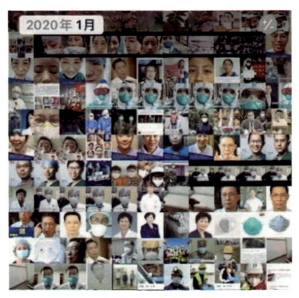

杨秋璇的素材

同心抗疫，画作蕴含课题组温情

在这样一个特殊时刻，一群学生能想到用画笔来描绘一位位逆行英雄们和一幕幕抗疫场景，以艺术传递这种崇高的精神，背后离不开他们的导师——美术学院陈辉教授的言传身教和对学生们的鼓励。在这次突发疫情的艰难时刻，陈辉亲自创作了《光暖火神山》《使命重于泰山》《情暖人间》等作品，展现疫情时刻的人性光辉。同时陈辉还把自己所作的厚厚一沓创作实验稿发到群里，鼓励学生们用艺术呈现生活、传递时代精神。

疫情期间，部分同学本就有自发创作的打算，而陈辉的激励则让更多同学加入了这支队伍，向各大艺术平台投稿抗疫主题画作。其中，美术学院 2017 级硕士生陈博贤将义卖自己作品的收入捐赠给疫情地区，并参与清华大学云上学堂公开课，向校内师生和社会群众分享艺术知识。虽然艺术是自己专业所长，但陈博贤仍然认真备课，生怕讲得不好、对不起师生的期待，甚至在直播的前一晚也没有睡觉。而在这些同学们的眼中，自己只是做了一些力所能及的事，以此来为抗击疫情贡献一分力量。

陈博贤参与作品义卖和云上学堂公开课

陈辉认为，艺术灵感的捕捉需要充足的时间、充沛的体力和专心的环境，而艺术的精进则需要相互交流与切磋。因此，他时常鼓励自己的学生在防控疫情的同时也要充实学习、多多交流。他也给在家学习的同学们留言："非常时期，非常的生活与学习。大家应该坚定信心，以苦行僧式的自律，做好自己应该做的事，与国家共克时艰！相信疫情终将过去，我们都会迎来春天的曙光。"美术学院 2018 级硕士生王瀚裕则回复道："我们虽分散在不同的地方，但彼此之间仍一直在互相鼓励互相学习。"

在学生们的眼中，陈辉不仅是传道授业解惑的老师，还是关心他们学习和生活的长辈，学生们总是亲切地称呼他为"师父"。陈辉把自己的课题组比作一个和睦的大家庭，"我在课题组里面，尽量地不搞所谓的师道尊严，没有搞得什么所有的事情都是我绝对说了算。我想努力营造轻松的环境，让大家畅所欲言，这样大家就敢说真心话了。"

陈辉课题组共同参加"良师益友"颁奖典礼

以爱着色，艺术彰显家国情怀

陈辉带领课题组外出写生

当被问及是什么触动了自己去创作《光暖火神山》等描绘疫情防控工作人员的主题画作时，曾经经历过非典型肺炎（SARS）的陈辉认为，在国家遇到困难的时候，更需要大家有凝聚向上的团结力量，有充满着希望的阳光之心，能够看到我们国家的制度优势、我们中国精神的凝聚。陈辉坦言道："还记得在电影《上甘岭》中，即使我们伤亡惨重，但当'一条大河波浪宽……'这么柔情的旋律响起时，反而给予了我们战胜敌人的力量和决心。我觉得艺术最重要的一点在于它源于生活而又高于生活，在经过了艺术加工和提炼后，能够凝聚力量、鼓舞人心、团结斗志，带领人民群众共同战胜面临的困境。因此我想，我作为一个老师，同时又是一个艺术家，在面对疫情时能做的就是拿起自己的画笔，去反映这一特殊时期、特殊生活下的那些感动人心的场面。"

陈博贤也表示，这次课题组集体描绘疫情防控主题画作完全是一次自发的行为："本来同学们便对疫情防控中最美逆行者们的事迹深有感触，正好陈老师也亲自创作了相关作品，给课题组全体同学做了积极示范。"在美术学院 2016 届硕士肖婷婷眼中，艺术家应该有更强烈的使命感，艺术以其特有的形式见证着历史，艺术家应当创作能提出问题、传递希望、表达积极的价值观的作品。对此，美术学院 2018 届硕士滕腾补充道："艺术不是闭门造车，我们目睹了抗疫一线艰难与希望并存，感受到抗疫的慌乱和温情交织，这些情感的震动对于每一个创作者来说都是无比真切的。

作为绘画创作者,并不只是创作出好看的图像,更重要的是其中饱含的情感和精神。"

课题组同心,以画抗疫。疫情期间,陈辉时常在课题组群内点评同学们的作品,为同学们提供直播、义卖等公益活动的信息。正所谓教学相长,在陈辉眼中,学生在构思上往往富有创新与突破性,给他带来了更多的灵感。疫情期间,网络授课的方式对注重实操的美术学院相关课程是一大挑战,而正是得益于课题组同学的建言献策,最终才使得陈辉所教授的水墨实验课顺利、高效地进行。"居家守望,零之起点。绘画材料的缺失,反而激发了同学的异想天趣。因地制宜、因材施用、兴趣使然、力所能及,择一切手段,呈多元气象……在实验水墨课的过程与乐趣中,同学们找到了快乐与欣喜,自信与希望。我看到了那扇仰视艺术光明的天窗正向同学们打开。"陈辉在直播完水墨实验课后,这样感慨道。

陈辉为同学们线上直播水墨实验课

灾难无情人有情,这份情在各行各业最美逆行者们奋战在疫情最前线的身影中,在他们坚定又充满希望的目光中,也在将这样的身影与目光定格在画纸上的陈辉及其学生们的心中。也正是这份家国情怀,让这群艺术创作者们自发地以爱着色,拿起自己的画笔去讴歌心中的英雄、刻画动人的场景。

(本文经院系审校定稿,原载于 2020 年 3 月"清华大学小研在线"平台)

金峰：
以身许国的清华水利人

金峰，清华大学水利水电工程系教授、博士生导师，教育部长江学者特聘教授，水利系学术委员会主任。长期从事高坝静动力分析与新坝型研究，曾获国家技术发明奖二等奖、国家科技进步奖二等奖和国家自然科学奖三等奖。获评清华大学第三届、第四届、第八届、第十五届"良师益友"，并获第十五届"良师益友"特别奖。现任教育部水利学科教学指导委员会副主任委员、中国水利学会水工结构专业委员会副主任委员、中国水利学会生态水利专业委员会副主任委员、中国能源行业水电勘测设计标准化分技术委员会副主任委员、水利部标准化专家委员会委员、中国大坝工程学会水库大坝公众认知工作委员会副主任委员、国际大坝委员会能力建设委员会委员等。

金峰：以身许国的清华水利人

在 2016 年"良师益友"颁奖典礼现场，水利系张楚汉院士为获得特别奖的水利系金峰教授颁奖。当两位水利专家并肩站在台上时，金峰老师说："我身边站的，正是我自己的良师益友。"

《论语·季氏》中写道："益者三友，损者三友。友直、友谅、友多闻，益矣。"

那是金老师第四次当选"良师益友"。从教近 30 年来，他指导的研究生已有近 50 人获得博士或硕士学位。作为学者和老师，他成果卓著，以身示范；作为长辈和朋友，他解惑答疑，亲切关怀。学生都说，不管遇到什么问题都可以去敲金老师办公室的门，他总是会热情耐心地与你讨论，帮你找到一个明智的解决方案。

金峰老师

情系山河建功忙，论文写在大地上

"从那黄河走到长江，我们一生走遍四方，辽阔的祖国万里山河，到处都是我们的家乡。露宿峡谷和山岗，遍赏神州的风光。一旦修好了水库电站，我们就再换一个地方。"这首《水利建设者之歌》是清华大学水利水电工程系的系歌，由 1956 级同学在 1958 年集体演出时第一次演唱。作为一名水利人，金峰老师完美地为我们诠释了歌词的内涵。

金老师热爱到工程一线实地考察，而这一切都离不开两位老教授——张光斗院士和张楚汉院士对他的悉心栽培。从担任张光斗院士的学术秘书开始，金峰老师跟随张光斗院士到祖国各地进行工程考察、调研，深入工程一线，并渐渐喜欢上了这项工作。金老师回忆道，每次看到张光斗先生那样忘我地工作，看到老先生对祖国的土地发自内心的热爱时，他都会深深地受到触动。后来，金峰老师开始独立完成工程任务，在祖国各个省份，乃至全球各地都留下了足迹，期间不免遇到艰难困苦与铭记于心的故事，却也让金老师对"工程"这个概念有了更为深入的理解，感悟到了"工程的魅力"。

在金老师眼里，水利系学生肩上扛着一个国家水利建设的责任。在某次与同学座谈时，他讲道："中国作为一个大国，水利一直是关乎中华民族生存与发展的重要问题。"解决中国的水问题是每一代水利人的梦想与担当。或许正是由于这个原因，他对自己学生的要求非常高，也尤其重视实践环节在培养学生过程中发挥的作用。

博士生潘长城的研究方向与高原特殊的地质条件紧密相关，为了对该条件下的施工工法及其所延伸出的科学问题展开研究，金老师鼓励他"以前的水利人出差常常路途颠簸，即使现在，也要到工程现场去，与工人一起住在工棚，向一线的工程师们学习"。为此，潘长城与课题组师兄弟们一道，前前后后在西藏工程现场考察、工作了三个月，从实际施工中发现问题、解决问题，再到深化为科学研究。谈起这段经历，潘长城说："工程学科的研究不能脱离实际需求，正是深入现场的实践让我意识到我们的研究充满价值。"

"做一名水利系的学生不能怕吃苦，要将论文写在祖国大地上。"学生时代的金老师在做毕业设计时，为了研究与地震有关的问题，就去到一线工程等地震，这一住就是一个月。直到今天，金老师的日程安排里也从不缺少前往工程现场的考察。仍如《水利建设者之歌》里唱到的那样："前面是滚滚的江水，身后是灯火辉煌，我们的生活就是这样，战斗着奔向前方。"

如今，他正将这样的情怀传承给新一代的水利人。

夙兴夜寐心宽广，良师益友感温暖

有这样一位睿智勤奋的严师，学生们可能有压力，但更多的是动力。

梁启超曾说："片言之赐，皆事师也。"金老师认为，在培养研究生的过程中，导师与博士的关系像是师父带徒弟，学生在与导师的相处过程中潜移默化收获不少的成长。

当学生们形容金峰老师时，都喜欢用"聪明""睿智"一类的词。"你想啊，金老师31岁就获评教授。"学生们提起自己的老师都是满满的敬佩。然而，金老师的过人之处，不仅仅是智慧，更有勤奋。

他曾和学生说，我们实验室里每天"来得最早的是教授，来得最晚的是学生"。

作为水利系的资深教授，金老师工作的勤勉程度让实验室里的年轻人都追赶不及。"金老师一般早上7点多就到新水利馆的办公室,晚上也常常会加班到很晚。有一次,我在晚上11点多给老师发个短信请教问题,没想到几分钟后就收到了回复。"他的学生说。"还有一次我和老师一起出差,到达住处的时候已经是凌晨,但第二天清晨老师就又精神饱满地到工程现场进行技术指导啦,望尘莫及,望尘莫及呀!"

尽管平日里十分繁忙,只要有能和学生待在一起的机会,金老师始终愿意和同学们交流想法、答疑解惑。有一次课题组的一位同学由于情况比较紧急,没有提前和金老师预约就来到了老师的办公室,敲门的一瞬间同学的心里很忐忑,生怕会打扰到老师,但当推开门后看到金老师和蔼可亲的笑脸,同学心里的石头顿时落了地。

"科研就是科研,是一丝不苟。但生活上,金老师对我们却是无微不至的关怀。"一位学生这样评价他。

某年暑假,博士生王易阳留在学校做实验,因为需要连续多个小时不间断地读取数据而错过了晚饭。晚上8点,王易阳在走出新水利馆大门时遇到了金老师。老师得知他还没有吃晚饭,就带着他到学校外就餐。这虽然是一件小事,但他回忆起来时仍然很感慨:"那顿晚饭,让漂泊在外的我感受到了家的温暖。"

金峰老师

因材施教成栋梁,多元发展天地广

对不同特点的学生,金老师非常注重因材施教。

"我的博士生绝不是我的一个科研助手而已,他们在这个课题组里要经历完整的训练。"金老师给予博士生在科研上的充分自由，从不强制他们必须选择某个研究方向。每当有博士生选课题的时候，金老师总会先问学生："你想做什么？你喜欢做什么？你觉得你的研究课题应该是什么？"每当对话结束后，他还会对自己的博士生说："最后你毕业的时候，在这个领域必须要比我强。"

金老师对真理有一种特别的执拗。每次组会上，金老师往往是最积极、最认真的那个人。两三个小时的组会常常是在激烈讨论中度过的。平日里，他最常问学生的一个问题是："你这样做有什么意义？"他最在乎的是工作的意义，希望同学们能够找到个人兴趣与价值实现的结合点。硕士生吴超说，"金老师希望我们不是单单从老师、师兄那里得到想法，而是推动你产生自己的想法。"

博士生汪博浩说，自己曾经犹豫是否应该在研究生阶段担任辅导员的工作。他明白，博士阶段应当将科研作为所有工作的中心，担心从事学生工作耽误科研进度，以及这件事得不到老师们的支持。但是当他询问金老师的意见时，金老师欣然支持他从事辅导员工作。

当同学问及毕业后是否一定要从事学术工作、谈及自己对于未来的迷茫时，金老师希望大家在研究生期间除了接受到学术上的训练外，还应当学会如何去找到自己在社会上的角色。"如果20年后，有一位学生告诉我，其实我某堂课、某次会上讲的某个道理，到现在他还记得，并且在他的人生选择里起到了重要的作用，那将是对于老师而言特别大的荣耀。"

因此，金老师的课题组一直有着多元发展的传统，学生毕业后的就业去向遍布学术科研、工程建设、公共服务、银行金融、互联网等多个领域。

身已许国志四方，代代传承爱国情

1982年，金峰老师考入水利系。博士毕业后，他留校任教。到今天，金老师来到水利系已经将近40年。对这个园子里的一切，他都再熟悉不过。

金峰老师说："在我们那个年代，上了清华大学的学生，就算是最后一名，也坚定地觉得'我是天之骄子，我是国之栋梁'。"金老师认为，大学阶段是一个人最宝贵的年华，年轻人应该做一些有意义的事情而不是虚度光阴。不是说只有刷题才是学习，大学里，什么都是学习。

"考第一名，不是上清华的目的，我们的学生，30年之后应该成为国之栋梁。在大学里，做有意义的事，不纠结名次，不虚度光阴。"

金峰：以身许国的清华水利人

一位学生曾问了他这样一个问题：想建设家乡又觉得小城市发展不好，想留在大城市却又压力太大，面对这样的情形要如何抉择？金老师并没有直接给出答案。他说，清华的学生不应该只考虑个人的发展问题，"好男儿志在四方，上了清华，就应该怀有'身已许国'的大气度，我们应当有信心，用自己的业绩和成就让家乡的父母骄傲，而不是简单地考虑在哪儿才能站稳，怎么才能安身立命。"

金老师参加 2010 年水利系研究生"一二·九"合唱

解决中国的水问题是每一代水利人的梦想和责任。60 年前水利行业面临的主要困难是技术缺乏，为修建密云水库，张光斗院士曾率上万人奋力攻克难关；30 年前水利行业的主要困难是资金不足，为修建三峡，国家不得不暂停一批水电站的建设。而在当下，随着国家的发展，在资金和技术完备的情况下，将水资源开发利用与生态环境治理相结合又成了新一代水利人面临的挑战。

水利系应该培养什么样的人？金老师的回答非常明确。

"我一辈子都在清华，以身许国是清华人共有的气质。"从事科研这些年来，金峰老师去过很多大学，与很多师生交流过。在交流过程中他发现，在清华师生身上最与众不同的一点，并不是优异的分数或过人的智商，而是在一代代清华人身上传递着的爱国情怀。

"那是一种代代传承下来的爱国情怀，清华人都愿意把自己的事业和祖国人民的事业联系在一起。这种情怀流淌在清华人的血液里。"金老师缓缓地说，"我希望能把这种东西传承到我学生的身上去。"

（本文经院系审校定稿，原载于 2016 年 9 月"清华研读间"平台）

于歆杰：
"清华慕课第一人"

于歆杰，1996年清华大学电机系本科毕业，2001年清华大学博士毕业后留校任教至今，2005年被评为副教授，2010年获得博导资格，2016年任教研系列长聘副教授，2017年任教研系列教授。2018年10月任电机系党委书记。

于歆杰老师是美国电气和电子工程学会会员（IEEE Member），英国工程技术学会会员（IET Member），中国电机工程学会会员，中国电工技术学会会员，曾获北京市科技新星，教育部新世纪优秀人才，宝钢优秀教师奖，北京市教学名师奖。担任中国电机工程学会电工理论与新技术专委会副主任委员，中国电工技术学会电磁发射技术专委会副主任委员，《电工技术学报》编委，*CES Transactions on Electrical Machines and Systems* 副主编，高等学校电路和信号系统教学与教材研究会副理事长，中国高校电工电子在线开放课程联盟副理事长。研究方向为磁电材料，脉冲功率电源，智能优化，无线电能传输。负责国家自然科学基金青年项目1项，面上项目2项，总装武器装备预研项目3项，总装探索项目1项；以第一和第二作者身份发表的论文被SCI检索30余篇，出版英文专著1部；获2014年北京市科学技术奖一等奖。"电路原理"国家级精品资源共享课，国家级精品在线开放课程和清华首门慕课负责人；曾获北京市教学基本功比赛二等奖，清华大学青年教师教学优秀奖，清华大学"清韵烛光杯·我最喜爱的教师"称号，清华大学"良师益友"称号，清华大学新百年教学成就奖，北京市教学成果奖一等奖、二等奖，国家级教学成果奖二等奖。

于歆杰："清华慕课第一人"

于歆杰老师

抗击新冠肺炎疫情的特殊时期，清华大学如期开课。采用线上教学的方式，开启了春季学期的特殊帷幕。电机系的于歆杰老师被称为"清华慕课第一人"，在线上教学方面具备了丰富的经历和经验。通过对于歆杰老师的采访，我们得以窥见线上授课大背景下的诸多细节，也能引发对教育教学的诸多思考。

铃响！"我们要开始上课啦！"

"虽然我们相隔千里，但听见这个铃声，大家就收拢心思吧，我们要开始上课啦！"伴随着熟悉的清华上课铃，本学期的第一节"电路原理"开始了。

于歆杰认为，新学期伊始，需要有仪式感。

清华铃声小程序的制作者是计算机系的邓俊辉老师。据于歆杰所知，也有年轻教师在上课前组织同学们唱校歌，诸如此类的小技巧能够更好地抓住学生们的心。

在长达 1 小时 35 分钟的课堂里，于歆杰开设了三次弹幕点，准备了十道练习题。

师途
清华大学导学故事集

于老师线上授课中

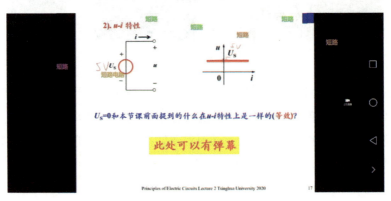

第一堂课弹幕

  第一个弹幕点是在上课的前 5 分钟，他提议同学们发一下自己的坐标和当地的天气情况，当屏幕上飞过新疆喀什的时候，于歆杰回忆起了在新疆自驾游的经历，"当时还不认识你呢，现在认识了。"于歆杰笑着说。

  后面两次弹幕点都开设在思考题提出之后，于歆杰会根据同学们发的弹幕总结弹幕热词，也会在这期间进行前一段学习内容的答疑。

  一节课下来总共收到了 331 条弹幕，111 条投稿，平均每个学生发出了 3 条弹幕和 1 条投稿。

  "交互量比以往要大多了"。准确掌握学生们的学习状态是网络直播课教师必须做到的,弹幕、投稿和习题都是有效的交流途径,通过这些途径能够帮助师生两方更好地交互。同时,于歆杰也给荷塘雨课堂点了赞,"还是很争气的,我自己的课总体是比较顺利的"。

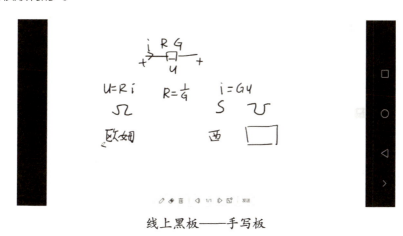

线上黑板——手写板

手写板是于歆杰强烈推荐的线上教学工具。当教学的场所从教室变成了直播间,教学内容的展示从黑板变成了电脑屏幕,利用手写板既可以弥补网络课堂没有黑板的缺陷,也可以对PPT内容进行强调,而且它的强调作用相较于粉笔和激光笔来说更为强烈。

"我上不了课啦?"翻车现场的紧急应对

相比于提前录制和剪辑的慕课来说,直播课更容易出现突发情况。

为了新学期直播课的顺利进行,于歆杰进行了多次测试和预演,然而还是出现了突发状况。

于歆杰的屏幕内容和声音突然在网络课堂上消失,"我采取了一个很有效的措施,我在计算机上同时开着微信,我和同学们约好了,如果我这边有什么问题大家会及时通知我"。在收到学生们发来的微信之后,于歆杰立即关闭并重新启动了屏幕直播,在短时间之内恢复了上课秩序。

在之前的授课中,于歆杰还遇到上课权被"抢"的问题。在教师上课过程中,助教进入的时候如果没有设置好,不小心单击了上课权的按键,还有可能会把正在授课的教师的上课权抢走,这样的问题也存在于协同教师之间(多位教师同授一门课),"那个时候会很紧张,我上不了课啦"。

不过现在这已经不会引起于歆杰的紧张情绪了,"他们抢走了之后我再抢回来就行"。

在多次预演过程中,于歆杰也遇到过更为严重的情况,比如系统或者网络崩溃等,"这个时候就要做好预案了"。

如果系统崩溃时间较短,"那就等会吧,正好让同学们休息一会儿";如果时间比较长的话,于歆杰就会把课堂转移到提前预约好的腾讯会议上去,这些应急方案于歆杰在上课之前都会在微信群里提前通知学生们。

"以学生为中心",7年慕课的思考

当授课地点从教室转为网络,并非是单纯完成了一次教学场所的置换。

时光回到7年前,在2013年,于歆杰就开始进行清华大学首门全球共享课"电路原理"的教学,在这个过程中,他已经对线上授课有了诸多经验和感悟。

于歆杰老师在网络教授"电路原理"课程

将这门课搬到网上后,听课者不再仅仅是清华的在校学生,"在授课对象上发生了巨大的转变"。针对分类丰富的受众,课程进行了精简和高度碎片化。原来90分钟的内容,线上授课中要切成多个碎片化的部分,方便社会学习者随时随地学习。

正是在这门课的准备与教学中,"我意识到了,在很多场景下,将知识正确高效精彩幽默地讲出来,与学生能够学懂知识之间并不是简单的因果关系"。

作为一名电机系教师，于歆杰荣誉颇丰，可以说拿遍了各类教学方面的奖项，这是对他教学能力的肯定。而慕课课程的准备，让他得以在教学专业性之外，更多探讨课程知识的接受效果，去探讨与学生的关系。

在于歆杰看来，教育学和教育技术，不能被看作与己无关的学科，授课老师应当结合个人经历进行体悟。一些教育理论，由初步具备朦胧印象，到实践中不断加深理解，"我发现一些教育学理念和教育技术对我的教学是有用的"。

从那时开始，于歆杰就逐渐转换思想，寻找在教学过程中尽可能与学生保持密切的方法，从而异步或同步地获知学生学习的效果，方便进行教学的调整。于歆杰开始逐步填充学生中心的教育观。学生中心，顾名思义，即以学生的学习成效为教学中心。

例如在"电路原理"课程中，融入了混合式教学，线上线下相互互补，提取一些内容让学生在课外以线上学慕课的方式进行学习，这样就给老师的课堂内腾出更多的时间，能够与学生更多地做互动，互动时间的分配便保证了于歆杰对学生增加了解。

"它有可能是一次革命"

在这次突如其来的新冠肺炎疫情中，大规模的线上授课蓬勃而生。

尽管在被动情况下，仍然是完成了一次先导性的尝试，"它有可能是一次革命"，对未来产生巨大的影响。

在于歆杰刚刚留校接触教师工作时，课件被上课老师视为最宝贵的财富。于歆杰也被其他老师叮嘱说，要好好保存授课课件，不要外传。在当时的观念中，教学优势，往往通过课堂课件进行体现。

然而，2001年，麻省理工学院（MIT）放出了本校几千门公开课的课件和教学录像，这迅速引发了于歆杰对教学优势的本质的思索。

"这是对'教师不相往来，资源隔绝'的传统模式的重大革命。"公开课的上线，也拉开了一众高校之间的竞争。

但此时的公开课，因为课程录像时间长，并不利于学生的学习。后来的慕课便解决了这个问题，而慕课重新引发了另一次观念革命。"它改变了学习模式，打破了学校的高墙壁垒"，学生不用考进去，便可以接触到高校的教育资源。

于老师进行教学经验分享

课堂转移到网络上后,很多老师也和于歆杰交流:"目前的授课效果也很好,交互性也很好。"

那么,教室承载了什么,课堂在哪里?当老师完成了良好的教学设计,通过工具的帮助,能够达成相同质量乃至更好的教学质量,也许不一定需要在实体的课堂完成这个教学过程。

"教室的角色也许会在未来经历革命。""2020年为应对新冠肺炎疫情引发的大规模在线授课会是伟大的",它带来了实时高质量互动,引导了学生中心观念。教学形式的变化,也一次次吹响了革命的号角。

也许现在并不能直接看到它将改变什么,但它终将或多或少改变教育,改变世界的一隅。

最后,于老师也给出了直播教学开学后,对学生的建议:

其一,心态要稳。

其二,体育锻炼要坚持。

其三,研究生可以对个人任务进行合理调整,与老师做好沟通。

(本文经院系审校定稿,原载于2020年2月"清华研读间"平台)

孙凯：
在国家处于危难时坚持科研是清华人的底色

孙凯，清华大学电机系副教授，博士生导师。2000年7月于清华大学电机系本科毕业，获工学学士学位，并获得清华大学优秀毕业生称号；2006年1月于清华大学电机系博士毕业，后留校任教。2007年获得"清华大学优秀博士后"荣誉称号，2013年获"中达青年学者奖"，2017年获"中国电源学会科学技术奖青年奖"，2019年当选英国工程技术学会会士（IET Fellow）。现任美国电气和电子工程师学会（IEEE）高级会员、IEEE电力电子学会北京分会主席、IEEE电力电子学会直流微电网工作组主席，*IEEE Transactions on Power Electionics* 编委、*IEEE Journal of Emerging and Selected Topics in Power Electronics* 编委。主要从事电力电子与电力传动学科的教学和科研工作，研究方向包括新能源发电系统、多能微电网、能源互联网中的电力电子技术等。

孙凯副教授主持国家自然科学基金5项、国家重点研发计划子课题1项、国家"863计划"子课题1项、国家国际科技合作专项1项、国家重点实验室课题4项，以及与国内外企业合作课题40余项。获得教育部自然科学奖一等奖、中国电工技术学会科学技术奖一等奖、日内瓦国际发明展特别金奖。发表论文400余篇，在"Web of Science"中他引频次超过2200次，谷歌学术（Google Scholar）H因子达到26，获得国家发明专利授权18项。

孙凯老师

与电机系孙凯老师的访谈被安排在晚上 11 点,这也是孙老师一天中研究工作最集中的时段。

因为新冠肺炎疫情的原因,孙老师本学期承担的"电机学实验"课暂缓上课。虽然孙老师在这段时间没有太多线上教学的压力,但每天的工作日程安排仍然非常紧凑。科研项目的线上会议和与同学们的学术讨论通常会占据多半天时间,其余的时间还需要照顾小孩,辅导学业,承担家务,并进行体育锻炼。孙老师在 IEEE 电力电子学会等国际学术组织中承担多个服务工作,近期由于新冠肺炎疫情在全球暴发,所有的会议都改为线上形式,而由于时差的原因,这些会议通常安排在晚间。

"每天晚上 10 点到夜里 1 点,这段时间没有会议安排,同时家里小孩也入睡了,精力集中,是最适合做研究和思考的时间。"

尽管时间紧凑,工作繁忙,孙老师仍然从容不迫。在采访过程中,孙老师表达了他对线上科研的诸多思考,我们也真切地感受到孙老师对同学们的期许。

特殊时期的指导举措

疫情期间,导师对研究生的学术指导转为线上进行,但孙老师认为指导思想并没有发生很大的变化。孙老师把对研究生的指导大致归为四个方面:学术方向的引导;科研作风的规范;研究资源的支持;思想和生活方面的关心帮助。具体体现在指导同学们确立研究目标,制定研究方案,凝练创新思路,为同学们把关学术规范性,并提供科研相关的软硬件物质保障。

虽然指导思想没有太大变化,但是指导的方式方法需要做很大的调整。

在疫情之前,导师与同学们的交流形式通常包括公开的学术会议和实验室内部的大组会、小组会、一对一讨论以及实验调试等。线下的实验室组会有一大特点,除了做报告的同学之外,老师在现场很容易观察了解到其他同学的状态,观察同学们是否在认真听、认真参与讨论。但是在线上,如果仍然组织二三十人参加的大组会,交流的时间会受到限制，老师也不易看到同学们的反馈和参与度。"疫情期间，我们尽量把大组会调整为小组会的形式，即将课题组的博士后、研究生、本科生以及联合培养的同学，根据研究方向分为三个小组，每个小组五六个人。现在一两个小时的组会上基本每个同学都会发言、参与讨论，我也可以比较及时地了解每个同学的工作情况和精神状态。"

时间碎片化是线上交流的一个重要特点。老师和同学们的时间不一定能很好契合，所以除了网络会议讨论以外，孙老师通常会用微信留言的方式和同学们交流。"同学们有什么问题会给我留言，我一有时间就会回复。这样处理比较灵活，频度比较高，在分散的、碎片化的时间条件下，这样的交流方式可能更有效一些。"

疫情期间，出于对师生健康安全的考虑，学校鼓励大家在家中学习，在家中科研。这确实给同学们原有的科研计划带来了不小的影响，但孙老师认为，通过及时梳理研究思路，及时调整任务安排，我们可以将不利的影响减至最小，将有利的一面发挥到最大。

"一方面有很多研究任务我们可以提前来做。比如，原计划我们要研制实验样机，而样机的设计和原理仿真仅需要计算机即可以完成，同学们完全可以在家里推进这部分工作。"

居家科研期间，同学们有了静下心来整理之前研究成果的时间。"很多同学在学校时整日忙于做实验出结果，而缺少深入思考研究结果的时间。一些高年级研究生面临发表高水平期刊论文的挑战，这段时间正好系统全面地整理研究成果，撰写高质量论文。"

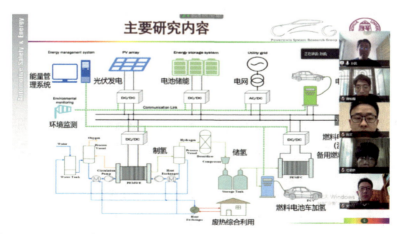

孙凯老师与课题组研究生线上讨论实验平台方案为返校后实验工作提前做好准备

虽然远离了实验室环境，但孙老师还是想方设法为同学们创造研究条件。孙老师课题组的研究方向是新能源发电和微电网系统电力电子技术，其中弱电控制部分（如控制器、信号采集板等）的调试，不依赖实验室的高压设备，是可以在家里完成的。孙老师就帮助同学们购置了微型示波器等调试设备，并将控制器板卡寄到同学家中，让同学们可以在家里面完成一部分弱电实验调试。同时，学校实验室的工程师老师也热心帮助同学，根据同学们发来的实验方案和要求，帮助他们进行现场的实验操作，而同学们则根据实验结果做进一步的整理总结和调整优化。

除了科研计划的调整之外，疫情期间心态的调整有时候更为重要。

孙老师举了自己指导的一位大四本科毕设同学的例子。由于疫情不能返校，这位同学在毕设开题时预计的实验调试任务无法如期完成，经历了非常焦虑的一段时间。"好在后来学校也出台了专门政策，考虑疫情影响，可以调整毕设任务。所以我就和他讨论，把原来的实验调试改成调研、建模、仿真等可以在家完成的任务，这样他的心态逐渐平复，正在家中安心地进行毕设课题研究。"

不怕慢，就怕站。孙老师相信，不要被眼前的困难吓倒，要千方百计地想解决办法，只要一点一点往前走，就总能取得一定的成果，而不会虚度光阴。

是良师，也是益友

从入学到毕业，孙老师时刻关注着课题组每一位同学的情况。每当课题组有新生入学的时候，孙老师会及时与新生交流，了解这位同学的家乡情况、家庭经济条件、对未来的想法以及就业志向等。对部分家中经济不太宽裕的同学，会了解得更多一些，对家中有变故的同学也会及时慰问，帮他们请假，调整工作安排。全面深入地了解同学们的情况，为之后与同学们的交流打下良好的基础。

在平时的实验室生活中，孙老师也和同组的肖曦老师一起，尽可能为同学们创造一个积极融洽的成长环境。

"我们实验室同学的锻炼氛围非常好，每个学期都会有同学负责订羽毛球场地，他们也比较喜欢结伴去健身、打羽毛球、游泳。每学期我都会给他们办理游泳卡，鼓励大家坚持体育锻炼。"

在当下的特殊时期，老师与同学们的沟通显得尤为重要。研究生期间是没有辅导员的，孙老师认为，导师在这种特殊时期，也要兼任起辅导员的工作，帮同学们排忧解难，缓解心理压力，鼓舞他们的学习和研究劲头。

什么才是导学关系的理想模式呢？孙老师认为，回答这个问题不如从另一个方面来讲，老师和同学的关系不应该是什么样：

"导师和研究生之间不是老板和员工的关系，不是领导和下级的关系，也不是中小学式的纯粹教与学的关系。作为导师来讲应该以身作则，做学术研究的态度，对待大事、小事的态度，乃至待人接物的态度都会影响同学们。我与同学们相处的原则也是从我博士期间的恩师——电机系黄立培老师身上学来的。黄老师多次获得研究生'良师益友'称号，他关心同学，细致入微，我希望能够传承黄老师的这种精神。"

在这种导师和同学亦师亦友的指导思想下，孙老师谈到了疫情期间自己从学生身上受到鼓舞的例子。

一位是上学期刚刚直博推研的大四刘寒玉同学。今年春节还没有过完，他就因为参与我校医学院的抗击疫情应急科研项目回到了学校。项目完成后，在宿舍继续毕设工作。恰逢电机系罗海云老师承担了学校的应急科研项目"快速高效柔性等离子体消毒样机研制"，需要为消毒样机研制供电电源，任务非常紧急。孙老师就安排刘寒玉临时将手头的毕设任务停下来，全身心地投入消毒样机电源的研制工作中。孙老师和同事王奎老师指导确定电路方案，博士生陈欢帮助优化电路设计。刘寒玉同学承担了绝大部分的实验调试任务，从不言辛苦，也不言困难，每天加班加点地进行实验测试和电路改进，终于在近日顺利完成了电源研制任务，满足了应急项目要求。

大四刘寒玉同学调试消毒样机供电电源

还有一位是马来西亚的留学生张宏森，他的研究课题是基于国产 DSP 芯片的微电网控制器，但因为疫情的原因他一直留在位于马来西亚马六甲的家中。在马来西亚疫情还不是很严重的时候，张宏森就和孙老师讨论如何调整研究方案。之后孙老师帮张宏森购置了微型示波器等便携式仪器设备，并将需要研究的微电网控制器板卡寄到他家里，这样张宏森就开始在家里进行调试和实验测试。孙老师说，张宏森的心态正体现了清华学子积极自强的精神。

马来西亚留学生张宏森在家中调试微电网控制器板卡

虽面临危难，仍需要坚持

谈到疫情期间对同学们的期许，孙老师希望同学们可以多多了解历史，尤其是清华的历史。孙老师提到，我们现在所经历的困难，与 1935 年"一二·九"运动时和西南联大时期我们先辈所经历的国破家亡的处境是完全不一样的。相比于那个时代，我们所处的环境更加光明，能够看到胜利的希望。我们的前辈们在外敌入侵，山河破碎，生活困苦甚至对未来结果毫无所知的情况下，仍在坚持研究和学习。"如果放在一个历史长河里来看的话，我们现在大多数人经历的不算什么困难。真正面临艰难和危险的，是抗击疫情前线的医护人员、解放军、公安干警和社区工作者，还有身处湖北和武汉，为封城隔离付出重大牺牲的人民群众。对我们这些绝大多数不在前线的人来说，家中衣食无忧，温暖如春，网络通畅，各方面条件都是可以保证的，这并不算是很大的困难。"

感念于当前的环境，我们更需坚持，因为"我们这次之所以可以衣食无忧，平静地居家学习、科研，正是由于新中国成立 70 多年来，改革开放 40 多年来，几代中国人的牺牲、奋斗和不懈的努力。因此，我们今天的学习和科研也可以是说我们在为国家、民族今后再遇到比较大的困难做准备。"

作为电机系的老师，孙老师也不忘关注疫情中电力、电工行业的情况。孙老师提到，国网湖北省电力公司、武汉供电局的员工中有很多电机系的系友，在这次抗击疫情中都做出了重大的贡献。国家电网华中分部调控中心主任王斌（1999 级本科）、国网湖北调控中心肖宜（2004 级本科）、武汉地调副主任兼供电服务指挥中心副主任石一辉（2007 级博士）等系友，始终坚守在电力调度一线。为了保证整个电力系统的稳定，特别是医院等重点部门的供电绝对安全，他们放弃了与家人的团聚，自我隔离，工作、吃住全在单位，确保了华中地区电力供应的万无一失。

孙老师希望，我们这一代的清华电机人要传承奉献精神和家国情怀，把电力系统、电工装备这两个国家支柱产业做得更强更好，让祖国这艘巨轮在未来更加不惧风浪，一往无前。

"我们需要努力将电力系统做得更加坚强智能，将电工装备做得更加安全可靠，同时将我国能源系统中清洁能源的比例进一步提高，将单位国内生产总值（GDP）能耗进一步降低，使我国的电力和能源技术引领世界。下一次如果我们国家再遇到灾难，那时候我们的电力系统、能源系统仍然能够保证祖国山河无恙，人民生活无忧。我们清华电机系的同学，如果能想到这些，就知道为什么现在必须坚持学习，坚守科研，而不能有丝毫的懈怠了。同学们，我相信大家，加油！"

（本文经院系审校定稿，原载于 2020 年 4 月"清华研读间"平台）

李国良：
"程序报国"的蹈厉之志，"清华疫情地图"诞生史

  李国良，河北唐山遵化人，2004年毕业于哈尔滨工业大学计算机系，获得学士学位；2009年毕业于清华大学计算机系，获得博士学位。现任清华大学计算机系长聘教授。在海量多源异构数据表示、获取、融合、检索四个方面取得了创新成果，提出了基于图结构的异构数据统一表示模型、错误自动纠正的实体获取方法、基于模糊匹配的多源异构数据融合算法、结构感知的即敲即得式检索方法，建立了一套海量多源异构数据融合与检索方法。

  主要研究方向为数据库，众包数据管理，大数据清理和集成，空间文本数据处理。在数据库、数据挖掘、信息检索领域的顶级会议和期刊上发表论文100余篇，他引8000余次，入选爱思唯尔2014—2016年中国高被引学者榜单。主持国家杰出青年科学基金、优秀青年科学基金、"973计划"青年科学家专题项目及国家自然科学基金重点项目等。获得了VLDB 2017 Early Career Research Contributions Award（VLDB青年贡献奖，亚洲首位获奖者）、IEEE TCDE Early Career Award（IEEE数据工程领域杰出新人奖）、青年长江学者、"万人计划"青年拔尖、计算机学会青年科学家奖、教育部新世纪优秀人才等奖项。担任 *IEEE Transctions on knowledge and Data Engineering*、*Frontiers of Computer Science*、*Big Data*

Research 期刊编委，多次担任 SIGMOD（国际数据管理学术会议）、VLDB（超大型数据库国际会议）、KDD（全球数据挖掘顶级会议）、ICDE（IEEE 国际数据工程会议）、IJCAI（国际人工智能联合会议）、AAAI（国际人工智能顶级会议）等会议的程序委员会委员。获得过数据库领域重要国际会议 CIKM（信息和知识管理会议）2017 年度的最佳论文奖、DASFAA（高级应用数据库系统国际会议）2014 年度的最佳论文提名奖、APWeb（亚太网络会议）2014 年度最佳论文奖、EDBT（扩展数据库技术）2013 年度的大数据比赛冠军。获教育部自然科学奖二等奖（2013 年，第四完成人）、计算机学会自然科学奖二等奖（2013 年，第一完成人）。

"最初，没有人在意这场灾难直到这场灾难和每个人息息相关。2020 年才刚刚开始，中国疫情防控，我们共同努力。"伴随着这段简短有力的开篇词，2 月 6 日晚，疫情大数据可视化分析平台（COVID-19 Visualization Dashboard）正式上线。通过该平台，清华师生们不仅能够直接在手机上查询周边疫情信息，还可以科学把握疫情发展趋势，从而更好地为自己和家人开展科学防护。而这一广受清华师生好评、一度占领朋友圈的"清华疫情地图"，正是由清华大学计算机系教授李国良老师带领的数据库实验室课题组自主开发的。

据了解，疫情可视化平台涵盖"疫情小区查询""可视化分析""疫情分析报告"等功能，通过"疫情热力图""病患类型日历图""疫情历史回放"等可视化数据，清华师生能够迅速"看"懂数据，及时掌握社区疫情动向，了解返工潮对所在城市疫情的影响，科学判断世界疫情分布趋势。

在严峻的疫情防控形势下，与疫情相关的信息自然成为公众关注的焦点。疫情可视化平台一经上线就受到了校内外师生的一致欢迎，访问量突破 10 万人次，部分师生和社会群众还向课题组发送邮件表示谢意。同时，卡内基梅隆大学、香港大学、武汉大学和吉林大学等国内外高校的新冠病毒研究团队都希望能和数据库课题组展开后续合作,基于平台数据进行相关科研课题的研究。

这样一个依靠技术征服清华师生的硬核平台是如何诞生的呢?让我们探寻这幅"清华疫情地图"的诞生史。

从灵感到实现:导师的激励犹如定海神针

除夕前夜,本是阖家团聚、一起吃年夜饭的日子。因为新冠肺炎疫情的急速蔓延,全国人民都停止了走亲访友,一边在家自我防控,一边刷着手机、了解疫情动态。

计算机系 2018 级硕士生骆昱宇也时刻关注着疫情的发展情况。他发现,国家卫健委官网上发布的只有各个地区的确诊人数,没有感染者所在的位置,人们很难直观地掌握周边疫情的蔓延情况。考虑到自己拥有较为丰富的数据可视化专业知识,骆昱宇便思考着能否学以致用,借助热力地图的理念,通过地图的形式直观显示出某一地区的确诊人数及其变化,方便老师同学们及时把握疫情动向。

最初设想的热力图由课题组成员、计算机系 2017 级博士生赵天宇开发完成,可同时展示疫情分布及其严重程度。万事开头难。在想法刚要付诸实践之际,骆昱宇便遭遇到了现实的困难。他发现,国家卫健委官网上的疫情数据不够规整,此外,精准获取疫情数据并对各地区数据进行融合的难度也不小。面临多重困难,骆昱宇心中不免打起了退堂鼓。

李国良教授

正要放弃之时,导师李国良教授联系了骆昱宇,希望他利用专业所学开发疫情可视化平台,为人们展现更准确、更易用的疫情信息。骆昱宇将自己的想法和遇到的困难告诉了李国良老师,李老师鼓励他:"做任何事(不管是科研还是工作),刚开始都会遇到困难,只有坚持下来才会柳暗花明。现在全社会各个行业都在为疫情防控做贡献,我们数据库实验室既然有数据分析的特长,也理当做一些自己力所能及的事情。"

正是李国良老师的这番话让骆昱宇受到了鼓舞,坚定了"程序报国"的信念,并且下定决心克服困难,将想法变为现实。

课题组同心战"疫",攻克技术难题

虽然骆昱宇等课题组同学怀抱着"程序报国"的信念,但现实的困难仍然横亘在眼前,而其中最大的困难就是疫情数据的获取。由于缺乏统一的高细腻度的数据源,课题组同学必须通过多个数据源的比对来获得准确数据。为此,李国良老师与几位课题组同学通过爬取国家卫健委和各类新闻门户网站逐渐积累大量数据,并成立了数据共享群,与其他研究团队分享数据。

解决了数据来源问题后,在李国良老师和卡塔尔计算研究所汤南博士的指导下,课题组对疫情数据进行建模分析和可视化。很快,在课题组师生争分夺秒的不懈努力下,疫情可视化平台在两天内就初步上线了,当晚便有近一万人次的访问量。

然而,平台的上线意味着更多新的困难。计算机系 2017 级博士生余翔负责开发疫情预测模块,通过该模块,清华师生可快速了解未来三天内各地区的确诊病例、治愈病例以及死

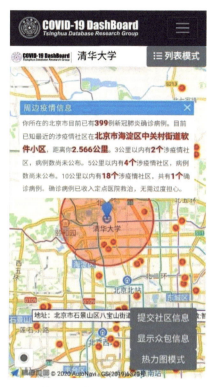

借助疫情小区查询模块,师生可及时掌握社区疫情动向

亡病例的变化趋势。但在 2 月 12 日,由于病例判断标准的改变,湖北省一天之内新增了 1.5 万确诊人数,课题组不得不对原先的模型进行了调整。而类似的突发情况在平台的升级维护过程中还出现过许多次。

为了更好地维护平台,课题组每位同学都会独立负责一个版块,李国良老师则统筹各版块的进展情况。"我们课题组有一个群,项目刚开始的时候,每天都要讨论第二天的工作内容。因为疫情一天一个情况,即使李老师有时候工作到半夜,还是会在群里询问进展情况并提出指导意见。"余翔说道。

赵天宇也表示:"每当我们在群里汇报进展时,李老师虽然很忙,但每次都会亲自测试新功能,并告诉我们问题出在哪。正是李老师对这个项目的重视给了我们做

下去的动力。"

李国良老师和课题组师兄们的严谨认真和相互扶持同样感动着刚接触科研没多久的2019级硕士生张力兮和2017级本科生李文博:"我们课题组人数不多,每个人的工作量都非常大,特别是骆师兄,经常半夜维护和更新网站。凌晨突然讨论起来也不是少数,这大概就是程序员应该有的状态吧!"

疫情地图的背后:程序员的报国心

课题组同学在谈到一路走来的心路历程时,提及最多的一句话便是:"虽然不能像医务工作者那样奔赴前线,但我们希望能各出所学,各尽所知,程序报国。"

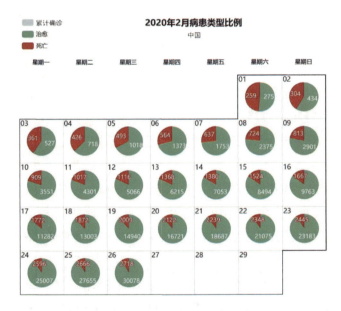

病患类型比例日历显示新冠肺炎疫情治愈比例不断提高

李国良老师也多次在课堂、组会上告诫课题组同学们:"这个项目快一个月了,大家都收获了很多,确实是通过自己学到的技能来回馈社会,非常有意义。回头看做这件事是值得的,如果再选一次我们还会做出同样的选择。大家要牢记这次疫情,在你们走入社会,成为国家的中坚力量时,一定要立德立言,努力让类似的事件不再发生。"

李国良老师还启发同学们通过这场疫情思考自己作为科研工作者所应肩负的使

命:"2003年的'非典'以及17年后的这场疫情都是一个提醒,希望我们能够重视起来,去思考如何通过新技术来防控自然灾害,服务大众,技术安邦。"

数据库实验室课题组师生合影

导师的言传身教不仅安顿了同学们由于疫情而产生的惶惶之心,也促使课题组同学们树立起以程序报效祖国,以技术服务大众的蹈厉之志。正如张力兮所说:"我们整个课题组是有温度的,一起工作的内容也是有温度的。这些日子和老师、师兄们一起工作,让我更加坚信寒冬终会过去,温暖的春天即将来到。"

(本文经院系审校定稿,原载于2020年2月"清华大学小研在线"平台)

第 2 章
行之以躬

"行之以躬,不言而信",本章名意指清华教师对刻苦钻研精神的亲身垂范,收录真实讲述师生关系的文章,展现导师与学生共同攻坚克难的纪实。导师指导在前,行之以躬,学生从游在后,虚心求教。导学从游,在攻克学术难题的同时也在培育人才。

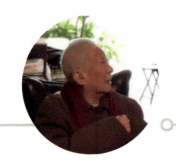

王补宣：
研教为本，"热"情终身

王补宣，1922年2月5日生，江苏无锡人，能源与动力工程系教授，中国科学院院士。1943年西南联大工学士，1949年美国普渡大学机械工程科学硕士。我国著名的热工教育家，工程热物理学科的卓越开拓者和传热学学术带头人。2019年8月31日，王补宣院士因病医治无效在北京逝世，享年98岁。

王补宣院士曾担任中国科协第二届全国委员会委员，中国工程热物理学会副理事长、理事长、终身荣誉理事长，中国太阳能学会（现中国可再生能源学会）第一、第二届理事长，国务院学位委员会学科组成员兼"动力工程与工程热物理"大组召集人，亚洲热物性大会主席，北京国际传热会议创始人及会议主席，国际传热传质中心学委、执委，国际传热大会理事会代表中国的委员，《国际传热传质学报》国际主编，《国际热物理学报》《国际热流体学报》等学术刊物编委。作为学术领导人和组织者，参与国家有关科技发展规划的制定与实施，多项科研成果获国家级和部委级奖励，获1989年国家自然科学奖三等奖，1992年国家教委科技进步奖一等奖，1995年、1996年、1998年国家教委科技进步奖二等奖，2004年教育部自然科学奖二等奖，2005年、2013年教育部自然科学奖一等奖，2014年国家自然科学奖二等奖。获世界能源协会"能源为人类服务"大奖（1986年）、何梁何利科学与进步奖（1998年）、亚洲热物性会议终身成就奖（2010年）、美国普渡大学杰出工程师奖（2012年）、中国传热传质首位终身成就奖（2016年）、中国太阳能科学与技术终身成就奖（2018年）等。已发表学术论文400余篇，出版专著或教材10部，编辑出版国际学术会议论文集7部。

王补宣：研教为本，"热"情终身

幼经沧桑，立志报国

王补宣院士的童年是在动荡与战火中度过的。两岁时，跟随家人在江浙军阀混战中颠簸；小学时，亲身经历过"九一八"事变及反对不抵抗主义的救亡运动；在上海读中学时，目睹了"租界"的屈辱历史；后来还经历了"八一三"淞沪会战和抗日战争。

1949年，洪朝生（右二）与范绪筠（左二）、陈志忠（左一）、王补宣（右一）在普渡大学

动荡的社会和屈辱的国难在年轻的王补宣心中烙下了深刻的印记，饱经沧桑，历尽艰辛的他即使在赴美求学期间，仍时刻关注着国内的动态。

"山穷水复疑无路，柳暗花明又一村"——1949年，就在中华人民共和国成立的前夕，王补宣毅然放弃了在普渡大学继续深造的机会，决定与祖国共命运。自此，王补宣一直奋战在中国工程热物理学科研与教育的第一线，见证了国力逐渐鼎盛的发展过程。

硕果累累，不问功绩

王补宣是我国工程热物理学科的卓越开拓者。他的学术研究涉及热力学、传热传质学、热物性、动力机械、能源系统规划、热湿环境预示和控制、模拟监测技术等领域。他创立了高速流动膜沸腾传热理论，深化了多孔介质热湿迁移理论与应用技术，提出了能源的合理利用与优化规划，发展了新型测试监控方法。

他不仅是学术研究的开拓者，更是学科教育的开辟者。20 世纪 50 年代，王补宣出版了新中国第一部《工程热力学》教科书，翻译了国内传热学方面的启蒙书——苏联米海耶夫院士的《传热学基础》，并创建了清华大学热工学教研组。

在参与国家十二年长期科学规划、筹建"工业热工"专业的过程中，王补宣考虑到国家经济建设需要和清华没有理科的实际情况，萌生了在国内创办工理结合的工程热物理专业的想法，以此强化物理热学基础，培养创新热工研究的高层次人才。在学校的大力支持下，王补宣带领教研组培养出国内首批热物理专业学生，1960 年，热物理专业首届毕业生走向岗位，广受好评。

在化工领域，1963 年王补宣带领热工学教研组承担了四川化工厂氨合成塔的技术改造项目，面对苏联撤走专家、所有设计图纸和说明书也付之阙如的困境，他们用 3 年时间创造了单塔日产量翻番的成绩，被国务院列入当时的 100 项重大成果之一，达到世界先进水平。

王补宣倾其一生的精力，专注于我国热科学事业的发展。年事已高的他仍勤恳地致力于学术，完成了《工程传热传质学》和《工程热力学》两部著作。王补宣在其长期的研究实践中取得了诸多开创性成果，却始终不问功绩、淡泊名利、平易近人，堪称一代学者楷模。

殊荣在身，心无辉耀

王补宣院士获得过多项重要的荣誉及奖励，包括 1986 年世界能源协会授予的"能源为人类服务"大奖、1989 年国家自然科学奖三等奖、1998 年何梁何利科学与进步奖、2010 年亚洲热物性会议终身成就奖、2014 年国家自然科学奖二等奖、2016 年中国传热传质首位终身成就奖等。

即使有着众多荣誉，王补宣院士心中装的仍是莘莘学子。2012 年，王补宣 90 寿诞之际，清华大学经其同意发起、设立了"王补宣院士奖学励学基金"，用于奖励清华大学能源动力及工程热物理领域学习成绩和综合素质优异的本科生和研究生，资助学习努力、学业合格、家庭经济困难的本科生，奖励清华大学和国内其他单位该领域的优秀青年学者，奖励传热学领域优秀研究生，以及支持每四年一次在清华

王补宣：研教为本，"热"情终身

大学召开的北京国际传热会议。

殊荣加身，王补宣却心无辉耀。作为一名年长的"年轻党员"，在91岁高龄获得"清华大学优秀共产党员"时，他说："我没想到学校会给我这样的荣誉。我没有作出什么了不起的贡献，只不过是按照入党时的誓言，尽我的一分力量做好岗位工作，保证我接触的群众能够对党带领我们所走的路怀有信心。这是一个普通党员最起码的职责。"

桃李天下，朴实无华

王补宣将教书育人的执着精神贯穿始终。执教60余年，王院士培养了大量热工学领域优秀人才。他们在我国各个行业和多个领域担任领导和骨干，为我国热工学科发展和国民经济建设作出了重大贡献。

王补宣的育人苦心，体现在无数的细节之中。王补宣当年的学生、建筑学院江亿院士还记得恩师细致的批注："当时我还是拿笔写的头一篇物理性质测量的文章，王先生每一页都写满了批示，从公式的符号，到什么样的表示方法，直到文字、标点符号，让我学会了到底该怎样做学问，怎样写文章，这样把我一步一步地带入学术界。"而恩师的关切与支持也持续到了江院士职业生涯的重要时刻，在他带的第一个研究生论文评审、博士论文答辩时王先生都亲自出席，令其终生难忘。

王补宣老师（左一）

于王补宣而言，培养人才似乎已经成为一种超越职业的使命。因自身高龄担心自己不能全程指导研究生完成学业，给他们带来不便，王补宣本打算2002年后不再亲自招收新的研究生，只是坚持参加工程热物理研究所所有研究生的论文答辩。但是2009年暑期，博士毕业留校工作的学生彭晓峰教授遽然辞世，王补宣立即主动承担了他留下的5名博士生的指导工作，其中还包括两位学业上存在一定困难的学生，直到2012年最后一名学生顺利如期毕业。博士生赵俊杰还获得校级优秀博士论文奖和"教育部学术新人"称号。

除了学术上的指导外，王补宣还传递给了学生们独立的学者精神。热能系李俊明教授回忆说，从他留校工作的第一天起，王补宣就告诉他要学会独立做事。王补宣会仔细帮他们修改各种申请报告和论文文本，但从来不会利用自己的学术地位为学生争取任何资源或名分。

李俊明钦佩道："或许有人会说，王先生是一个'不太合时宜'的人。但他是一个地道的学者，我们都很佩服他。怎么做学问，怎么做人，王先生确实给我们做出了很好的榜样。"

（本文经院系审校定稿，原载于2019年9月"清华研读间"平台）

孙家广：
严于律己、以身作则，带头做"能用、管用、好用"的软件

孙家广，1946年出生，江苏镇江人。1970年毕业于清华大学自动控制系。1999年当选为中国工程院院士。曾任国家自然科学基金委副主任，清华信息科学与技术国家实验室（筹）主任，清华大学信息学院院长，清华大学软件学院院长。第十二届全国人大代表、全国人大教科文卫委员会委员。现任清华大学教授，国家企业信息化应用支撑软件工程技术研究中心主任，大数据系统软件国家工程实验室主任，中国图学学会理事长。

孙家广长期从事计算机图形学、计算机辅助设计、软件工程与系统的教学、研究、开发，负责研制了有我国知识产权的二维CAD系统、三维产品造型核心平台、产品数据全生命周期管理系统及企业信息化集成系统(EIS)等大型软件，并在数百家大中型企业中得到应用，为推动我国制造业信息化、工业化与信息化深度融合，提升我国软件产业化能力作出了贡献。

在教育教学工作中，孙家广积极推进高校办学体制机制改革与教育教学模式创新，倡议成立了国家示范性软件学院，并在清华大学软件学院的教育教学中提出了"学中练、练中学、练中闯、练中创"的实践教学理念。

"师生之间应当有共同的信仰、有共同的追求、有共同的目标。有信仰才能不畏工作中的困难,有共同的追求才能把劲往一处使,能够坚持才能做成一件事。"这是孙家广院士常常说的一句话。

孙家广于1970年毕业后留在清华大学,他的第一个硕士生毕业于1984年,第一个博士生毕业于1993年。师生之间互相理解、互相尊重,关系一直很融洽。孙院士始终认为,师生在教学科研工作中是"同一战壕的战友",师生在科研工作中是平等的,同样是"科研工作者",师生为了共同的信仰奋斗。

让学生做的事情,自己要首先做到

孙院士对自己的要求非常严格。"严于律己是非常重要的品质。只有对自己严,才能对别人严、对工作严。严字当头就是要以身作则。"在培养博士生的过程中,孙院士始终坚持着"让学生做的事情,自己要首先做到"的态度,以身作则、春风化雨。

孙家广在1975年参与筹建清华大学计算中心,需要把不能使用的计算机样机加以修整,做成能用。在整个筹建过程中,师生一起商量一起做,老师带头干、学生跟着干,边干边学,干中成长。

他说,"科研上遇到的问题,如果学生觉得有困难,可以交给我来做;纪律上,学生要遵守学校的纪律、考勤时间规定,老师要首先做到,只有老师做到守规矩才能更好地带领学生;遵纪守法,遵守党的规定,如果有章不循、有规矩不守,就不能按照党指引的方向前进。"

是师生,更是战友

孙院士提到,他和学生之间的关系就像"战友"一样,建立的是一辈子都深厚的感情。

1996年8月,为了研发可以替代国外版本AutoCAD的系统,清华大学和华中理工大学(现华中科技大学)的166名师生来到广东省容奇镇科龙模具厂,在工厂车间里做封闭开发二维CAD系统。工厂管吃管住,160多人睡在工厂铺了木板

孙家广：严于律己、以身作则，带头做"能用、管用、好用"的软件

的地铺上，朝夕相处。孙院士作为总指挥，提出了"BUG（漏洞）不过夜"的口号，如果有 BUG 必须当天解决，经常已经到凌晨 3 点多，一个人在机器前改 BUG，而在他的身后却站着同小组的十多个人一起思考问题。这一幕幕感动的瞬间，让大家建立了长久而深厚的感情。当时参与封闭开发大会战的博士生，如今回想起来都还记忆犹新，回味无穷。

终于，这次封闭开发大会战取得了圆满胜利。在上海港口机械厂，当时要买一批国外的 AutoCAD 系统，经过 6 天的真刀真枪实地比较，我们的国产系统胜出，性价比比国外的系统有大幅度提升，从而为中国成千上万工厂甩掉绘图板，普及 CAD 降低成本创造了条件。师生同甘共苦，没有老师、学生的分别，大家都是一条战壕的"战友"，这也是孙院士心中导学关系的理想模式。

一直到现在，孙院士也在积极弘扬和推进这种师生之间"战友"的关系。每周六下午大数据系统软件组师生交流会、每周日下午软件工程系统组师生交流会上，都能看到他的身影。

孙家广院士参加每周师生交流会

做"能用、管用、好用"的软件

孙院士提到，在王建民老师还是博士生的时候，其博士论文做的是 CAD 系统的 Lisp 语言编译器。由于大家当时都没做过编译器，也都不了解如何做一个编译器，

因此必须要在学中干、干中学、干中闯、干中创，也就是说，最终的博士论文成果需要让用户使用起来，只有用得对，用得好，才能证明所做的编译器是有用的。因此王老师毕业之前在北京重型机械厂结合技术员使用 Lisp 语言花了整整三个月的时间做调试，将用户遇到的问题一一解决。1995 年王老师毕业的时候，所撰写的论文获得全国计算机类的优秀博士论文，就是因为他实现了做"能用、管用、好用"的软件。谈到这里，孙院士露出了满意的笑容。

"如此踏踏实实的学生还有很多，我们开发的用来替代 AutoCAD 的系统包含了 260 多万行代码，1000 多页用户手册。"这是孙院士带领一批师生踏踏实实做出来的。孙院士强调："芯片和软件对于当代的中国来说，就是'两弹一星'。年轻人要有国家的责任担当、民族的责任担当、党的责任担当，用这样的信仰和精神驱动和鼓舞自己，做出自主可控的芯片和软件。"

孙家广院士在软件学院校友返校庆祝活动中致辞

寄语学子

采访的最后，孙院士表达了对软院学子的殷切希望：无论是走进清华园，还是离开清华走向社会，希望同学们一定有信仰、有理想、有追求、有奋斗，不断提高自己的学习力、执行力、诚信力、创新力、亲和力，不断用又红又专、真刀真枪的教育思想要求自己，要想做事、能做事、做实事、做成事、不出事，只有这样才能利党、利国、利民、利天下,要做"能用、管用、好用"的软件,弘扬当年"两弹一星"的精神,热爱祖国、无私奉献、自力更生、艰苦奋斗、勇于攀登。"祝愿同学们在学习、工作、生活中天天向上,取得优异的成绩。"

视领域为战场、视学生为战友、视软件为战果,孙家广院士严于律己,以身作则,带领着学生在产学研一线真枪实战,做"能用、管用、好用"的软件,为祖国的软件行业发展培育了一批又一批学生。

（本文经院系审校定稿,原载于 2020 年 7 月"清华研读间"平台）

杨士强：
"开组会"和"见导师"是他学生最舒服的事情

杨士强，清华大学计算机系教授，计算机学位分委员会主席，国家级计算机实验教学示范中心主任，中国计算机学会会士、监事长，中国图像图形学会常务理事、多媒体技术专委会主任。曾任清华大学计算机系党委书记；曾获得北京市教学名师，师德先进个人等奖励；获省部级科技奖励三次，课题组学生获国际期刊与会议论文奖励十次。

杨士强："开组会"和"见导师"是他学生最舒服的事情

暖心：他是"人名活字典"和"心灵导师"

在计算机系，杨士强有个"人名活字典"的称号。在清华从教近40年，他担任过班主任、辅导员、研工组长、系党委副书记和系党委书记等学生工作一线职务，又亲自给数不清的学生上过课。每年校庆，学生们回校聚会时杨士强都能开启"点名模式"，细数哪一级哪个学生来没来。

"人名活字典"这五个字背后，正是杨士强数十年如一日关心学生的缩影。他曾说，"在校时能记住学生的名字，说明老师与学生接触得多，关心学生在校期间的成长；毕业若干年后还能清楚地记得，说明学生毕业后还是被老师一如既往地放在心上。"

杨士强，清华大学第十五届"良师益友"获奖教师

除了自己亲自带的博士生、硕士生，杨士强对系里和整个计算机学科的同学都非常上心。从2012年起，为了配合国防建设，清华开始招收"强军计划"博士生，由于军队信息化建设的需要，计算机系的"强军博士"人数较多。对于这个群体，杨士强有特别的关心，他认为这是解放军和学校对计算机系的信任，一定要把对他

们的培养做好。

每年"强军博士"开学，杨士强都要专门和他们座谈，叮嘱他们珍惜读博的机会，也提醒他们要对读博的艰苦性有心理准备。因为有些"强军博士"还有繁重的工作任务，所以有时出现科研进展不顺、论文发表受挫的情况。对此，杨老师总是说六个字——"多关心，多交流"。每年的博士生论坛，杨老师都和这群"强军博士"一起吃饭，殷切地关心他们的学习生活状况。从此，学生们又送给杨士强一个称号——"强军博士心灵导师"。

舒心："开组会"和"找导师"是最舒服的

"我现在回忆起读博时候最舒服的两件事，一个就是开组会，一个就是到办公室找杨老师聊天。"2014 年博士毕业、现在在谷歌（Google）公司工作的王智愚这样说。

有些研究生会把"开组会""见导师"戏称为"见老板"或者"面圣"，言外之意是"压力山大"。可在杨士强的课题组，却完全是相反的情况。

王智愚解释说，杨老师非常鼓励同学们和他多交流，以及相互之间多交流。"每次组会上我们都争先恐后发言，真的是要靠'抢'，抢着把需要解决的问题提出来，大家集思广益，共同应对。论文发表得最快的，往往就是在组会上'抢占'时间最多的。"

组会之外，杨士强的办公室大门，也随时为学生敞开着。"基本上找杨老师是不需要提前预约的，你就到办公室敲敲门，除非他正在帮助其他同学，如果不是的话，杨老师会很高兴地帮助你。"他的学生回忆说，"我有一次 paper（文章）被拒，心情很低落，但杨老师从教 40 年，见过很多这样的情况，一下子把我们的斗志再点起来，其他的就不是问题了。"

杨士强几乎每周都会找每位同学聊一次，他尤其喜欢边走边聊。"博士生一读就是四五年，每个人中间都有自己的苦楚，在这中间要发现学生的心态问题，要及时帮他们调整状态。"杨士强自己总结"走着聊天比坐着聊天好""正儿八经坐在办公室谈，可能有点压力。带着学生在学校里转转，心里话也就容易说出来了。"

杨士强（前排中）在清华大学"师德先进个人"事迹报告会上

信心：要敢于"探索自然奥秘，追求科学真理"

如果说为学生在专业上传道解惑，有赖于导师自身的专业学术造诣，那么持续激发并保持学生的学术信心，却是另一种了不起的"技术活"。

杨士强认为，现在确实有一些研究生入学之初并不知道怎么做研究。他有一段精辟的"境界论"："现在整个博士群体里面，大部分人还是先进去读博了再说，只觉博士好听，不知学位难拿。什么样的人才适合读博士？你得有'探索自然奥秘，追求科学真理'这样的境界。但不是每个人都有这样的境界，你得在指导过程中让他逐渐树立信心，达到这个境界。"

近年来，杨士强课题组的学生们获得了10次国际学术会议、国际学术刊物最佳论文奖。学生成绩的背后，是杨士强的持续指引和鼓励。

杨士强善于在交流中发现学生的特点，帮他们树立目标。他有一句名言，"做任何事情都是在为自己写简历"。他激励学生多参加国际会议，参加专业比赛，多和学术大家打交道。他还经常给学生讲述大家们取得学术成就的详细经历。杨士强认为，给学生机会创造成就有助于帮他们树立信心，"要为学生创造机会获得点滴成就，等他们发现这些事情我也可以做，我也可以拿这些奖，这件事儿就成了。"

决心:"园丁计划",培训学术新人

2007年,杨士强在计算机系提出"园丁计划",鼓励学生树立学术理想、把追求学术理想放在第一位,把毕业后到高校从教作为首选职业目标。

众所周知,计算机专业人才在当今有着极其宽广的职业选择,不少工作还有丰厚的物质回报。然而,仅从2007年到2010年,计算机系就有二十多名博士生毕业后到全国各地高校任教,包括自愿到青海大学计算机系的王晓英在内的多人已经成长为各个单位的学术带头人或教学科研骨干。

杨士强自己亲自培养的十五名博士毕业生中有五人都选择了教职,而且其中诞生了"中国计算机学会优博"两人,"清华大学优博"四人,多名学生在国际学术会议、学术刊物获最佳论文奖。这让杨士强非常引以为豪。

心领神会:要做师生关系的最高层次

从教40多年,杨士强将师生关系总结为三个层次:沟通顺畅、互相理解、关系融洽是一个层次,他认为大部分师生应该都能做到;而性情不和、矛盾尖锐的也有,这种时候老师一定要从自身找问题,积极化解矛盾;那么,志同道合、心领神会、无话不说的层次就是师生关系的最高层次。

杨士强一直都追求达到最高层次的师生关系,他坚信,老师要有境界、有水平、有魅力,才能吸引学生,才能带好学生。

让学生暖心、舒心,帮学生树立研究的信心,鼓励学生要有追求学术理想的决心,用一生去创造师生关系心领神会的"最高层次"——杨士强,他是计算机系的"人名活字典",也是"强军博士"的"心灵导师",更是清华园中一位良师益友。

(本文经院系审校定稿,原载于2020年8月"清华大学小研在线"平台)

肖贵清：
"良师益友"是对老师最好的评价，也是自己应尽的职责

肖贵清，清华大学习近平新时代中国特色社会主义思想研究院副院长、《高校马克思主义理论研究》执行主编。研究领域包括马克思主义中国化、毛泽东思想、中国特色社会主义。学术兼职包括中央实施马克思主义理论研究和建设工程首席专家、国家社会科学基金学科评审组专家、教育部高等学校教学指导委员会马克思主义理论类专业教学指导委员会副主任委员、全国高校马克思主义理论学科研究会副秘书长、北京市高教学会中国化马克思主义教学研究会副会长、北京市中共党史学会副会长等。

在《中共党史研究》《马克思主义研究》《马克思主义与现实》《求是》《人民日报》《光明日报》等报纸杂志发表论文100余篇。曾获得全国优秀教师、全国高校优秀思想政治理论课教师、北京市高校首批思想政治理论课特级教授、国务院特殊津贴专家、清华大学第十六届"良师益友"等荣誉和奖项。

肖贵清教授给马克思主义学院研究生做学习贯彻党的十九大精神报告

清华大学马克思主义学院副院长、博士生导师肖贵清教授

在园子里,有这样一位老师,很多人说他爱生如子,成为他的学生会被投以艳羡的目光;他的学生感叹"谁言寸草心,报得三春晖",他只是笑着说,这都是作为一个清华老师应该做的事情。

他是清华大学第十六届"良师益友"获得者、马克思主义学院肖贵清教授。从教35年来,他共计培养了48位硕士,21位博士。

在今年"良师益友"特制视频中,他说:"35年长吗?长,因为人生没有几个35年;累吗?累,教了无以计数的学生,每一遍都是重新备课,既要管学生读书研究,还要关心生活,也确实有点累。但是,如果你问我,如果有来生,我会选择什么职业?那我会毫不犹豫地说,我还要当一位老师。"

肖贵清："良师益友"是对老师最好的评价，也是自己应尽的职责

顶天立地，教学有方

　　成为一名人民教师是肖贵清的理想。高考时，他所有的志愿都填报了师范类院校。1979年，肖贵清进入河北师范大学思想政治教育专业学习，1983年毕业后留校工作。硕士和博士阶段在东北师范大学中共党史专业学习。他曾获省师德标兵、省级优秀共产党员、全国优秀教师、全国优秀思想政治理论课教师等称号，多次获省级以上教学和科研成果奖。2009年6月，肖贵清被调入清华大学马克思主义学院工作，成为清华马院2008年成立以来第一个引进的教授。

　　对于学术研究的要求，肖贵清用了清华大学的科研理念——"顶天立地"四个字来形容。既强调站在马克思主义理论研究的前沿，研究有价值的选题；也强调突出问题意识，把文献资料工作做得更扎实，研究做得更深入，论证更科学。

　　在教学中，他常用比喻，有时还会冒出一些让课堂响起笑声的"段子"。他把做学术看文献比喻成"买菜"，向学生强调要有目的地看文献，不能漫无目的地看。他说："如果想好了要做红烧肉，就需要到菜市场货比三家，看谁家的肉又新鲜又便宜，这样可以比较每家的特点和优势。买菜回来后去掉烂叶子，清洗干净，切成段或者片，去粗取精、去伪存真，这就是一个对文献资料进行精选、甄别和加工的过程。而论文写作就像是炒菜，一气呵成。大量的时间其实在于挑选材料，鉴别文献。"

　　因此，肖贵清认为，作为老师，要始终站在学术前沿，知道研究领域哪个问题需要做，脚踏实地，才能更好地"授人以渔"，减少学生研究和选题的"漫无目的"，指导学生探索有研究价值的问题。"顶天立地"不仅是对学生的要求，更是对老师的要求。

　　在肖贵清教授门下，聚集了多位法学、社会学、历史学等不同学科背景的学生。在这样的情况下，肖贵清非常注重"因材施教"，要求每位学生要"一专多长"，不仅要熟悉马克思主义的基本原理、中共党史、马克思主义中国化的历程，还要对自己的研究领域具有深刻的见解，把自己的研究方向和马克思主义结合起来。"肖老师对他的每个学生的学科背景都了如指掌，每每看到符合学生研究方向的文章都会推荐给我们。"他的学生说。

　　肖贵清主张"有教无类"，不管是不是本专业的学生，他都欢迎同学和自己一起交流。他的研究生专业课程"毛泽东思想研究"两次进入全校研究生教学质量评估前5%，广受学生好评。他门下的一些学生，也是通过这样的课程与他交流并入门的。

采访中,肖贵清教授提及了近十年前他与现在的得意门生初次见面的情景。

"我记得很清,那天我在六教上课,讲课时,我看见一个大个儿站在门口一直听我讲课。下课以后他过来,说老师我想问个问题。于是问了我两个有关毛泽东评价的问题。"

讲到这里,肖贵清感叹:"所以我特别喜欢学生提问,学生一个好的提问就是一篇论文题目。"在那之后,这名同学一直旁听肖贵清的课,后来这名同学下定决心要跟着他研究马克思主义。后来,这名同学成为清华大学马克思主义学院的第一个直博生,并在研究生期间,多次参与肖贵清主持的国家社科项目研究,发表了多篇有分量的学术论文,凭着优异的学业成绩和科研成果荣获了国家奖学金和教育部马克思主义理论学科博士论坛优秀论文一等奖,他也希望在毕业后能够成为一名高校的思想政治理论课教师。

国家社科基金重大项目"中国特色社会主义制度研究"课题组会议合影留念,第一排中间是肖贵清

肖贵清认为,他和学生之间是教学相长,相互促进的。他送给学生自己的文集,题词"只有超越导师的学生才是最优秀的学生"。他觉得,青出于蓝而胜于蓝,工作做起来才有意义。

肖贵清:"良师益友"是对老师最好的评价,也是自己应尽的职责

传承师德,育人为先

其实,肖贵清的身上,也留着他自己导师的影子,硕士阶段的导师黄景芳教授、博士阶段的导师田克勤教授都曾对肖贵清产生过深刻的影响,特别是教学相长、合作完成课题的传统被肖贵清传承了下来。在学界,肖贵清和他的学生组成的科研团队有很好的口碑,不仅很有凝聚力,更是取得了丰硕的科研成果。在肖贵清主持的国家社科基金重大项目"中国特色社会主义制度研究"的课题中,不仅培养出一个研究中国特色社会主义制度的青年群体,还衍生了多个国家社科基金项目和教育部课题。他指导的多位学生获得了国家奖学金、北京市优秀毕业生、清华大学优秀博士论文一等奖等荣誉。他的一些学生毕业后成为马克思主义理论学科的博士生导师、硕士生导师,也传承着这样的教学理念和方法。

肖贵清特别强调,育人是教师的第一职责。

"其实,肖老师的经历并不平凡。"一位学生透露:"肖老师出生在1959年,家庭条件也不太好。他小时候勤奋好学,成绩特别好,即便在当时特殊的社会环境中仍能坚持学习。"说到这里学生顿了顿,"老师总是可以向前看,一直教育我们要分清主流和支流,科学地认识当代中国社会的进步和发展,传播正能量。"

"入主流,学术性,高水平,国际化"是肖贵清经常提到的话。

肖贵清经常向学生强调,不管做学术还是做人,都要"严谨""诚信",要有责任和良知,而他也真正做到了言传身教。一位学生回忆,有一次在发表论文时放松了注释的校对工作,肖贵清很严肃地告诫他,"'严谨'是学术研究的生命,做学问可来不得半点马虎大意"。这句话为这名同学敲响了警钟,激励他在学习和生活中都努力践行着"严谨"这一标准。

每年,都会有很多已经毕业的学生从天南海北给肖贵清寄来感谢的贺卡。"这样的礼物真的比什么都强",肖贵清说。他把这些贺卡都保存得很好,其中有很多被精心地装饰在办公室书柜上。

肖贵清保存在办公室的贺卡

爱生如子，桃李满园

"我们随时能够见到老师，除去开会和外地出差，他每天会在办公室工作到很晚，一个一个帮我们指导、修改论文。"肖贵清的学生感触颇深地说。肖贵清改论文很细致，每个学生发表的第一篇学术论文都是经他从选题、到框架、再到语句手把手指导，经过数次长谈往复打磨而成。他不仅把教师当成职业，更是作为一生的事业来付出，并且认为"做事业，就要做到极致，追求完美"。在培养学生上，他是"花多少功夫都不觉得累的"。

很多人对肖老师的评价是"爱生如子"。一位学生觉得他就像是《背影》中的父亲，"执着地、坚实地、毫无保留地"为他的孩子奉献着关爱。

"每次出差开会，他都会给每个在校学生挑一份小礼物。""他平时教学科研公务都很繁忙，但遇到学生有问题请教，即使没有时间他也一定会换个时间回答学生。""肖老师不仅在学习上帮助我们，也在生活上关心我们。"说起这个话题，他的学生真的可以说是"赞不绝口"，也难怪有学生说，"感觉成为肖老师的学生是自己在清华园最幸运最幸福的事情。"

肖贵清说，他和他的学生不仅是学术共同体，还是命运共同体。有好的工作机会，肖贵清很愿意帮学生推荐，"我自己培养的学生我放心"。此外，他还曾经专程参加学生的婚礼。学生中间甚至悄悄流传起了"肖门'三包'（包发论文，包找对象，包找工作）"的"传说"，引起不少艳羡。对此，肖老师笑着说，有点夸张了。

肖贵清:"良师益友"是对老师最好的评价,也是自己应尽的职责

肖贵清给毕业的博士整理领带

现在,肖贵清的大多数学生毕业后在全国知名高校从事思想政治理论课教学和马克思主义理论研究工作,也有一些学生成为活跃在党政机关、军科院所、主流媒体、国有企业等单位的中青年骨干。说起自己学生的去向,肖贵清如数家珍,"到了我这个岁数啊,看着学生成长,是我最高兴的事情。"他和已毕业的学生从未断过联系,学生的捷报也频频传来。博学慈怀育桃李,百倍耕耘满园香——这正是肖贵清育人生涯的真实写照。

2016年10月,肖贵清(左一)和博士生一起参加"中国道路欧洲论坛"

谈及对"良师益友"的理解，他认为，"良师"是必要条件，不是良师便没有从教资格，而"益友"却是一种为师的境界，要在生活上、思想上帮助学生。肖贵清总结目前36年的从教生涯时说道，一开始做老师是感性的，是凭着自己的一腔热情去工作的，而现在更多的是一种理性，是一种对于培养学生感受到的责任和快乐。他说："'良师益友'，不仅是对一个老师最好的评价，也是自己应当尽到的职责。"

（本文经院系审校定稿，原载于2018年9月"清华研读间"平台）

张明楷：
"名补"的热爱与执着

　　张明楷，男，1959年7月出生，湖北仙桃人。刑法学家，清华大学法学院教授，博士生导师，教育部长江学者特聘教授。1982年毕业于原湖北财经学院（今中南财经政法大学）法律系，同年攻读本校法学硕士学位，1985年获得硕士学位并留校任教，并任中南政法学院教授，博士生导师。1989年到日本东京都立大学法学部研修学习，1995年任日本东京大学法学部客座研究员，1996年任日本东京都立大学法学部客座研究教授。1998年2月调入清华大学。

　　张明楷教授主要从事刑法学领域的教学与研究。独著《犯罪论原理》（武汉大学出版社1991年版）、《刑事责任论》（中国政法大学出版社1992年版）、《刑法的基础观念》（中国检察出版社1995年版）等著作；译著《日本刑法典》（法律出版社1998年第1版、2006年第2版）；合著《刑法新问题探究》（与黎宏、周光权合著，清华大学出版社2003年版）、《司法工作人员犯罪研究》（与劳东燕、吴大伟等合著，中国人民大学出版社2008年版）等；主编《行政刑法概论》（中国政法大学出版社1991年版）、《刑事疑案演习（一）》（中国人民大学出版社2009年版）、《刑事疑案演习（二）》（中国人民大学出版社2010年版）等。曾独立承担了多项科研课题，参加过联合国预防犯罪委员会科研项目，并在《中国社会科学》《中国法学》《法学研究》等国家重点核心刊物上发表论文400余篇。同时担任中国法学会理事，中国人权研究会常务理事，中国刑法学研究会副会长，中国警察法学研究会副会长等社会职务。

师途
清华大学导学故事集

他因平易近人被同学们亲切地称作"楷哥";却因课程要求严格而被贯以"四大名补(考)"的称号。他好像有"A""B"两种人格,能随时切换;但不变的,是对学术、生活的热爱和公平正义的执着追求。本文就带你走进法学院教授张明楷老师,了解"名补"的热爱与执着。

"过年在这写文章的话,我请你们吃饭"

"法学院有很多关于张老师的谣言,比如'刑法学'容易挂科,说他是'四大名补'"。今年毕业的硕士吴凡说,她希望通过此次报道给张老师"辟谣"。"名补"或许是假的,但张老师对学术的热爱、在科研方面对同学们的严格要求,却是货真价实。

"法不正解心不朽,再挑灯火看文章",这是张老师在《刑法学(第五版)》前言中写下的句子,也是张老师科研的日常写照。陈斯洁是张老师课题组的博士研究生,她回忆说,"大家都知道张老师日复一日地在自己的办公室中潜心研究,只要敲门就可以随时向老师请教问题。"事实上,张老师长年累月地在自己堆满书籍的办公室里勤恳耕耘,也正是这份坚持让他在刑法学研究领域建树丰硕。

张明楷老师(前排左三)和即将毕业的同学

张老师不仅对自己要求严格，对门下研究生也有着同样的要求与期望。他曾经半开玩笑地跟学生们说过，"如果你们过年能在这里安心地写文章的话，那我请你们吃饭啊。"与"刑法学"课程上亲近随和的形象略有不同，面对自己的研究生，张老师总是拿出自己最严肃务实的状态。回想起刚入课题组的感觉，陈斯洁说："老师对我们的学术上的要求还是比较严格的。我写完文章发给老师的时候，非常细小的一些问题，他都会很严厉地指出来。"

开放的"私塾"

每周的读书会是张老师的课题组中重要的学术交流媒介，几乎从未中断。即使在新冠肺炎疫情期间，张老师也第一时间决定使用线上方式，保证读书会正常运行。同学们将读书会亲切地称作"私塾"，大家不仅交流自己的研究进展，还会参加老师组织的案例讨论，畅所欲言发表观点。由于张老师会根据最新的争议案件精炼总结，再加上组内公诉人班的同学从工作中接触到的鲜活案例，案例讨论会上常常会有多种角度的观点与看法，大大促进了同学们的交流与理解。

将学术研究与案例讨论相结合，这是张老师在"私塾"中对学生指导的明线。与此同时张老师也在"私塾"中埋设了一条暗线：尽管不会主动地去询问个别学生的研究进展，但是张老师时刻留心同学们在研究方向上以及研究方法上的一些问题或缺陷。他会仔细记下同学们的问题，并在"私塾"中，以不点名的方式跟大家公开分析并指出一些解决意见，在座的同学们也会在心中暗自对号入座，从而做到"有则改之，无则加勉"。在"私塾"中，张老师的鼓励与教诲为每位同学的学术道路点亮了一盏明灯。

热爱生活与保持活力

吴凡同学至今对张老师在某学期最后一节刑法课上的讲述记忆犹新。"张老师没有讲任何专业知识和考点，只是分享其生活中的感受。"

张老师对同学们讲，他曾经听见一对中年夫妻吵架，妻子对丈夫说，"我二十多年前嫁给你的时候，你连戒指都没有送一个……""刑法中最严重的犯罪，追诉期也只有二十年。二十年前的过错，现在还能追诉吗？"张老师评论道。在笑声中，同学们开始思考法律、生活、人情……

做学问的人似乎常常被贴上"不食人间烟火"的标签，不过张老师对"吃"情有独钟。在接受采访时，同学们无一例外地回忆起张老师与"吃"之间的故事。

张老师（前排左三）和同学们

陈斯洁讲道，课题组聚餐时，每上一道菜，张老师会详细地介绍烹饪的过程，似乎他就是今天的主厨。"老师不仅学术做得好，看来做饭也挺不错的。""做饭"的话题迅速拉近了师生的距离，彼此之间也就没有了拘束，"聊开了"。

张老师有吃银杏的习惯，聚餐之后，张老师有时会带着同学们捡拾银杏果。"我们捡一次够他吃一年，每天嗑几个""我觉得是我永远不会忘记的一个场景，大家走在银杏道里，一边聊一些问题案例，一边捡着银杏，阳光洒下来挺好的，一个一个话题地聊。"

张老师不仅关心自己的吃，也关注同学们的"吃"。在去日本交换前的课题组聚餐上，张老师对吴凡说，去了日本不要把日元的价格用汇率在心里算成人民币，想吃就吃，别担心钱，生活上不要苛待自己。

在"吃"以外，运动也是张老师课题组的重要话题。学生时代，张明楷老师就热爱运动。张老师回忆，"每天早晨6点钟，学校广播一响，我起来了就到操场跑几圈，跑个2000米左右，不管春夏秋冬。"张老师热爱运动的习惯一直延续到现在，他还时常督促研究生多活动。新冠肺炎疫情期间，大家都待在家中，张老师就说，"你在家中也没关系啊，也可以在家里原地跑啊！"

纯粹执着与尊重平等

傅忆文是通过"公诉人班"来到张老课题组下的,彼时她已经在公诉人岗位上工作十年了,对于她来说,师从张老师更像是见到了自己长期以来崇拜的偶像。"我们长期从事实务,会更加向往学府里的老师。"

两年时光匆匆,如今,她已经回到了工作岗位,而在清华读书的这段经历,对她来说也是受益良多。一方面是形成知识体系的架构,把过去工作中碎片化的知识变成了"知其然,并知其所以然",建立起了刑法理论的一个知识网。更多的方面,是从张老师身上学到的做人、做事、做学问的思想和品格。

张老师曾说过,作为学者,追求的主要是体系性,但作为司法机关的司法人员,更要追求个案处理的合理性。这一点让傅忆文十分触动,因为她明白,在学校学到的理论体系,最终还是要反哺于实践办案。"我去之前是一线基层办案人员,回来以后我还是一个办案人员,我学到的这些理论要能够应用于实务,去实现个案的公正。"

张老师对正义的执着、纯粹的追求,让傅忆文提醒自己,在案件的办理中,面对每一个当事人的人身权利和财产权利,面对大众的利益、社会的利益、国家的利益,始终要保持一种审慎、如履薄冰的态度,实现每个个案的正义。"老师的勤奋,纯粹和淡然的人格和境界会永远鼓励我,也会成为我永远努力的方向。"谈到老师的影响,傅忆文这样说道。

张老师课题组的同学,在职业选择方面呈现出多元化的特点。在张老师看来,选择一个自己喜爱的职业,发挥出自己最大的能力,把职业变成爱好,把爱好变成职业,是最好不过的了。张老师曾说,"不是说只有做学问的学生才是好学生。"在职业的选择上,他给予学生尊重和指导。有同学选择在金融单位工作,张老师会指导其在金融行业重新认识刑法问题;有的同学想去公共部门,当面试和组会有冲突时,老师会很慷慨地准假;有人想走学术路线,老师会介绍做学术的方法论,细致地推荐书单、值得特别关注的一些问题等。

在采访中,同学们无一例外地提到,张老师对学术的热爱以及对正义的执着追求给自己带来的深刻影响。张老师热爱学术,也热爱学生,他一直坚定地沿着这条路前进,做着自己热爱的事情,也用自己的人格魅力影响着一个又一个箪步负笈的学子。

(本文经院系审校定稿,原载于 2020 年 8 月"清华研读间"平台)

孙茂松：
心若赤子，概莫如诗

孙茂松，清华大学工学学士（计算机科学与技术），清华大学工学硕士（计算机科学与技术），香港城市大学哲学博士（计算语言学）。曾任清华大学计算机科学与技术系主任、党委书记；中国中文信息学会副理事长（2006—）；《中文信息学报》主编（2007—）；国家自然科学基金委员会第十二届专家评审组成员（2007—）；"863计划"重点项目"中文为核心的多语言处理技术"总体专家组组长（2007—）；北京市语言文字工作委员会专家委员会副主任（2008—）；国务院学位委员会第六届学科评议组计算机科学与技术组成员（2009—）；ACM（国际计算机协会）中国理事会理事（2010—）。2007年，获得"国家语言文字工作委员会全国语言文字先进工作者"称号。

孙茂松：心若赤子，概莫如诗

所谓"良师益友"，不一定总是对学生嘘寒问暖、关爱溢于言表，而一定是对"学生如何成才、如何成长为大写的'人'、如何成就自我"这一系列问题的深切关怀。

万壑千岩护劲松，

白云深处有奇峰。

不须更问神仙事，

留于人间做卧龙。

这首七言绝句《劲松》，是孙茂松实验室开发的机器诗人九歌作的诗，颇得孙茂松的喜爱，也颇能概括孙老师其人。

孙茂松不仅是计算机科学家，还是计算语言学博士，"自然语言处理与社会人文计算实验室"或许由此而来，背后是他对交叉学科和人文社会的深刻理解与做成大事业的气魄和胸怀。

他的学生评价他"是计算机学者中少有的有着深厚文化底蕴的老师，他身上有中国知识分子的气息——正直、正义、有情怀"。

清华大学计算机科学与技术系教授孙茂松

"坚持开发九歌，晓沅和我都热爱古诗"

当打开九歌系统，输入"坚强"，一首诗随即弹出来——吟诵的，恰是孙老师的学生、九歌开发团队的主将矣晓沅——"坚贞冰雪姿，强健亦能诗。谁识天公意，敢言造物私。"

九歌作诗的能力令人感叹。2017年，九歌亮相央视《机智过人》节目，按照比赛规则接受图灵测试，与三位人类检验员一起作诗，由48人评委团投票判断哪首是机器人所做——"机心造化本无私，智略工夫巧笑时。过客不须频眺处，人间天上有新诗"——人类识别不出这是机器作的诗，九歌给人类带来了惊喜，展现了科学技术无所不在的魅力。但九歌与他背后的故事，更加感动人心的，可能是诗词本身，是某种命运造化与天道公意。

对孙茂松来说，选择这个题目，是科学研究热情驱动的。当时深度学习模型刚刚起步，性能非常强大，有超越传统模型的势头。深度学习在语义相等性问题上（如机器翻译）已经取得了很大成就，但在语义相关性问题上还有待突破。古典诗歌创作的关键恰恰是整体相关，对语义相关性的要求很高，因此计算机作诗在科学研究上很有意义。

在孙茂松看来，"晓沅研发九歌这件事，真正算是兴趣驱动。他应该是从小对诗词就非常热爱，尤其是古典诗词。我觉得诗词在某种意义上是他一个精神上的支撑，一种强大意志的源泉和动力，所以他对作诗系统非常感兴趣。我想做这个，他也很愿意做，一拍即合。研究过程中也遇到过不少挫折和困难，这两年能坚持下来，跟他的兴趣驱动是有关的。"

"他心里肯定非常沮丧，只是不说而已，我能想象"

矣晓沅克服众多困难（期间还动过手术）参与完成并带着九歌上央视比赛时，孙茂松特别自豪，他说，学生是在顶着巨大的压力下坚持下来，十分不易。

孙老师曾讲道："九歌研制过程中碰到的最大困惑，可以说是做成一件事和发表论文之间的某种矛盾。因为诗是写给人读的，一定要拿出系统来，而不只是就写了篇论文，却没有拿出系统让大家用。但是要做出好的系统，工作就需要做深做细，要兼顾方法的创新性和系统的工程性。其他同学在一些国际通行的问题和数据集上做研究，论文陆续都发出来了，九歌这个组的同学们一定会倍感压力。晓沅这两年投两三次稿都被拒了,我能想象得出来他心里免不了感到沮丧,只是他不说,我也不说,埋头苦干。其实这也是对自制力的一种历练。好在只要功夫修炼到家,想法慢慢也就沉淀出来了,综合能力上去以后,厚积薄发,到了一个阶段自然爆发。所以晓沅最近有三篇关于机器作诗的论文,在顶级会议上发表了。同组另一位学生也发表了一篇顶级会议论文。"

与学生一起承受压力的这个过程,看似孙茂松和学生之间有一种深沉的默契,像是父亲在无声无息中就带动了他们缓慢而铿锵有力的成长节奏。但孙茂松说"不是的","还是有声息的:在项目执行的最初一年里,每周要开两次会,一次开三四个小时,和他们一起探讨非常细致的问题。"

他对研究中出现的种种现象观察得很细致,提出的问题也很"细致",怎么解决则交给学生,让他们针对问题充分发挥自己的聪明才智。但学生时常"当局者迷",孙茂松形象地称之为"灯下黑",所以他非常鼓励同组的同学一起讨论,一块儿看代码。

于是孙茂松带领的实验室风气很正、氛围很融洽,学生们习惯于相互讨论问题,也相互给同门修改论文,不知不觉中加强了沟通与互助。平时遇到事情,好比需要求助别人给取下快递,"可能在别的群里找不到人,到实验室群里一喊就有人应"。

孙茂松对团队合作的倡导,本质上源于他的谦虚:"人工智能发展太快,新出来的很多东西我都看不懂了,指导学生也有力不从心的时候,所以我特别鼓励学生相互之间交流、跟一线的年轻老师交流,不要光靠自己'琢磨',很多问题经过几个人讨论,往往能豁然开朗。学术上交流起来了,生活上自然就熟起来了,互相帮助的风气自然就出来了。"

孙茂松研究团队在怀柔雁栖湖

"学生的情意让我怦然心动,但顾不上感动太久"

曾经学生们为了给孙茂松五十五周岁生日增加点儿"气氛",全课题组的学生悄悄地在各处寻觅老师散落在朋友圈、各种会议和发言场合吟诵过的诗词文章,编成了《孙茂松诗集》《孙茂松文集》,加上一本写满了学生祝福的纪念册送给了老师。其实,孙老师也会给学生送礼物,并且不重样。

学生送孙老师的书

孙老师送学生的书

孙茂松：心若赤子，概莫如诗

2015年，孙茂松去四川乐山参加学生的婚礼。他戏说要是男生可能就拒绝了，女孩子说了两三次，说明这是一件她很看重的事，作为老师，再忙也要尽量满足她的愿望。"学生这么看重老师，老师绝不能让学生失望，将心比心吧！去了内心还是很感动的，亲眼看着自己的学生成家立业，茁壮成长，对老师也是一种挺难得的人生体验，更加升华了作为老师的荣誉感和责任感。"

学生婚礼上，孙茂松背了一首《我侬词》送给小两口，表达了深深的祝福："你侬我侬，忒煞情多，情多处，热如火。把一块泥，捏一个你，塑一个我，将咱两个一起打破，用水调和，再捏一个你，塑一个我，我泥中有你，你泥中有我。"

作为一个理工男，孙茂松的细腻情感让学生温暖。但这种情感，除了比较特别的场合，他轻易不会表达。正如同词人苏东坡从来不乏"诵明月之诗，歌窈窕之章"的婉约深情，但更多时候，他呈现的总是"大江东去，浪淘尽，千古风流人物"的乐天与豁达。

当被问及过55岁生日的感受时，他很轻松地感慨道："我还是挺感动的，你对学生有心，学生对你也有心，一种默契的交融。真是挺感动的，但现在太忙，实在也没时间感动，反正是感动了一下子，怦然心动吧！"想象孙茂松老师那一刻的怦然心动，像极了一种豪放派词人临风把盏、尽在不言、江花边草、策马扬鞭的气度。

如果用四言格律来评价孙老师的话，或许是："心若赤子，概莫如诗。"

"教育要有坚守，从学术角度、从教书育人角度坚持自己的标准"

在"AI人才教育高峰论坛"上，孙茂松就"如何培养人工智能人才、中国大学该不该设立人工智能本科专业"这个问题谈了自己的看法。他援引梅贻琦老校长的观点，"大学虽应通专兼顾，但重心所寄，应在通而不在专"，建议在本科教学方案还没有得到充分论证的情况下，AI（artificial intelligence，人工智能）不要急于拆分成独立的专业，认为清华应以不变应万变。他强调，"国内大学开展人工智能本科教育，应因校施策，少安毋躁，不要盲目跟风。"

孙茂松的发言充满对变化与恒常的思辨，颇有中国哲学的底蕴，有温度，也有力度，他自己就是通识教育的一个"产物"。他对研通社记者说，"清华的出口主要还是研究生，所以本科可以离专业稍微远一点，学生可以多做些把自身的'底蕴'

修炼得更加深厚的事情——通识教育也不必然意味着就是文科，还包括现在学校强调的写作能力、批判性思维（critical thinking）、领导力等，都属于通识的范畴，旨在给人的长远发展打下基础。"

他讲道："一流大学在设计本科培养方案时，不要和企业贴得太近，也不要和政府贴得太近，因为这两方面的因素都可能经常有变化。我们要有坚守，从学术角度、从教书育人角度坚持自己的标准。"他非常强调"教书"是为了"育人"这个最根本却又常常被异化的目标，认为要少做买椟还珠的事。

"培养人要量身定制方案，我确实是设身处地在想他的事"

孙茂松老师觉得，"不同的路径下都能出最优秀的人"，因此从不强加自己的想法给学生。但他并非总是"大撒把"，学生走弯路时他也会像对自己的孩子一样苦口婆心。

"我带学生的原则是，该说的我就说，这是为他好，但说话可能会比较直，也不会藏着掖着。比如，前些年有一个学生要去创业，我就是不同意，因为我觉得他做的事成功机会很小。我一般建议学生还是把书先读完、长足本领再去创业，半截出去不好，一出去，读书的心就散了。除非你手头有一项好得不得了的技术，一招鲜吃遍天，不赶快去实现它就要耽误历史时机。说了半天，那个学生还是坚持己见。我就把话放下：你要是我的孩子，我也会这么说，那就是不赞成。不管结果怎么样，我确实是设身处地在想他的事。"

学生结合自身特点参与各种社会工作，他总是支持和鼓励。他说："一个人需要综合能力。譬如说你到基层去，可以见到形形色色的人，也会碰到形形色色的问题需要你去解决。这里面的事儿好像跟科技风马牛不相及，但有一句老话，叫作'运用之妙，存乎一心'。很多事貌似不同，但其中蕴含的道理是通的。"

"我骑自行车路过圆明园附近时，脑海中有时会想：生活在那个时代的知识分子得有多痛苦"

在多年系党委书记的岗位上，孙茂松给学生上过多堂党课，被学生们评价为"十分有趣，生动活泼"。当被问及是怎么做到的，孙茂松说："我喜欢讲历史，尤其是近代革命史，喜欢讲那时候的清华人。这两件东西都是'传奇'。爱国不是空洞口号。

看看从鸦片战争以来我们国家走过的历程,你就会自然而然产生一种爱国情怀。有时我骑自行车路过圆明园附近时,脑海中有时会想,生活在那个时代的知识分子得有多痛苦。整个国家都被人欺负,生活在这个国家的个人不会有幸福感。从比较感性的角度来感受'历史选择了中国共产党'这个道理,就不是空洞的了。"

孙茂松不会开车,出行工具是自行车,环保健康。说到环保,他还常在用过的文件纸背面打草稿演算,把手边的纸都涂鸦得黑乎乎的。他在采访中说道:"节俭是小时候形成的习惯,记得几岁时,父亲就教我'谁知盘中餐,粒粒皆辛苦。'两句很简单的诗真是融化到血液里去了。这就是诗词的魅力!"他还表示:"我的花钱态度是这样:该花的多少都花,不该花的一分也不花。学生的实验设备和出国参加学术交流,我从不含糊地全力支持,尽量给他们配最好的条件。"

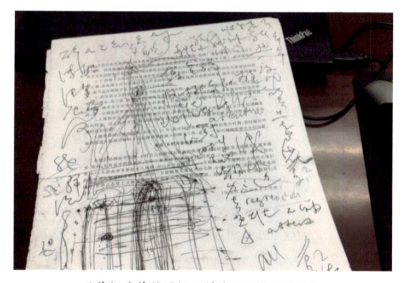

孙茂松为节约用纸而创作的"涂鸦作品"

对于学生们来说,孙老师这些精神上的滋养,对于孙老师自己而言其实是大道至简:从小处入手,以小寓大。老师跟学生是一样的,学生敬你一尺,你也得敬他一尺,心心相印,才能形成合力,把事做好。

人和人之间就是这样,师生之间就是这样:要有心、有信、有敬、有恒常、有仰望。

(本文经院系审校定稿,原载于 2018 年 9 月"清华研读间"平台)

黄霞：
与学生相处使我充满正能量

黄霞，博士生导师，清华大学环境学院教授，水环境保护研究所所长，环境模拟与污染控制国家重点联合实验室副主任，清华大学环境学院学术委员会主任。1988年获得日本东京工业大学博士学位。兼任国际水协（IWA）膜技术管理委员会委员，国际期刊 Frontiers of Environmental Science & Engineering in China、Water Science & Technology 及国内《环境科学》《环境科学学报》等杂志编委。国家精品课程"水处理工程""环境工程原理"主讲人，获得清华大学第八届"良师益友"奖，清华大学教学成果特等奖。

黄老师目前致力于研究膜法水与废水处理新技术的研究与应用，微生物燃料电池污水净化与同步产电技术与机理，生物脱氮除磷新工艺及机理以及污泥减量与资源回收技术。发表SCI收录论文180余篇。曾获国家科技进步奖二等奖2次，省部级一等奖5次，茅以升北京青年科技奖提名奖，Environmental Science & Technology 期刊最佳（TOP）论文奖。连续三年入选爱思唯尔中国高被引学者榜。

黄霞：与学生相处使我充满正能量

孜孜不倦，坚守在教学一线传承教书育人；兢兢业业，奋斗在研究前沿带来科技创新。这是清华大学环境学院教授黄霞一贯恪守的工作准则。高校任教 24 年来，黄霞凭借着对教育事业的热爱和对党的教育方针的深刻理解，把"育人"的观念切实融入教学工作中。她以先进的教学理念、严谨的治学态度、充满正能量的生活观念，为清华大学环境学院的教学和科研工作树立起一面旗帜。

黄霞老师在给学生上课

学而为师，爱这太阳底下最光荣的事业

黄霞现任清华大学环境学院学术委员会主任、水环境保护研究所所长、国家重点联合实验室副主任，在水污染控制理论与技术方面的科研工作中担任着重要的角色。然而比起这些，黄霞最钟爱的头衔还是同学们亲切称呼她的那一声声黄老师。

"教学工作总是使人充满正能量。"谈及自己的教师之路，黄霞的脸上不由绽放出笑容。"年轻人是充满活力的，长期同他们相处，我也能永葆乐观积极的心态，有动力、有精力去做自己想做的事情。"

黄霞早年毕业于重庆大学（重庆建筑工程学院），1988 年在日本取得化学环境工程专业博士学位，回国后进入清华大学，成为环境学院（原环境科学与工程系）

的一名教师。黄霞最初选择这条教师之路的理由很简单——在她心中，教师是天底下最崇高的职业。"我一直在努力成为一名称职的教师。在大学里任教，把自己知道的东西传授给学生，而学生的很多想法又激励你去获取更多的知识，这对学生和自己的成长都是十分有益的。"

尽管忙于大量的科研和行政工作，黄霞在教学工作上却从未有过半点懈怠。她有一句名言常常挂在嘴边："'教'授、'教'授，第一要务是要教学生、培养学生。"她认为，对于大学教师而言，教学工作应是本职工作，也是首要工作。"大学是培养人才的地方，学生是咱们的未来。大学和大学教授应当把人才的培养放在各种工作的首位，这一点是不能变的。"

"人民教师最光荣。"评价起教师这份职业，黄霞还是觉得这句老话最为合适。"尽管有时忙于工作，我不得不放弃一些自己的兴趣爱好，但是这丝毫不会减少我的快乐。我十分热爱我的职业，我的工作就是努力成为一名合格的人民教师。"

热力教改，培养学生解决问题的能力

黄霞长期从事水污染控制理论与技术方面的教学与科研工作，她主讲的清华大学环境学院本科生基础主干课"水处理工程""环境工程原理"课程，先后被评为清华大学精品课程、北京市高校精品课程和国家精品课程。教学过程中，黄霞以诲人不倦的和蔼态度、详尽深入的内容讲解和生动丰富的课堂组织形式，得到了学生们的爱戴和赞誉。

近年来，黄霞倾注心血，从自己主讲的课程出发，致力于推动课程理论性与实践性的有机融合，为高校教育改革事业做出了贡献。她认为，清华培养的学生应当具有扎实的基础知识、较强的创新能力与问题解决能力，而教师的职责就是给学生提供这样一种发展的平台和成长的土壤。"我们努力进行教学改革，正是为了给学生提供这样一种将课堂上的理论知识与实践环节有机融合的机会，让学生在实践的过程中自主尝试、深入体会授课中没有具体说明的东西，反过来加深对理论知识的理解和接受。"

在黄霞和团队的努力之下，教学体系不断发展完善，课堂组织形式也不断开放创新，真正实现了她所期望的"从灌输知识到培养人才"的转变。例如，为巩固理论课教学效果，培养学生的动手实验能力和科研创新能力，开设了与理论教学同步进行的开放型实验教学。学生分成 4~5 人一组，在教师的指导下自主设计实验，并在与教师的讨论过程中改进实验方案。学生们在实验设计过程中能够大胆尝试自己的想法，提出许多新颖独特的创意。黄霞说，这种开放型实验教学，一方面可以保证所有同学都能达到课程教学的基本要求；另一方面还能给予有想法的同学自由发挥的空间与平台。

黄霞的团队在课程体系和内容、教学模式和方法、配套教学实践、学生创新能力培养等方面已形成了一整套完善的教学系统。在历届教学评估中均取得了良好的教学效果，在环境学院名列前茅。这种理论课—实验课—工程实践教学紧密结合为一体的教学体系受到一致好评，近年来，逐渐被国内其他高校同类课程教学所采纳。

亦师亦母，愿做学生生活中的指路人

在不辞辛苦为帮助和支持青年环境科研工作者不断成长创造良好的工作环境的同时，黄霞在生活上对学生的关怀也总是细致入微。"黄老师对待学生可谓尽心尽力。无论是科研上还是个人生活上，黄老师总是给予学生最亲切的帮助与指导。"黄霞的助理张硕洁对记者说。

硕士生任仕廷总在夜里精力充沛，充满灵感，为了配合他的节奏，黄霞也牺牲自己的休息时间，时常熬夜为任仕廷解答学术疑难。每到期末考试之前，黄霞总是抽出时间为同学们答疑，约定的答疑时间是下午一点到四点，黄霞却总是一答就答到六点多。"很多老师愿意为同学们答疑解惑，但黄老师却总是主动发现同学们的困惑并予以帮助。对于普通的学生来说，这两者之间其实是有着很大差别的。"黄霞的博士生、2012 年清华大学研究生特等奖学金获得者陈熹这样说。

2012 年 6 月毕业于清华大学环境学院的孙昊天曾是黄霞课上的一名学生，毕业设计期间，他因实验长久没有进展而灰心丧气，便通过飞信签名诉说苦恼。没想到签名发出后，几分钟内就收到了黄霞的回复，鼓舞他不要轻易言弃。对于学生来说，黄霞是科研与公务繁忙的大教授，而她总能在细微之处关心到每一个普通的学生，由此传递出来的正能量是十分巨大的。孙昊天于是回到实验室，潜心实验最终取得了成功，而他的毕业论文也被评为当年清华大学优秀毕业论文。

黄霞今日对于师生之道的认识，实际上受到了很多前辈师长的重要影响。每每回忆及此，黄霞便会说起初入职时，是一同共事的著名环境学家钱易院士的"为人为学为师"使她对于教师职责崇高性的理解更加深刻。"钱老师总是很平和地对待每一个学生,她认为学生的需求就是教师的方向。教学工作对学生的培养非常重要,因此作为教师,我们就应当努力地去做好教学相关的每一件事。"黄霞回忆道。

学生对于黄霞而言就像自己的孩子一样。谈及对于孩子们的期望,她像世上所有的师长与母亲一样,希望他们拥有自立与创新的能力,更"希望他们真正拥有一种清华精神,拥有一份自己的梦想,并不断朝着自己的梦想去努力"。

(本文经院系审校定稿,原载于 2013 年 11 月"清华大学新闻网"平台)

骆广生：
因为热爱，所以坚持

骆广生，1964年出生，工学博士，清华大学化工系教授，博士生导师，国家杰出青年科学基金获得者，教育部长江学者特聘教授。现任化学工程联合国家重点实验室主任，中国化工学会和中国颗粒学会常务理事。长期从事微化工科学与技术、分离科学与技术、粉体材料可控制备等研究工作，入选英国皇家化学会会士（FRSC）、国际标准委员会微气泡分委会成员、国际微反应技术会议学术委员、国际溶剂萃取委员会国际委员。受邀担任 Chinese Journal of Chemical Engineering 执行主编和《化工学报》《中国科学－化学》、Chemical Engineering Journal、Reaction Chemistry and Engineering、Separation and Purification Technology、Journal of Flow Chemistry 等多个期刊的编委。在国内外化工主流刊物上发表学术论文400余篇，获授权发明专利100余项，获国家技术发明奖二等奖和科技进步奖二等奖各1项，中国化工学会侯德榜化工科学技术奖－创新奖以及省部级科技奖励9项，荣获全国优秀科技工作者、全国化工优秀科技工作者、全国优秀博士学位论文指导教师、北京市优秀教师等称号，首批入选清华大学"良师益友"名人堂。

在我们身边，有这样一位老师，很多人说他"爱生如子，敬业如石"，他却说"我只是在做自己热爱的事"，他就是国家杰出青年科学基金获得者、教育部长江学者特聘教授、清华大学化学工程联合国家重点实验室主任骆广生教授。

骆广生在国际会议上做报告

顶天立地做科研

1983 年，骆广生来到清华大学化工系求学，问及当初为何选择化学工程这一专业方向时，他说："'学好数理化，走遍天下都不怕'这句话在 20 世纪 80 年代影响了很多人的专业选择，其中就包括我。同时对化学课程格外的喜爱让我坚定地选择了清华大学化学与化学工程系。"大学期间，系统的专业学习使他深刻认识到化工行业是国民经济的支柱，与人民的生活密切相关，逐渐确立了从事化工教育和科学研究的职业志向。1993 年骆广生从清华大学化工系毕业并留校任教。

二十多年来，他带领团队立足化工前沿方向，面向社会发展和产业进步的重大需求，开展了"顶天立地"的科研工作，在微化工技术的理论体系构建和工程应用创新两方面都做出开创性工作，取得了系列重要成果。通过与多家企业深入合作，骆广生团队攻克了微米级气泡/液滴群大规模制备、微结构设备材质选择和结构优化设计、针对复杂体系的应用可靠性三大难题，在纳米碳酸钙制备、湿法磷酸萃取净化、己内酰胺酸团萃取等一系列典型化工过程中将微结构化工设备成功推向产业化，利用微化工技术解决了湿法磷酸高值化和清洁生产的国际工程难题，在国际上引领了化工设备微（小）型化和微化工系统从理念到工业实践的飞跃，先后获得2012年度国家技术发明奖二等奖和2019年度国家科技进步奖二等奖。"高效化工、绿色化工、安全化工"的理念，正在骆广生团队的努力下一步步变为现实。骆广生本人也获教育部长江学者特聘教授、全国优秀科技工作者、全国化工优秀科技工作者等多个荣誉称号。他带领的团队入选教育部创新团队，获中国石油和化学工业联合会科技创新团队奖。

骆广生（左三）团队获2019年度国家科技进步奖二等奖集体合照

立德树人承师风

骆广生研究生学习期间师从我国著名的化学工程学家汪家鼎院士，汪先生是中国核化工技术奠基人之一，也是化工领域一代学术大师。汪先生从教60余载，悉心培养了一大批在中国化学工程的学术界、教育界和产业界发挥重要作用的优秀人才，他言传身教、治学严谨的精神品格深深地影响了骆广生。

"汪先生一直对自己严格要求，从没停止过学习。"虽已在核燃料后处理领域取得巨大成就，但汪家鼎先生仍投入大量的时间和精力不断学习，60多岁还主持并出色完成国家自然科学基金委重大项目。"汪先生关心关爱集体每个成员"，骆广生回忆起读博时每次向汪先生汇报研究工作的情景，"已经70多岁高龄的汪先生每次都会专注地听取我的工作汇报，指出问题并给出十分中肯的建议，这对我的影响很大。"如今，在每次的组会上，骆广生都会从不同方面、不同角度针对每个学生的工作给出自己的建议和方案。

骆广生（左三）在纪念汪家鼎先生诞辰一百周年座谈会的合影

作为汪先生的学生，骆广生秉承了他严谨治学、辛勤育人、身体力行的风范。传承师德，以身立教，恪守师魂是骆广生的真实写照，在他的悉心培育下，王玉军、吕阳成、徐建鸿、王凯、张吉松毕业后均留校任教，课题组涌现出一大批优秀人才。

良师益友育英才

从教20余载，骆广生时刻把学生发展放在心头，"不同学生的成长需要培养不同的能力，老师应该深入了解、发现学生优点，因材施教，根据学生的不同情况做出培养方式的改变。"在和骆老师的交流过程中，他坦言学校提倡的"教学相长、良师益友"才是良好的导学关系，也是他与学生的相处之道。

"骆老师是一个很儒雅很纯粹的人,儒雅来自他渊博的学识和崇高的品格,纯粹来自他对科研的热爱和严谨勤奋的治学态度。"吕阳成读书时曾和骆老师一起去企业开展工业试验,这个技术在实验室开发阶段比较顺利,但在工业试验中遇到了比较大的问题。为了探究其中的原因和规律,骆老师每天在装置上观察 16 小时,连续观察近一周,终于查清了工业中缺失的环节,最终确定了设备优化的方向。骆老师积极认真、吃苦耐劳的精神深深地影响着吕老师。后来在骆老师的带领下,他们的团队在微化工技术净化湿法磷酸中取得重大突破,真正做到了"十几年磨一剑"和"咬定青山不放松"。骆老师以实际行动践行"严谨、勤奋、求实、创新"的优良学风。王玉军老师回忆,课题组在 20 世纪 90 年代中期从事膜萃取研究,但总体传质速率较慢,骆老师创新性地想到利用多孔膜的微孔作为分散孔,将水相或油相穿过膜孔生成微米级液滴,极大地增强了传质速率,从而发明了膜分散微结构反应器,为微反应器的发展奠定了很好的基础。平时只要没有特殊安排,骆广生每天都会很早来到办公室开始一天的工作,多年如一日。虽然每天行政事务繁多,但只要一有时间他就会去实验室指导学生实验,与学生讨论实验难题。学生给他发的邮件,一般当天内都能得到答复。这种严谨的态度在修改学生论文上更是体现得淋漓尽致,张吉松回忆,骆老师对他毕业论文中的标点符号、字符的斜体,都一一进行修改,这种"连标点符号错误都不能放过"的态度影响张吉松至今。

骆广生不仅是学生科研道路上的导师,更是人生路上的引路人。研究生阶段是学习到工作的过渡阶段,不少同学读研阶段都会感到迷茫和无助,徐建鸿在博士生三年级时研究课题遇到了瓶颈,没有好的思路,对未来发展十分迷茫,骆广生主动找他探讨课题后续研究前景和值得关注的方向,帮助他树立信心,也为他接下来取得科研突破,进而走上一生的科研道路打下了良好的基础。在研究生培养方面,骆广生鼓励研究生同学要努力提升发现问题、解决问题、交流沟通的能力,同时调节好自己的心理,脚踏实地工作,不急功近利,保持一颗平常心,他说:"当你做到这些时,那些困惑和迷茫就会自动消失了。"骆广生认为,研究生课题研究应是导师和学生共同探索的过程,做科研最重要的是投入,科研的过程是培养学生职业素养和敬业精神的过程。

生活中,骆广生是大家眼中典型的"慈父"。每次出国开会,他都会给学生带些好吃的回来。"每年过年,我们都会去骆老师家聚餐,骆老师和师母会为我们准备一大桌吃的。"骆老师的课题组一直以融洽和谐出名,王凯坦言自己现在课题组融洽向上的氛围都应归功于骆老师的言传身教，他也在努力向骆老师学习，最大程度地关爱学生，做一位合格的良师益友。

骆老师以身作则，教学相长，把学术研究放到学生成长成才的大目标下去考虑，产出了一系列优秀成果，为国家培养了一大批优秀人才。他培养的学生中2人获全国优秀博士学位论文奖，1人获北京市优秀博士学位论文奖，10余名博士和硕士研究生获清华大学学位论文优秀奖。骆老师因为人才培养贡献突出荣获北京市优秀教师称号，首批入选清华大学"良师益友"名人堂。

他说："学生培养，育人为本，因为热爱，所以坚持。"用"教学相长、良师益友"来形容骆老师，应该是最恰当不过的了。

（本文经院系审校定稿，原载于 2020 年 5 月"青化园"平台）

冯西桥：
"我对每个学生都很满意"

冯西桥，1968年出生，分别于1990年7月，1991年7月和1995年3月，在清华大学工程力学系获工学学士、硕士和博士学位，1995年6月—1997年6月，在清华大学核能技术设计研究院做博士后。1997年9月—1999年4月，获德国洪堡奖学金，在达姆施塔特工业大学力学研究所和荷兰代尔夫特理工大学任洪堡研究员。1999年5月—2001年7月，在清华大学工程力学系任副教授。现任清华大学工程力学系教授、教育部长江学者特聘教授，兼任中国力学学会副理事长、北京国际力学中心秘书长、国际断裂学会（ICF）执行委员、Engineering Fracture Mechanics 和 International Journal of Damage Mechanics 共同主编、Applied Physics Letters、Journal of Applied Physics、Acta Mechanica Sinica、Molecular and Cellular Biomechanics 和《固体力学学报》（中英文版）等十余种 SCI 期刊的编委或副主编。

冯西桥主要从事固体力学和生物力学的研究工作，包括微纳米力学、生物材料力学与仿生、软物质力学、细胞力学、细观损伤与断裂力学等方面。已出版专著3部，发表SCI论文400余篇，被他人引用10 000余次。曾获全国优秀博士学位论文奖（1999）和全国优秀博士学位论文指导教师奖（2013，2017）、教育部跨世纪优秀人才基金（2000）、霍英东教育基金会第九届高等院校青年教师研究基金（一等，2004）、国家杰出青年科学基金（2005）、清华大学优秀青年教师奖（2005）和"良师益友"奖（2016，2018）、第十届中国青年科技奖（2007）、中国高校自然科学奖一等奖（2007，2015，2017）和二等奖（2001）、国家自然科学奖二等奖（2019）、国家自然科学基金创新研究群体项目（2020）等奖励或资助。

冯西桥，清华大学第十五届"良师益友"获奖教师

在清华大学航天航空学院（简称"航院"），有这样一名教授，他曾拿过一系列科技大奖，但他最看重的仍是教学优秀奖，始终把奖杯摆在书柜最显眼的位置。

他是冯西桥老师，现任工程力学系教授，是国家杰出青年基金获得者、教育部长江学者特聘教授。在与冯西桥老师和他学生的交谈中,能明显感受到他总是将教书育人放在第一位,因此成了学生心目中的"良师益友"。

严谨治学,三十余载不停歇

1985年,冯西桥老师第一次踏入清华大学工程力学系,开始在清华园的学业。时至今日,他已是工程力学系的一名教授。三十多年以来,他一直在固体力学和生物力学的领域不断探寻,不断耕耘,不断前行。"在通往科学的路上没有平坦的大道",追求学术旨趣的过程并不轻松,但冯老师学术卓越,成果斐然。可以说,他严谨的治学态度是让他最终脱颖而出的法宝。

在冯西桥老师通往"良师"的路上,他的导师余寿文教授对他影响很大。余老师会将学生文章中的所有公式重新推导一遍,以确保没有任何问题。正是这种精益求精的科研精神,让冯西桥老师印象深刻,自己也在耳濡目染中养成了严谨求实的风格。

"独学而无友,则孤陋而寡闻。"虽然冯老师已经是业界的著名学者,但是他依然好学敏求,时刻跟踪科研最新进展,把握学科前沿动态。每当外出开会,他总是抓住各种机会和相关领域内的专家切磋交流,在学科交叉的思想碰撞中不断产生新的火花。

冯西桥老师

冯老师的学生对于导师这种严谨和勤奋的态度感触颇深。"冯老师经常工作到凌晨两三点,12点以后发邮件给冯老师,冯老师都会很快回复。"这样的说法被不止一位同学印证。因此，尽管冯老师对学生没有硬性的要求，但是他以身作则，为学生树立了良好的典范。师生之间也形成一种默契，那就是在科研上要保证十分的投入，来不得任何马虎。这一传统在他的实验室不断延续，冯老师曾告诫他的学生，"一篇好的论文要修改上一年，改三四十次都是很正常的。"偶尔学生也会"抱怨"他对论文的细节都抠得特别紧，但是他们都受益于老师的高标准严要求。正是在这种环境中，冯老师实验室的学生都有着严谨踏实的学风。

已是教育部长江学者特聘教授的冯西桥老师至今仍坚持为本科生教授专业核心课程"弹性力学"，这一上，转眼已十多年。这是力学学科本科阶段最难的一门课，内容十分繁复，知识更新也十分快。冯老师深知这门课的难度，且比较枯燥，但是他同样明白这门课在学生日后学习中的重要性，因此他总是花费很多时间准备。一个熟悉冯西桥老师的学生曾说道："冯老师一般上课两个小时，但通常备课就需要四五个小时，而更难得的是冯老师坚持上这门课十多年。"

"冯老师在上课的时候，不光是讲书本里的内容，也会把自己科研的东西加入进去，比如近期比较好的工作和文章。在设计作业和大作业的时候都会结合当前的热点和前沿。"而在答疑的时候冯老师总是非常有耐心，他一步一步亲自给学生推导公式，直到学生完全明白。十几年如一日的以身作则、言传身教，正是向学生传承严谨治学态度的最好方法。

教书育人，以身作则是传承

从冯西桥老师开始在清华园工作至今，教书育人一直是他的最大目标。在航天航空学院，传承着一种老师以身作则的教书育人传统。冯老师曾说道："我们院的老师都很以身作则，90多岁高龄的黄克智先生至今坚持每天来实验室指导学生。"学院里的老前辈尚且兢兢业业，这让冯老师对航院的氛围更加有认同感，而他本人也以自己的实际行动影响着别人。

在冯老师的实验室里，从他的导师余寿文教授，到冯老师曾经的学生、现在的青年教师李博，再到李博老师的学生，他们都在追求更高的学术目标，并为此而孜孜不倦。这种几代学者之间的传承与融洽，让人不禁想起韩愈所说的师道："无贵无贱，无长无少，道之所存，师之所存也。"现在有些学校的学生戏称自己的导师为"老板"，但冯老师的学生从不如此称呼，而是亲切地称呼其"冯老师"。

冯西桥："我对每个学生都很满意"

冯西桥老师

在学生看来，冯老师有着强大的人格魅力。他的一位研究生曾分享这样一个故事：2016年1月，他和冯老师一起去上海参加一个国际会议，会议结束后的第二天下午两点就是实验室课题组小组讨论班。从上海的会场到清华的讨论班，即使马不停蹄也要六七个小时。当他以为老师会放弃参加这次讨论班时，冯西桥老师却在结束上海会议的第二天凌晨5点准时出门，赶上了从上海回北京的早班飞机。在一路颠簸后，冯老师没有顾上路途疲惫，准时来到讨论班，指导学生们的科研讨论。这位研究生说："这一刻，我深切体会到冯老师对科研的执着追求以及对学生的高度责任心和关怀。每次我自己实验做不出来，有点灰心丧气的时候，就会想到冯老师的专注和鼓励。老师对我们的这种殷切期盼和用心培养，一次次地感动和激励着我在科研的路上不断前进。"

良师益友，乒乓也能增情谊

科研上的冯老师对学生进行悉心指导；科研之余，他更像学生们的朋友。谈论起冯老师的课题组给学生们的感觉，几位学生都不约而同地用了"家"这个字来形容。冯老师对学生的关心让他们由衷地爱戴自己的老师。

春风煦暖或者秋高气爽的时节，是北京最美的季节。每到此时，冯西桥老师总会组织小组集体出游，与学生一起拥抱美景、感受自然。这些年下来，课题组已经去过

冯西桥老师

北京香山、植物园，天津盘山和山东泰山等地。冯老师坚信读万卷书不如行万里路，他鼓励学生在做好科研的同时，也要多出去走走看看。他和学生在游览中放松身心、陶冶性情，同时也在一个宽松平和的氛围中畅所欲言，平等地交流内心的想法和观点。课题组里各位学生之间的情谊也在一次次的交流中变得更加深厚，平时若有同学出现一些问题，其他同学都会及时提供相应的帮助。

尽管科研工作十分繁重，但作为一个老清华人，冯西桥老师多年来始终坚持再忙也要抽空锻炼，很好地保持了清华的体育传统。小学三年级时为了锻炼身体，冯老师开始打乒乓球，一直坚持到今天。打乒乓球成了他闲暇之余放松心情的一大爱好。他不仅自己打球，有空的时候还经常邀上实验室的学生一块打球，并开玩笑说谁输谁请客。不过这个规矩却并不像冯老师的治学态度那般严谨，"冯老师太厉害了，同学们都打不过，最后还是冯老师请大家改善伙食。"一位经常和冯老师打球的学生笑道。

每逢教师节、元旦等重要节日，冯老师会带着课题组的学生去看望他的导师余寿文教授。师生三代之间随便围成一圈，聊聊家常，谈谈见闻，谈天说地道古论今，其乐融融。这样的传统也被学生们自发地传承了下来。逢年过节，冯老师的学生都会去他家里看望他，每次冯老师都会非常热情地招待学生。

"吃着师母精心准备的水果和点心，我们会把平时科研上的一些困惑说给老师听，他会耐心地向我们解释。除了这些，我们还会畅谈古今中外，气氛融洽而温暖。"在学生看来，课题组是他们能科研的一个"家"，而冯老师的"家"则成了他们另外一个"家"。目前，冯老师指导过的、已毕业的研究生多达30余人，他们在各自的领域已然初有建树。每逢重要节日，他们再忙也都不忘常回"家"看看。

循循善诱，一日为师终关切

冯老师课余对学生的关心不只是停留在娱乐互动上，作为导师，他还努力为学生更长远的发展提供建议。冯老师认为"每个学生都有独特的个性和不同的专长"，因此甚少主动为学生规划人生道路，而习惯于循循善诱，努力让学生"举一隅以三隅反"。冯老师尊重学生的独立性和自主性，鼓励学生从自己的实际出发做出选择，不管选择了什么，都尽心尽力，不要留下遗憾。

"冯老师平时话不多，但每次都能在经过深思之后给出很好的建议。有时候就那么几句话，但总能拨云见日，让人茅塞顿开，往往一瞬间就让人明白自己的症结所在。"冯老师经常主动关心学生，倾听他们的心声，了解他们近期的想法、生活上有没有什么困难。只要在力所能及的范围之内，他都会尽力帮助解决。

在培养博士生的时候，冯老师尤其注重培养学生自主科研的能力，会为学生指出若干个大的方向，然后让学生根据自己的兴趣、能力选择。学生先花上几个月时间做做调研，在阅读文献的过程中逐渐找到兴趣所在，然后再和他讨论，研究其可行性，最终才确定每个人的课题方向。方向一旦确定，冯老师就会鼓励学生做下去。在这种不断的讨论和探索过程中，学生的能力在潜移默化中不断提升。

冯老师对学生的这种关心不止于自己的弟子，对于其他需要帮助的学生，甚至是外校学生，他都会乐于相助。曾经有一个外校的学生对冯老师实验室的某个课题十分感兴趣，于是就尝试联系他，希望能当面请教一些问题。他本来以为冯老师科研这么忙，回不回复自己都是个问题，但没想到冯老师慨然允诺。"冯老师知道我是第一次来，不知道办公室在哪儿，就给我发了一条短信，得有几百字，详细地说明了从进校门开始要怎么走能到实验室，还附了地图截图。"这位学生回想起来依然十分感动。

冯老师用一个词语形容了自己多年来的学术之路——"笨鸟先飞"。他说自己之所以能在科研上取得一点成绩，没有别的特殊原因，基本都是来源于多年的勤奋与专注。这种勤奋融入他每天的生活和科研之中，也是对自己学生的期待。谈到如何评价自己的学生时，冯老师不假思索地说："我对每个学生都很满意。"

（本文经院系审校定稿，原载于 2016 年 9 月"清华研读间"平台）

唐传祥：
有一种终身成就叫作良师益友

　　唐传祥，清华大学工程物理系教授，1992年毕业于清华大学获理学及工学学士，1996年获工学博士，同年留校任教，已从教25年。2006—2012年曾任工物系主任。主要从事加速器物理及应用等方面的科学研究及教学。

　　发表学术论文150多篇，授权发明专利30余项，曾获得国家科技进步奖一等奖和创新团队奖各1项，个人曾5次获得清华大学"良师益友"以及"北京市优秀教师""北京市教育创新标兵"称号，主持教育部新世纪优秀人才支持计划及国家杰出青年基金等项目。

唐传祥，清华大学第十五届"良师益友"特别奖获奖教师

唐老师和"良师益友"有着多年的不解之缘。那时，"良师益友"的评选才刚刚开始，而唐老师也初学成归国，还是一个年轻有为的小伙子。凭借着人格魅力，他第一次获评了清华大学"良师益友"奖项。而实际上，他坦言，当时"并没有太多感觉"。年龄的增长和阅历的增加丰富了唐老师为师任教的体验，良师益友日益壮大的同时，也见证了唐老师从初生牛犊，到为人师表的蜕变。如今，已6次获评"良师益友"奖项的唐老师再次提起这个奖项时已是感慨万千……

远见卓识，阔斧改革

唐老师在谈起在工物系担任6年系主任的时光时，他回忆说，自己做过最重要的两件事是重构了工物系本科生的课程体系与联合核研院、热能、电机、水利等院系新建了能源实验班。工物系本科生的教学体系中，专门开设了普通物理，让学生参加3个学期的物理课，同时加强了数学课程，把工物系的本科学生数学和物理基础扎实的要求从课程体系上给固定下来。另外，将专业课分成了几个课组，让学生可以根据自己的兴趣爱好去选择。此外，能源实验班的设立不但让核研院的科研实力在本科生培育中发挥作用，而且形成了核能（裂变、聚变）、热能、电机、水利以能源为平台的交叉培育体系，并在培养学生的过程中，使学生思路开拓。在任职期间，唐老师也取得许多科研方面的成绩，但他说："绝大部分科研的成果是有时效性的，而人才培养却是长久的。科研的事情，就算有一个很好的科研成果，过了10年、20年可能就忘掉了，或者是过时了，然而，不管过多少年，人才培养的影响是一直在那里的。"正是本着一颗教育为本的心，唐老师以敢作敢为的远见卓识，在有限任职期间内为工物系未来的发展创造出了无限的可能。

识为先，能次之

谈及对于大学教育的目的看法，唐老师坦言自己的观点和现在社会上主流的观点有些许不吻合之处。唐老师认为，大学最主要的就是学知识，当然很多人现在把能力放在更高的位置上，但其实，能力涉及的面非常广，能力的培养并不是在大学阶段，而是在毕业以后走到工作岗位上，碰到了问题，经历的多了，能力才会得到锻炼。大学阶段是学习知识的最佳时期，过了这段时期再去学知识就没有这么系统，没有这么扎实了。"所以大学阶段，知识要放在前面一点，能力当然也非常重要，能力的培养也需要重视，但是和知识相比，也许放在稍次一点的位置比较合适。"

亦师亦友，乐见其成

唐老师喜欢用"亦师亦友"来定义导师和学生之间的关系，博士并不是本科生的概念，从学术上来说，导师和学生之间，导师应当给学生一定的指导，但并不要细致到每一步，也就是说，学生并不是导师的手和脚，而是与导师的一种合作。唐老师坚持这样的理念，也如此去践行。"我和学生之间在学术上合作得很好，我来选题，我来定大方向，学生自己在这个方向里努力地去做，找到他自己的兴趣点，去构筑自己的科研学术成果，找到自己的成就感，在这个领域里做下去。"

唐老师在学术上指导有方，而在生活方面更有独到的处理方式。面对老生常谈的情感问题，唐老师则用"乐见其成"来表达自己但行好事，顺其自然的态度。曾经有一个女生情绪非常的低落。唐老师知道女生在感情方面尤其脆弱一些，就跟她聊天谈心，得知原因是和她的男朋友分手了。于是，唐老师在很短的时间里帮助这位女生联系去国外读书,并对她说:"去静一段时间,你的心情就能改变过来。"说到这里唐老师的脸上浮现出欣喜的笑容:"在国外的一年时间里,她非常有自豪感和成就感,做得也非常出色,后来她的博士论文做得也非常漂亮。她现在已经结婚生子,有了一个幸福的家庭。其实这种事情我只能说是乐见其成,去关心他们,但我很少刻意地去给他们牵线搭桥。"

有一种终身成就叫作良师益友

良师益友的奖项说大不大,说小也不小,六度当选,步入名人堂,唐老师激动地说:"好像有一种终身成就的感觉。"而激动之余,他内心所怀揣的则更多是一份感慨与感动。他说,之所以看重良师益友,是因为这其实也是对自己,以及自己做的事情的一种认识。"我做了很多科研工作,不管是基础研究还是应用研究,可以想象一下,过了10年、20年、30年以后,能有多少大家记得住的,也许有一部分能够写入书本,有些东西可能在产品里应用了,但是别人不会记得这是我来做的。但是,我培养的学生,就算我到了八九十,哪天过来看我,或者让我想起来,这个学生做出很好的成绩,那种成就感是不一样的,所以,'良师益友'奖是对我培养能力的认可,更重要的是它是学生对我的认可,所以这个我是特别的在意,并且感到非常高兴的。"

树高千丈,叶落归根;

唯有此心,耿耿相随。

唐老师从清华园中走去,游学四海,而终究选择回到这片熟悉的土地,将所学奉献这里,孕育代代莘莘学子。

我心再大,而我终生的成就终将来源于这里,归属于这里——我的学生,我的母校。

(本文经院系审校定稿,原载于2016年11月"清华大学小研在线"平台)

黄维：
为师爱生，为学求真

  黄维，1957年出生，福州市人，1995年毕业于清华大学，先后获得硕士和博士学位并留校任教至今。现任清华大学教授、博士生导师、清华大学深圳国际研究生院社会科学与管理学部副主任、设计艺术研究所所长、艺术硕士项目负责人、清华大学国际开放创新教育中心（Open FIESTA）互联网＋创新设计（IID）硕士项目首席教授及项目指导委员会主任委员、互动媒体设计与技术硕士培养项目指导委员会委员、院学术委员会委员、教学委员会委员、教学督导。

  黄维老师设计的作品曾获联合国"世界之星"包装奖、"亚洲之星"包装奖、"亚洲最佳传统"包装奖、"中国之星"包装奖、中国优秀企业品牌形象奖和全国美展优秀奖等共百余项。原创两门清华大学精品课程，发表论文100余篇；荣获教育部教学成果奖、北京市教学成果奖、清华大学教学成果奖、清华大学优秀教学奖、中国设计事业特别突出贡献奖等30余项；先后被授予中国优秀设计师、清华大学优秀教师、广东省南岳优秀教师、深圳市优秀教师、清华大学先进工作者等60余项荣誉称号，享受深圳市政府特殊津贴。

黄维：为师爱生，为学求真

"踏进清华门，要成清华人。心系家国情，为学务求真。不忘初心志，不负韶华辰！"一首打油诗，表达了黄维老师对学生的殷切嘱托与深切期望。

"思想上关爱但不溺爱；学术上自由但不自流；学习上严格但不严苛；科研上放手但不撒手；生活上呵护但不监护；话语上语重但不言重。"

黄维教授是深圳国际研究生院首位独拥两门校级精品课程称号的教师，不仅主讲的课程好评如潮，受到历届学生的欢迎，更是对于导学关系有着自己独到的理解。

酷爱设计，感恩师长

黄维老师的求学经历极大地影响了他对教书育人的认识与向往。

学画初始，并非是家长的旨意，而纯粹是一个机缘巧合。黄老师的父亲是一名中学老师，在他 6 岁的时候，父亲宿舍隔壁搬来了一位刚从师大美术系毕业的、能画善舞，性格阳光的陈老师。小黄维最喜欢到陈老师宿舍玩，陈老师慧眼识珠，发现这小孩对画画有着一种非同一般的迷恋，于是便教他画一些静物和速写，还带着他在宣传队舞蹈中当个小配角，在画墙报时做个小助手。这在他幼小的心灵里深深地埋下了对恩师的感激和对教师职业的仰慕之情。1977 年恢复高考，黄老师报考了美术设计专业，凭着扎实的绘画功底，他的卷子让考官们惊喜不已。考后第三天他就收到一张便条，告知因成绩优异已被提前录取。

毕业后他被分配在省医药管理部门从事医药包装法规管理和包装设计工作。在长达 11 年的工作中，他刻苦敬业，成果颇丰，先后获得 60 多项国内外设计大奖并被授予 30 多项名誉称号，1983 年荣获全国优秀包装工作者称号，破格晋升为高级工艺美术师，还担任了部门负责人。

然而，正当工作、家庭和生活都安定顺遂之时，他却毅然决定北上报考中央工艺美术学院硕士研究生。在导师的精心指导下，他以优异的成绩研究生毕业并留校任教。

黄老师（左二）与中外学生交流研讨

曾有人对他为何选择从教不甚理解，黄维老师说"我能走到今天，得益于一路上有许多恩师无私和精心的培育，在我看来，教师的职业是天底下最无私和最崇高的职业，我希望以后也能像我的恩师们那样倾尽全力来帮助我的学生们。"

开拓创新，以校为家

2003年年底，黄维老师从本部调来深研院时，大学城刚刚落成，全院教职员工总共才有20多人。黄老师回顾说："创建艺研所的历史真是一部艰难而光荣的创业史，当时是靠着'四个字、一片楼'闯出来的。"

这四个字就是"清华大学"，"一片楼"就是大学城刚建成的一片空楼，清华深研院校区就是由黄老师这样的一批又一批开拓者付出的智慧才华和辛勤汗水，才打造成如今充满创新活力的清华大学深圳国际研究生院（SIGS）。

黄老师把自己来深17年来的经历总结为三次转型升级：

第一次是2003—2011年期间从视觉传达设计转到品牌形象战略与设计，这是为了适应深圳特区经济转型升级、企业创建自主品牌的需求而做出的研究方向调整。

黄老师（左二）在实验教学基地指导学生创作

第二次是从 2012 年开始从学术硕士培养转到艺术专业硕士的培养。

第三次转型是始于 2015 年的从国内设计学科转到国际化跨界交叉学科办学，他参与创办了中法合作的 Open FIESTA 互联网＋创新设计项目和中外多方合作的互动媒体设计与技术项目。

十几年来，黄老师一直住宿舍，吃食堂，过着和学生一样的生活。每天不是在办公室，就是在讲课（讲座）或出差的路上，直至很晚才回到宿舍休息。已毕业多年的弟子曹宇哲说，黄老师每天早上 6 点就起床，然后一直工作到晚上 12 点，他们早上八九点来到工作室时，发现黄老师早已开始工作了，"每晚我们离开前跟黄老师说再见的时候，他就会从电脑面前探出头来说：'拜拜！你们先走吧。'黄老师比学生时代的我们都要勤奋，我们有什么理由不努力？"

然而，也因此，成果等身的黄老师心里一直深藏一个愧疚。他把一生中最珍贵的 17 年都奉献给了深研院，而对远在北京的妻儿却疏于照顾，"我觉得很歉疚，长期没有帮到和照顾好家人。"他将几乎所有的精力和关爱，都献给了他热爱的教育事业和他挚爱的学生们。

爱生如子，言传身教

每年 12 月 31 日晚，黄老师（右二）与学生们一起吃年夜饭

"当年我们入学的时候，研究生是稀有品种，美院一个系一年才收一两名研究生，有资格带研究生的导师也是凤毛麟角。"相比现在能接纳更多学生的教学条件和软硬件设施，黄老师求学年代的教学条件十分有限，他经常在导师家学习、吃饭甚至过夜，师生关系亲如家人。

这样的经历使黄老师很愿意和学生多相处交流，他一心想着给学生找资源，让学生多受益。比如，每次出外考察、参会、走访等，他都会带上自己的学生，一旦发现哪位专家讲得好，就马上邀请到院里给学生做讲座。"这可能就是受我的导师影响，因为他对学生很亲，什么事情他都会想着我们。"黄老师深情地说。

黄维老师认为，想让学生成为什么样的人，首先老师要先成为什么样的人，老师的榜样力量是巨大的，要想让学生好学，老师必须要先好学，不能"以其昏昏，使人昭昭"。

"黄门弟子"都有做笔记的习惯就源于黄老师的表率作用。原来黄老师读研的时候，当时的教学院长要求研究生要将读书摘要和思考要点都写在笔记本上，凡有创意，要尽量画到笔记本里，并且定期检查。从那时起黄老师就养成记笔记的习惯，总是本子不离身，迄今一共积累了近百本笔记。

2019 级博士生马遥，连考 5 次才最终成为黄老师的博士生。入学后见到黄老师，她发现黄老师对自己每次的考试表现，甚至哪次有了什么进步都了如指掌。原来黄老师详细记录了每年考生从笔试到面试的优点与不足，对于多次报考的学生有哪些改变，也做了清晰的记录和分析。黄老师认为这种笔记对他了解学生很有用处，在面试时候记的详细，学生入学后就知道该怎样因材施教。"我告诉她，你这一点比较弱需要恶补一下，她说您怎么知道的？我说我在面试的时候已经看出来了，所以我在安排你学习计划的时候，就有针对性地考虑了。"

将心比心，育人为先

"我不仅仅指导学生如何学习才能顺利毕业，更要关心他们如何学习才能更好地发展一生。所以不仅要教好书，更要育好人，把育人放在第一位。"

几年来，黄老师带领两个项目组的教师团队创建了两套人才培养新模式，提出并实践了许多新思想、新方法：

（1）在价值塑造方面提出人格健全、品行端庄的思想，培养有灵魂（信仰/精神）、有良知（知恩/图报）、有情怀（包容/理解）、有目标（看得远）、有理想（有追求）的人。

（2）在能力培养方面提出文理贯通、科艺融合，专通并举、协同创新的思想，策略是"通经活络，血气方刚"，方法是"将珍珠打磨成项链"，实现"三结合，七打通"等。

（3）在知识传授方面提出明理致用、得道创新的思想，采用一堂双言、一课一议、阳光课堂、项目实践等方式，将传授知识技能、揭示学理方法和激发兴趣志愿这三个不同维度的内容做"一体化"的整合设计，使教学效果达到最佳（简称"三维一体"教学法）。

历届毕业生走上工作岗位后都深感这套培养体系使他们能够很快地融入工作并充分发挥出自己的能力。

"我们习惯上都说要'尊师爱生'，我想，这是从学生的角度来看师生关系的，如果换成从教师的角度来看相互关系的话，我认为只有'尊生才能爱师'，即要充分尊重学生的人格，尊重学生的利益。"与学生平等相待，将心比心，彼此尊重，亦师亦友，这就是黄维与学生愉快相处的秘诀。

"同学们对帮助过他（她）的老师总是心怀感激的。"说着，黄维老师从书橱上拿出一件日本设计师奈良美智设计的泥塑"梦游娃娃"给我们看。这是"黄门"十几年前毕业的一名弟子寄来的礼物，这名学生对在校期间得到黄老师的精心指导感恩在心，毕业后在北京工作，苦于抽不出时间来深圳看望老师，于是就寄了这个泥娃娃表达思念之情。

黄老师动情地说，"11年来，这个娃娃一直放在我的书橱上，陪伴我走过一个又一个春夏秋冬，看到'她'，一种'得天下英才而育之，乃人生之大乐也'的欣慰感油然而生，'她'一直激励着我潜心研究，为人师表，关爱学生，教书育人。"

黄老师（前排左一）与学生合影（桌面上为"梦游娃娃"）

采访多名"黄门弟子"时，最后一个问题是最想对黄老师说的一句话，收到的答案竟出奇的一致——"老师一定要注意休息"，这是黄维老师辛勤工作、务实求真给弟子们留下的深刻印象，更是他亲近学生、尊重学生所得到的发自学生内心的爱。

（本文经院系审校定稿，原载于2020年6月"清华研读间"平台）

廖理：
师生同行在路上

廖理，自1995年起于清华大学任教。现任清华大学五道口金融学院常务副院长、金融学讲席教授、教育部长江学者特聘教授、国务院政府特殊津贴专家，兼任清华大学金融科技研究院院长、互联网金融实验室和阳光互联网金融创新研究中心主任及《清华金融评论》主编。分别在清华大学和麻省理工学院获得本、硕、博学位和工商管理硕士学位。其主要研究领域是金融科技和消费金融。面向研究生讲授互联网金融、公司金融、企业价值评估和风险投资理论与实践等课程，曾任清华－哈佛联合培训项目"私人股权基金与风险投资"的主讲教授。曾获清华大学优秀教学奖。

廖理教授先后主持了国家社会科学基金重大项目和国家自然科学基金重点项目等多项课题，同时也承担了国家发改委、国家网信办、教育部和其他机构委托的多项课题。在 Review of Financial Studies、Journal of Financial Economics、Financial Management、Journal of Corporate Finance、《经济研究》《金融研究》《管理世界》等国际、国内核心学术刊物发表多篇论文，研究成果近年来获得了孙冶方金融创新奖、GSU-RFS 金融科技会议最佳论文奖等多项国际性学术奖励。主要著作有《全球互联网金融商业模式——格局与发展》《互联网银行：美国经验与中国比较》《股权分置改革与中国资本市场》《探求智慧之旅》，译著有《非理性繁荣》和《积极型投资组合管理》。

学而不厌，诲人不倦

"建院之初，我给自己定下一个要求。平均每天最早到学院，最晚离开。八年过去了，我想我做到了。"作为学院行政的主要负责人，廖理老师的工作是多面的，有教学、科研和大量行政工作。即便如此，廖老师仍把教书育人作为自己的首要职责。

对待教学，廖老师不满足于照本宣科，而是始终站在学科发展的前沿，思考如何将最新知识和行业实践传授给学生。2014年，廖老师就着手为一门全新课程"互联网金融发展与商业模式"做准备。这门课系统介绍互联网金融的商业模式和发展规律，以及金融科技对传统金融的赋能和转变——这可能是国内乃至全球第一门聚焦互联网金融的课程。"为了使学生获得一点知识的亮光，教师应吸进整个光的海洋。"秉持这个理念，廖老师调研了不知多少互联网金融企业，看了数不清的商业计划书、招股说明书、行业研究报告，与数以百计的业界专家交流访谈，再从这些一手素材中提炼观点，凝练成为学术的语言。后来有同学问廖老师："您为什么花费这么多精力为我们开这门课？"廖老师笑着回答："你们是金融学院的学生。有必要了解金融和科技发展的前沿，尤其是二者可能产生的碰撞和融合。我作为老师，有义务向同学们分享所学所感，帮助同学们从容面对科技浪潮给传统金融服务带来的冲击。同时，我也希望同学们借此能够在读书期间就培养起好奇心和探索精神，关注实践。"

这门课不仅详尽介绍了互联网金融的知识，也让同学们亲身体验了互联网金融实践。廖老师精心安排了一个有趣的小组作业：设计一款基于互联网场景的保险产品。刚接到这个作业时，大多数同学不知所措；经过廖老师的启发，同学们纷纷脑洞大开，提出各种各样的奇思妙想，"就业险""脱发险""网购买贵了险""知识付'废'险"……经过更深入的精算和市场调研，有些创意不仅形成了完整细致的产品设计书，甚至还吸引了保险业界高管专程前来咨询产品细节。这门课在学生中好评如潮。金融学院19级硕士生朱文鹏说："这门课带给我的是前所未有的冲击，我开始认识到，原来互联网金融的发展，其背后最根本的原动力来自科技的发展、法律和监管环境的变化、人民对于高效便捷的金融服务的需求。""这门课让我明白，要引领金融实践，必须将金融基础知识与最新的技术变革结合起来，必须兼具国际视野和本土情怀、将国内外的成功经验结合起来,最后,还必须回归到服务实体经济、解决老百姓的实际问题的初心上来。"另一位选课同学张富瑜这样说道。

廖理老师为学生授课

受到新冠肺炎疫情影响,今年春季学期的课程从线下搬到线上。为了确保课堂平稳运行,廖理老师每节课前都会与负责技术的老师、业界嘉宾、助教提前彩排一遍。助教孙航说:"疫情期间,廖老师的工作更忙了,每一分钟都非常宝贵。但他坚持每节课前彩排,一丝不苟,从未懈怠。"每堂课后,廖理老师都向孙航询问课堂教学效果,了解同学们的反馈意见,逐条阅读每个小组对课程的建议。"廖老师在教学中展现出来的不仅是他扎实的知识功底、过硬的教学能力,更是他热爱课堂、热爱学生的精神气质。"孙航如是感叹道。

身先示范,授人以渔

廖理老师学术成就斐然。作为教育部长江学者特聘教授,他是最早把中国故事讲述到国际顶尖金融期刊的学者之一。他常常鼓励他的博士生、博士后乃至学院的青年教师,希望他们密切关注中国金融实践,既要"站起来"思考顶层设计背后的考量,也要"俯下身"了解普通老百姓的关切,才能做出对国家、对社会有意义的研究成果。

廖老师自己正是这样的身体力行者。2005年的股权分置改革,是当年中国资本市场最引人注目的改革。它不仅影响着成千上万公司的经营业绩,也影响着老百姓最关心的"钱袋子"。"我和我的博士生，厚厚一摞政策文件，逐字逐句地读。"廖老师认为，正是因为吃透了政策，理解了改革的前因后果，他们才形成了一篇关于A股市场股权分置改革的论文。这篇文章发表于金融学国际顶级期刊 *Journal of Financial Economics* 上，并获得首届孙冶方金融创新奖，也成为国内外学者了解中国股权分置改革的必读文献。

即便早已成果丰硕，廖理老师在学术研究上开拓进取的步伐也从未停歇。在关注金融科技教学的同时，他也敏锐地意识到，金融科技行业的迅速发展，将不可避免地带来新的重要的学术话题。因此，他鼓励学生在金融科技领域做有开创性的研究工作："在学术生涯早期，要尽可能地开拓'处女地'，长期耕耘，才能建立自己在学术领域的地位。"廖老师再次用行动为同学们诠释了这句话。在金融科技萌芽初启时，他就开始带领团队展开了金融科技的学术研究。2011年，他所指导的第一篇金融科技硕士论文通过答辩；2012年，团队创办"互联网金融实验室（FinTech Lab）"；2014年团队第一篇金融科技的学术论文发表，同年所指导的第一篇博士论文通过答辩；仅2014年，团队就在各类期刊发表文章10余篇。2016年年底国际学者开始大范围关注金融科技领域的研究，随后在全球范围内掀起了研究金融科技的热潮，此时廖老师已经在该领域成果斐然。截至目前，廖老师在该领域已发表数十篇中英文学术论文；同时还培养了多名硕士和博士毕业生，其中不乏走向金融科技领域的青年研究人员和从业者。从某种意义上来说，廖老师已经成为国内金融科技领域的开拓者和奠基人。

"授人以鱼"不如"授人以渔"。在研究初期，许多同学对如何开展研究工作十分困惑。廖理老师鼓励大家做好两点：一是要研究好中国问题，讲好中国故事。要做好这一点，一定要"站起来看问题"，才能发现真正值得研究的话题，做出具有现实意义的成果，不能"两眼一抹黑，只会跑回归"。二是要认真"解剖一只麻雀"。他建议大家从案例研究着手，一方面，借此理解金融实践，为发现重要的学术问题做好铺垫；另一方面，也通过这种案例研究，为刚入学的学生端正研究态度、夯实研究基础。AngelList是全球第一家互联网股权众筹平台，这种新的商业模式刚一出现就受到廖老师的持续关注。向虹宇是廖理老师的博士生，2015年开始写AngelList案例。"那时我刚读博士，是个掌握了一点皮毛知识却眼高手低的初学者。"他笑着说，"廖老师让我写这个案例，我便原形毕露，犯了许多幼稚可笑的错误。"然而，廖老师并没有放弃，反而手把手地教向虹宇，大到如何从制度、技术、市场的角度理解一家企业的诞生和发展,小到如何搭建目录框架;从如何科学搜索非上市公司的一手资料,到如何行文以使案例研究引人入胜。"那次写案例,不仅让我了解了案例研究的基本方法,也促使我培养求真求实的科学精神、勤奋严谨的研究态度、脚踏实地的工作作风。"

廖理老师在金融科技发展与人才培养研讨会上发言

严爱相济,循循善诱

廖理老师不仅精于课堂或学术的"教书"工作,还能关注到学生心理上、思想上的点滴变化,严爱相济,"育人"于无形。

博士生常常因为学术进展而心理状态随之起伏。王新程是今年刚毕业的博士,直到四年级,他还没有发表文章。这种挫败感让他对自己的学术潜力产生怀疑。廖老师敏锐察觉到王新程心理上的变化,在一次组会后专门把他叫到办公室,帮助他用科学的视角分析学术研究规律:"学术发表有一定的机遇成分,短期内未有发表也不要灰心。只要你选对方向,认真去做,长期来看一定会有好的成果。"正是由于廖老师的鼓励,王新程坚定了从事学术研究的决心。他和导师合作的文章也在中文金融学顶级期刊《金融研究》刊出,并获得期刊年度优秀论文奖。目前,王新程前往香港大学从事博士后研究工作,信心满满地继续他的学术道路。

廖老师的春风化雨透着父亲的慈爱。他总是热心且不遗余力地帮学生解决学业和生活中的问题,为学生们取得的点滴进步感到高兴。兰茹佳是今年(2020年)毕业的另一位博士,即将前往北京师范大学任教。回忆起博士三年级联系出国访问的过程,兰茹佳对廖老师充满感激:"廖老师鼓励我大胆申请,如果实在找不到合适的老师,再帮忙联系。"有了导师的"兜底",兰茹佳卸下了心理包袱,大胆联系,收获了去哈佛商学院访问的Offer(录取通知),廖老师知道以后也非常高兴。在国外求学的过程中,廖老师依旧经常关心她的科研进展和生活,这让身在异乡的兰茹佳非常感动。申请过程中还有另外一个细节让兰茹佳记忆犹新。她回忆道:记得有一次有个文件要得很急,需要廖老师签字,短时间之内找了他好几次。别的老师有些着急,告诉我廖老师很忙,还有很多别的事情要处理。我正准备回去的时候,廖老师刚好从会议室出来,见到我说:"茹佳,你是不是有事情找我,没事你进来吧。"走出导师办公室的时候,我心里涌入一阵暖流。

廖理老师的教导也不总是和风细雨,当学生在科研路上出现畏难情绪时,他就"变身"为鞭策他们的诤友,呼唤他们勇敢走出舒适区。张南飞在求学时,研究进度不佳,觉得毕业无望,甚至想过放弃。至暗时刻,廖老师一语点醒"梦中人":"无论在学术上,还是在以后的工作中,都会有很多这样的时刻。但你绝对不应该只满足成为一个得过且过的人,一切只取决于自己的态度和努力。"痛定思痛,张南飞不再被消极、逃避的情绪左右,迎难而上完成了博士学业,并走上了令人艳羡的工作岗位。"这番话也会影响着以后的我,在社会、家庭中不惧怕一切黑暗,发挥自身的责任与力量。"

廖理老师(前排左三)和同学们

廖理：师生同行在路上

扶上马、送一程、关爱一生

作为学院党委委员、行政工作主要负责人，廖理老师关心的绝不仅仅是所教班级、所指导学生，他实际上关心着学院每个学生的成长成才。

日常工作虽繁复，廖老师仍积极参与研究生支部组织生活，在组织生活中和同学们沟通交流。2019年全校开展学风大讨论，在金融学院的五个全日制博士生党支部和两个在职博士生临时党支部联合举办的"学风大讨论"联合共建活动中，廖老师饱含深情地回忆起20世纪90年代在清华园学习时的情景，"那时候教室自习的资源特别紧张，尤其是冬天，大家都一大早六点多就在教室门外等着，争着抢着去坐靠近热源近的座位。"顿了一顿，廖老师又说，"你们当前所处的环境是我们当时比不了的，但当下优越的学习条件反而令一部分同学不够珍惜学术资源。"对此，他希望博士生们珍惜当下，保持勤勉严谨的学习态度。博士阶段积累的"内功"将影响一生的发展。"知之者不如好之者，好之者不如乐之者，希望大家能一生葆有学习的热情。"在事后的访谈中，很多博士生都认为，廖老师的教诲深深地触动了他们。

廖老师非常注重与学生沟通，了解同学们。除了每周一次的教师开放日外，廖老师还经常利用在食堂吃早餐的时间与学生面对面交流，了解学生心中关切。对于同学们非常关心的职业选择问题，廖老师有自己的独到见解："选工作就是选生活状态，成功职业选择的一个评判标准应该是，每天早上醒来你都会对一天的工作充满了动力和激情。"对于每位学生的个性化困惑，他都会结合自己丰富的人生阅历，充分考虑学生的个人特质和兴趣，提出有针对性地的职业选择建议，同时也以开放包容的心态尊重学生的差异化选择，真正做到为学生终身发展奠基。

近年来，学院学生就业选择日益多元化，不少同学选择了毕业以后直接走向基层岗位，这些同学的近况也时刻牵动着廖老师的心。廖老师召集赴基层工作的毕业生，举办了"地方金融发展座谈研讨会"，了解毕业生发展情况，尝试对接资源，以解决实际发展问题，践行学校"扶上马、送一程、关爱一生"的育人理念。与会同学表示，在毕业后感受到学院老师的关心关怀，深受鼓舞，将在基层工作中继续发光发热，为祖国基层的金融发展事业贡献自己的一分力量。

廖理老师参与博士生党支部组织生活交流分享

山河舒锦绣，桃李竞芳非

从教 25 年来，廖理老师始终兢兢业业，先后培养了 20 名博士毕业生，几百名硕士毕业生，指导过的各类学位非学位项目学生不计其数。学生遍布各行各业，祖国大江南北，其中不乏优秀学者、业界精英，以及投身基层改革实践的青年才俊。

在廖理老师的精心培养下，他指导的学生获得多项荣誉，其中 1 名学生入选全国首批百名优秀研究生党员标兵创建名单，2 名学生获得清华大学林枫辅导员奖，多名学生获得清华大学优秀博士毕业生、清华大学优秀博士学位论文、清华大学优秀硕士学位论文、北京市三好学生、北京市优秀毕业生等荣誉。廖理老师也两次获得"传道寸心"奖。

在本文成文期间，有许多已毕业的学生回忆起与廖老师相处的点点滴滴。对于很多学生来说，廖老师具备学习、处世、生活、育人的智慧，能够在各个方面给予帮助和指导。在求学期间，廖老师是导师；毕业之后，廖老师则是良师与益友，是职业选择和人生旅途中的榜样和引路人。

梁昱说道："动人以言者，其感不深；动人以行者，其应必速。廖老师对新趋势、新变革，尤其是金融领域的新商业模式的密切关注、深入研究，以至躬身实践的态度，深深影响着我的职业选择。我 2016 年博士毕业后去了一个大型金融央企工作。

但在央企的机制下难以发挥自身的研究优势,我感到比较失落。面对职业发展的迷茫,我第一个想到的就是廖老师。在多次交流后,他建议我去一个能有自主空间、发挥专业优势的地方施展才华。2019年,我加入清华大学金融科技研究院,目前正带领研究团队开展证券科技领域的相关研究。廖老师在工作和生活中对我的关心帮助,让我深深感受到了导师对学生的爱护。他为我指明职业发展方向,也让我有机会加入一个如此开放的科研平台,从而能结合博士阶段所学,更自主地开展对政策制定有影响力、对金融实践有指导意义的研究。"

向佳说道:"我毕业后,选择到国家部委参与经济发展规划相关工作。工作一年多后按单位安排赴广西农村挂职锻炼,投身脱贫攻坚事业。临行前,我回学校和廖老师汇报情况。廖老师很高兴,认为这是一次深入了解中国实际、熟悉中国基层治理的珍贵机会。廖老师分享了自己早年在基层和企业的工作感悟,他鼓励我,珍惜在基层参与扶贫一线工作的时光,多观察、多调研、多记录、多思考。"

邓颖惠说道:"每次组会,廖老师会认真聆听大家的研究成果,在讨论环节,廖老师会启发我们去探索新的思考角度,而不仅仅停留在知识搬运这一层面。廖老师还一直鼓励我们保持人格的独立,教导我们大胆去探索和突破。临毕业时我去拜别廖老师,说到对未来职业发展的迷茫和担忧,廖老师说'无论在何时何地,精神的自由总是最珍贵的',这句话也在后来许多踟蹰不前的时刻给了我方向和力量。学贵得师,亦贵得友,很高兴在我的求学生涯里遇见这样一位亦师亦友的老师。"

张南飞说道:"读博的日子,我也曾有过消极、想过放弃的时刻。廖老师是在黑暗中指引我方向的灯塔,明亮、确定、坚毅,呼吁着我走出舒适区,乘风破浪。"

江静琳说道:"廖老师的远见和洞察力令我钦佩,宽博的胸怀、榕树一样的品格令我敬重,永远好奇永远在路上的探索精神也深深影响着我。"

崔向博说道:"回想读博的几年时光,我从廖老师身上学到的最珍贵的并非是科研,而是老师的敬业、向上、惜时和自律。这些可贵品质将使我受益终身。"

向虹宇说道:"在廖老师影响下,我在逐步探索我的科研之路。或许有一天,我也会走上教师岗位,我想我会以廖老师为榜样,悉心指导学生,帮助学生成长——因为他就是这样做的。"

司马光在《资治通鉴》中写道:"经师易遇,人师难得。"所谓人师,大抵如此吧。

(本文经院系审校定稿后供稿)

姜开利：
清华就像一个大酒缸，师生之间其实是一个互相酿造的过程

姜开利，清华大学物理系教授，专业方向为碳纳米管的生长机理和碳纳米管的可控合成。国家杰出青年基金获得者、教育部长江学者特聘教授、"973计划"首席科学家。姜开利教授在碳纳米管特别是超顺排碳纳米管的生长机理、可控合成、物性研究和应用研究方面取得了丰富的科研成果，在国际顶级期刊发表文章100余篇，SCI引用次数超过5000次。

姜开利：清华就像一个大酒缸，师生之间其实是一个互相酿造的过程

姜开利老师在清华大学 2018 年毕业典礼上

姜开利是我们身边众多的老学长之一，在实验室里，经常看见他忙碌的身影。清华园中的每一方土地，都装着他做学生时的记忆，也载着他当了老师之后与学生共度的难忘回忆。

他是清华大学第十六届"良师益友"获得者、物理系姜开利教授。他还是国家杰出青年基金获得者、教育部长江学者特聘教授、"973 计划"首席科学家。他的学生说，在他身上体会到了"做科研是一个很有趣的事儿"，也在科研之外学会了为人与处世的温情。而他说，他也是被很多老师和学生"酿造"的，并且还在"酿造"过程中：

"清华就像一个大酒缸，师生之间其实是一个互相酿造的过程，待得越久，酿造出的酒就越醇厚。像物理系的张礼先生，在清华已经酿造了 60 余年，自然有一种超凡脱俗的气质和醇厚的底蕴。而自己从一名学生到一名老师，只在清华园里酿造了 28 年，接下来的路还很长。"

"做科研是一个很有趣的事儿"

姜开利于1990年进入清华大学物理系读大学本科，后来攻读硕士、博士，再后来留校教书做科研，一直到现在从未离开清华。问及其理由，姜开利用自然随和的语气说："因为懒，也是偶然吧。"听到这句我们都笑了。

一路走来，姜开利并不是没有认真考虑过这个问题。临近硕士毕业时，他找到了物理学之外的又一个兴趣点——做一名开发软件的程序员。程序开发过程非常好玩，有挑战性，但开发成功变为产品后的安装维护令他感到单调和乏味，却让他听到了内心的声音——自己"更想做一些有创造性的工作，更想要一些自由发展的空间"。因此，姜开利留了下来，把教师作为自己的职业选择与归属。

听完这个"偶然"的故事我们顿悟，他说的"因为懒"，其实是他对学生最常说的那句"follow your heart（跟随你的心）"。姜开利对待科学问题有着强烈的好奇心和严谨的求知欲，成为一名硕果累累的学者后更是坚持着这一初心。他的学生记得，一次他与学生们一起听一场非本领域的学术报告，学生们都是抱着一个了解的心态，看一看能否从中获得对自己的研究的启发，比较关注报告的结论性内容。可是，当转头一看，"姜老师正在奋笔疾书，不仅记录了很多对基础公式的推导，还用各色颜色笔墨写下自己的思考"。学生感叹，"姜老师太让人敬佩了。他比我们都要努力、都要专注。"

姜开利老师带学生做实验

姜开利：清华就像一个大酒缸，师生之间其实是一个互相酿造的过程

姜开利经常和学生一起做实验，引导学生提出新问题和新想法。"很有科学热情的老师"，这是学生们对姜开利一致的评价。学生们都说，"姜开利老师教给我们的远不止科学知识与科研方法，更是做科学研究的那一份初心和态度。""他真的是在用行动告诉我们，做科研是一个很有趣的事儿。""姜老师最常和我们说的一句话是'follow your heart（跟随你的心）'，就是他希望我们做科研的时候，也能够去追寻自己心中最想要做的、最感兴趣的东西。"

姜开利说："导师最重要的任务就是点燃学生的激情。不论干什么，产生了这种激情，会给你的内心带来去开创的冲动，进一步变为高效的行动，以及随之而来的内心充实的喜悦。这种快乐是淡淡的、持久的。"

"科学研究是从 0 到 1，做工程是 1 到 100；二者若能结合，人生就比较完美了"

在做学术研究中，姜开利有自己的"从 0 到 1"的学说。他说，"工程要做的是从 1 到 100，努力把一件事情做到极致和完美。而科学却要做从 0 到 1，做开创性的工作。"他鼓励自己的博士"从 0 做起"，从无到有，开辟一个新的研究领域，不断做出创新的成果。因此，"从 0 到 1"成了实验室里大家心中默认的追求与科研梦想。

当问及姜开利有没有科研"秘籍"的传授时，他笑道，科研没有什么"秘籍"，如果说有的话，那就是"独孤求败"。科研工作如果一帆风顺，虽然可以顺利做下来却长不了本事。真正长本事是在遇到挫折和失败的时候，当你克服一个又一个的困难，最终取得成功的时候，你会悄然发现自己的内力大增。尤其是做 0 到 1 的事情，没有任何可参考的资料，意味着各种各样的挑战接踵而至，只有自己去披荆斩棘，开拓出一片新的天地。

"勇于失败，经历的摔打越多，获得的成长也就越大。现在经历失败，今后才能历久弥新，才能长远。"姜开利鼓励学生，"从 0 到 1"和"从 1 到 100"，要敢于尝试，不要一看到前方路途的泥泞而望而却步，一帆风顺未必是一件好事，尤其是在科研的这条道路上。他甚至鼓励学生要主动让"失败"变为常态，让清华人"自强不息，厚德载物"的精神深入骨髓。

姜开利老师（左四）与毕业生们

"姜老师很暖男"

无论是科研还是生活，心里装着学生，是姜开利与学生相处中不经意间自然而然的流露。有一次，有学生想完成自己的科研项目，需要到其他高校实验室进行实验，遇到了联络沟通不畅，屡屡没有回音的困境。姜开利得知后，会亲自陪同学生一起去努力沟通。最终获允之后，学生得以使用实验器材来完成自己本科的毕业设计。当这个学生获得物理系的本科优秀毕业论文时，他说："这是学生自己努力的结果。"

姜开利一言一行中对学生的关爱，都被学生们悄然地记在了心间。学生脚骨折去医院复诊，拖拽着一瘸一拐的脚走着，走到理学院实在走不动了，就在那休息。正巧姜开利发来微信询问"脚怎么样，人在哪里"，得知学生在理学楼前，姜老师立刻回了一句："你等着啊，我马上开车过来！""当时眼泪差点就喷出来了。"这位同学回忆当时的情景说道。

有一次临近中午，正当大家都去吃饭时，姜开利看到学生在实验室里实验进展不顺，便悉心点拨，几句话下来之后，让学生豁然开朗。他让学生快去吃饭，可学生为了继续实验便说早上带了吃的，就不去吃了。没想到的是，没过多久，姜开利拎着三个菜和米饭还有水果回来。为了让学生能够吃上热腾腾的饭菜，姜开利也打包回来同学生一起吃，并且还关照学生，"科研虽然很有趣，可是千万不能把身体搞坏了"。

这样温暖的小事，还有很多。当姜开利得知学生遇到了成绩上的沉重打击时，他立即放下手边最重要的接待任务，用自己当年遇挫的经历去开导学生，解开心结；还有在一起改完文章临近 12 点的夜晚，姜老师担心着女生的安全，一定要与同学骑车将女生送至宿舍楼下……当告诉姜开利，学生们都把他的这些一点一滴记在心里时，他很惊讶："他们竟然记得这么清楚。"

温暖的"姜门"（姜老师前排右四）

在他看来，这些都是小事："这其实很自然，大家都是你帮我，我也帮你。"而在学生们看来，姜开利自然而然流露出的细腻，让他们在科研之外学会了为人与处世的温情。就是在这些和那些之下细微的温情中，让学生们觉得，"姜门就是最温暖的课题组"。

"我只在清华园酿造了 28 年，接下来的路还很长"

姜开利在清华的这 28 年间，遇师无数。也是在这深深浅浅地交往的不经意间，让他不断"酿造"着自己，让自己成为一名更好的老师。

在他上大学的时候，他的班主任童德春老师带给他的影响至今不断。他说："童老师把我们班级建设的像一个家一样，逢年过节就把家里的锅碗瓢盆搬过来，和我们一起做饭庆祝。她还时常邀请我们去她家。"到现在毕业 20 多年了，原来的"家"都没有散，只要同学聚会，"家"里都有他的班主任童老师。就是这种"家"的氛围带给姜开利的触动，在他做班主任的时候，也努力地把自己的班级变成一个温暖的家。

在进入工作岗位后，周铁英老师让姜开利更加懂得了作为一名"导师"的师责。

周铁英"不挑学生,从来不拒绝那些学习比较困难的学生,并且努力帮助他们,鼓励他们,学生走上工作岗位后仍然去关心和帮助他们",让姜开利触动很大。在他成为导师指导学生的时候,他也不挑学生,尽力去帮助有困难的同学。

像这样的故事还有很多,姜开利在这一次次"酿造"中,感悟着,实践着。

在走上教师的岗位后,姜开利深受身为教师的父母的影响。姜开利说,还记得原来,逢年过节看到许多年前毕业的学生来探望父母,心里好生羡慕。父母与学生建立的深厚的师生情谊,甚至是一辈子的友谊,这些都打动着他。当他们唠起往昔的曾经,课堂上难忘的情景,学生年轻时调皮的模样,还有很多感动的故事,那般亲切与温情依然弥香。姜开利说,"很动容,当老师很幸福。"

姜开利老师2011年于剑桥参加纳米管国际会议

姜开利说,自己还在"酿造"中,有很多老师是他学习的榜样。"在清华,你会发现很多老师,他们无论是做人、做学问,都值得我们去学习。所以说,清华是一个酒缸,待得越久,酿造出的酒就越醇厚。从一名学生到一名老师,我只在清华园酿造了28年,接下来的路还很长。"

(本文经院系审校定稿,原载于2018年9月"清华研读间"平台)

张建民：
每天最晚离开实验室的人

张建民，博士，清华大学教授，海洋工程研究院院长，土木、水利与海洋工程大类专业首席教授，中国工程院院士。兼任住房与城乡建设部标准化专委会主任、中国土木工程学会土力学及岩土工程分会理事长、中国水力发电工程学会副理事长、中国振动工程学会副理事长等。历任清华大学水利系主任、土木水利学院党委书记、学术委员会主任和院长。长期结合城市地下结构、海工结构及高土石坝等工程实践开展研究，完成了结构与土体接触面力学、砂土液化大变形本构关系、非极限状态地震土压力、土动强度机理及破坏准则等土动力学若干基础理论研究成果，建立了结构与土体一体化抗震设计理论及方法，研发了动力测试和动力计算两个技术平台。近年来推动了高速公路、高土石坝等大型挖填方工程智能建造技术研发与应用。主编国家标准《地下结构抗震设计标准》，参编设计标准7部。主要成果被国内外专著教材和设计规范采用，应用到70余项大型工程抗震设计，发表SCI和EI收录期刊论文280余篇、授权发明专利30余项。先后获国家科技进步奖二等奖、国家技术发明奖一等奖和国家科技进步奖一等奖（创新团队）各1项以及首都劳动奖章、潘家铮奖、全国优秀科技工作者、光华工程科技奖、清华大学第十四届"良师益友"等荣誉及称号。

当学生们谈到第十四届"良师益友"获得者、海洋工程研究院院长张建民教授时，首先想到的是他所提出的"境界、眼光、胸怀"。每年当新同学们进入他的课题组时，张建民教授都要求他们记住六个字和一句话。这六个字是"境界、眼光、胸怀"；一句话是："进门的时候，我教你；出门的时候，你教我。"这是张建民对学生的为人与为学提出的希望。

张建民老师

最晚离开实验室的人

"张老师从来都不会给我们压力，"正在读博士四年级的王贺说，"但你就是没办法放松对自己的要求。"张建民对自己的每个学生寄予了很高的期望，他相信自己的学生会在这一领域里有所成就，正是这种"相信"让学生们不得不加倍努力。

在土木水利学院离心机实验室里，每天学生平均离开实验室的时间是晚上十一点，晚些的甚至是十二点。但即使是走得最晚的那个人，仍然能看见张建民教授的办公室亮着灯。身为老师，张建民总是实验室每天走得最晚的那个人。学生朱彤说，张老师每天大概在凌晨两三点离开办公室，通宵达旦也是常有的事，但无论他晚上走得多晚,第二天早上九点前,他一定又会回到办公室里。

"学高为师,身正为范。"2014年1月,张建民和他的团队完成的"大型结构与土体接触面力学试验系统研制及应用"项目,获得了2013年度全国通用项目唯一的国家技术发明奖一等奖。这一奖项每年至多仅有一个名额,无突出成果时会保留空缺。张建民团队的这次获奖也是清华连续第四年获得这一国家技术发明最高荣誉。在这个获奖团队的六位成员中,有五位都是清华水利系本科毕业的直博生,而且都曾由张建民教授指导过。

张建民在离心机实验室为同学们进行讲解

中国古代第一部教育专著《学记》中写道:"夫然,故安其学而亲其师,乐其友而信其道,是以虽离师辅而不反也。"当老师成为朋友时,就会真正对学生产生深刻的影响。

张建民曾对他的学生说:"我首先是一名教育工作者,然后才是科研工作者。"听上去简简单单的一句话,却反映出张建民对教育的看重,为师是第一位的,为学次之。

他对学生的关心体现在平日生活的细节里。学生潘锦宏说,新冠肺炎疫情期间第一次线上组会,张老师第一件事是让大家打开摄像头看看大家的精神状态,第二件事就是逐个关心同学们在家的生活,特别是在疫情较为严重的湖北的同学。张老师平时总爱到实验室来和学生们聊天,他经常向实验室的"大师兄"博五的朱彤询问师弟师妹们最近的情况,"问的都是生活上有没有什么不顺利。"

"70% 是老师，30% 是朋友。"在张建民的学生眼中，他是老师，也是朋友，唯独不是"老板"。

每一块石头都有故事

1926 年，即民国十五年，清华大学土木工程系诞生在动乱中的中国。1929 年改名为土木系后组建了水利及卫生工程组，1952 年院系调整，水利系正式成立。2000 年土木水利学院成立时，在土木系和水利系的基础上又组建了建设管理系。从 1926 年设立土木专业至今，历经 90 余载，担得起"历经沧桑，成就辉煌"八个字。

《论语·雍也篇》中写道，子曰："知者乐水，仁者乐山；知者动，仁者静；知者乐，仁者寿。"在张建民教授看来，"胸怀天下，敢为人先，兼容并蓄，乐山乐水"是对清华水利文化的传承。

张建民说，"知者乐水，仁者乐山"，贴切地诠释了水利系师生和几千名校友的奋斗历程。从 90 多年来清华土木水利学科发展的极不平凡的历史中，从清华土木水利人在不平凡的年代创造的精彩人生和骄人业绩的经历中，可以感悟出：从清华园中走出的土木水利人身上发散着非常独特的精神魅力、人格魅力。

在五教的东北角，有一片园林。这片园林叫作"地质之角"。而张建民的办公室就在"地质之角"的后面。

园林入口处有一块大石头，上面刻着张光斗先生题写的"地质之角"四个字。这里不仅是由张建民亲自设计，里面的每一块石头都是他与同事利用业余时间，历时 10 余年，从全国各地搜集而来的珍贵岩石和地质标本。这里的 287 块巨型原石构成了目前国内外大型原状岩石标本种类最多的室外地质博物园。

这里的每一块石头都能讲出故事来。偶尔个头小的石头不见了，张建民都会有所察觉。他的学生讲述了一个小故事：一次，张建民在学校附近的路边看见了一块"地质之角"遗失的石头，而它正压在一个泡菜坛子上。张老师半调侃地说，"很遗憾呀，如果这块石头是被对地球环境感兴趣的小孩子拿走了，也许将来还可以多一位地质学家，这也是一件好事！"

冬季挂雪的"地质之角"别有一番宁静的美感
入口的石头上刻着泰斗张光斗先生的题字

"地质之角"里的怪石身上记录着涡流的旋转

六十年密云水库,九十载土水学院

90 多年来,土木水利学科培养了一批又一批学生。他们今天已遍布大江南北,真真正正用双手建设起这个高速发展着的国家。

"及之而后知，履之而后艰。"历史上数不清的哲学家都启发我们，培养人才，实践是得出真知的最佳途径。

即使在政治运动频繁的 20 世纪 60 年代，水利系师生也承担了青石岭水电站、张坊水库、渔子溪水电站等设计任务。在"文革"中的 20 世纪 70 年代前期，水利系在三门峡开门办学，水利系师生们的足迹遍及大半黄河流域。长江三峡、葛洲坝、二滩、小浪底、溪洛渡、南水北调，我国几乎所有的重大水利水电工程的功勋上都有清华水利系师生的一份。

20 世纪 50 年代，水利系张光斗先生设计并建成了当时华北地区最大的水利枢纽工程——密云水库。在张光斗的带领下，水利系师生共同完成了这一工程，开创出了一个教育科研与生产实践相结合的实践教育模式，不仅在当时广受赞誉，时至今日仍是一桩美谈。

今年恰是密云水库建成 60 周年，被称为"燕山明珠"的密云水库仍然是亚洲最大的人工湖，依然是首都重要的生态屏障和水源保护地，环绕水库的 110 千米长的公路还吸引着城市中心来的游人。

前人之功，铭记在心。张建民常常用杰出前辈的事迹教导学生，他常跟学生们讲张光斗先生的故事。张建民倡议发起了张光斗科技教育基金管理委员会。"张光斗科技教育基金"每年为 50 位全国不同高校水利水电专业学生提供奖学金和实践机会，鼓励获奖者继承老一辈水利人的传统，担负起自身责任。

1998 年 4 月，张建民放弃了日本最大的土木建筑公司清水建设株式会社研究工程师的工作回到了中国。谈到这个决定，张建民说，他的这一代人，出生在困难时期，能够从一个上山下乡的知青走到今天，个人的努力和能力是微不足道的，是国家改革开放改变了我的人生道路。他认为，没有改革开放，就没有他这一代人的今天。这样的人生经历让张建民常怀感恩之心，才能回国投入国家的水利事业中，更重要的是，投入国家的伟大的教育事业中。

"首先是一名教育工作者"的张建民说："人才培养，归根结底是要培养合格的出色的人，育人比育才更重要。研究生培养中不可重育才而轻育人，既要重视'为学'，更要强调'为人'。"

位于北京市密云城北 13 千米处的密云水库已成为北京近郊的风景区,每到夏季都吸引着众多游人前来赏景避暑

(本文经院系审校定稿后于 2020 年 9 月供稿)

石磊：
严谨细致做学问，全心全意为学生

　　石磊，清华大学核能与新能源技术研究院常务副院长，教授，博士生导师。长期从事先进核反应堆物理热工、事故分析、仿真技术、自动控制等方面的研究工作，主持和承担多项国家科技重大专项、"863计划"重点项目、国防科工局核能开发科研项目等。目前，担任国际四代堆论坛（GIF）专家组和研发基础设施（RDTF）任务组中国代表，超高温气冷堆（VHTR）计算方法验证与基准（CMVB）项目管理委员会主席，全国新堆与研究堆专业委员会（工作组）主任，中国核学会核动力分会理事，北京市核学会常务理事，中国核能行业协会核能智库工作委员会常务委员，核电技术教育部工程研究中心主任，《核科学与技术》编委等。已指导毕业多名优秀博士和硕士研究生，获得清华大学2016年"良师益友"特别奖，并多次获得清华大学先进工作者、优秀党员、优秀党支部书记等表彰。发表学术论文100多篇，获20余项发明专利和软件著作权，2018年获得核能行业协会首届科学技术奖创新团队奖（排名第1）。

石磊：严谨细致做学问，全心全意为学生

石磊老师

在清华大学核研院，有这样的一位老师：他有着许多身份与头衔，他是国际四代堆论坛（GIF）专家组和研发基础设施（RDTF）任务组中国代表，超高温气冷堆（VHTR）计算方法验证与基准（CMVB）项目管理委员会主席，全国新堆与研究堆专业委员会（工作组）主任，中国核学会核动力分会理事，北京市核学会常务理事，中国核能行业协会核能智库工作委员会常务委员，核电技术教育部工程研究中心主任等。而他最引以为豪的身份，是清华大学核研院的一名博士生导师。

他凭借过硬的专业知识，负责和参加"863计划"重点项目和高温气冷堆重大专项等多个课题，并负责核研院的前沿基础研究和先进核能技术协同创新中心与集成攻关大平台的工作。但他说，他主导的最宏大的课题，是他带的一批优秀的学生。

他发表了100多篇论文，其中被SCI和EI收录的论文就有80余篇，但他平日里批阅的最多的，还是学生提交给他的论文。严谨细致做学问，全心全意为学生，他就是核研院的石磊老师。

一定要用数据说话

"一定要用数据说话,没有数据我就感觉自己说不出话来。"石磊老师对数据可谓精益求精。科研是老实人的事业,来不得半点虚假,掺不得任何水分,做科研的,自然懂得"差之毫厘,失之千里"的道理,石老师如此严格要求自己,同样也以这种严谨的学术标准来要求学生。

每次帮学生修改论文,石磊老师改完后,论文上都会被写上满满的批注。对待任何一个数据,石老师都十分仔细地审视,甚至假设条件都会仔细检查。有一次石老师帮某位学生修改论文时,发现有个数据本来不是精确值,但是学生却没有标记。石磊老师当即教育学生说:"这个数据并不精确,所以'about(大约)'是万万不能省略的",便把那个数据标红,要求学生再次确认数据的准确性。

同篇论文中,学生根据其他老师的输入卡写道"假设反应堆一回路压力在70s降至常压",石老师在修改意见中提出,"这么假设的依据是什么?知其然,还要知其所以然"。该学生经过石磊老师此番教导,深刻地体会到,论文中的数据要做到有理有据才能让人信服。对待数据的这种严谨态度,是石老师做研究,也是教学生的基本原则之一。

石磊老师和学生研讨问题

石磊老师严谨的作风不仅体现在学术上，也体现在关心学生上，石老师从不敷衍对待任何一名学生。一位学生回忆道，他在研一刚进课题组时，就课题选择跟石老师发生了许多"爱恨情仇"。当时他找了几个自己比较感兴趣的课题，其中包括液态金属在磁场中的流动传热问题，这是他一直想做的课题。随后他兴冲冲地拿着这些选题去和石磊老师讨论。但是这次石老师的态度并没有像往常那样积极。石磊老师和蔼地指出，虽然课题组一直以来在气冷堆方面做了不少工作，也积累了一些经验，但是对于液态金属的问题，并没有太多把握。

不过老师也没有打击学生的积极性，而是建议学生回去之后再做一些调研工作。大概两天后，石老师亲自找到这名学生，跟他又谈了一下这个课题的情况，认真地分析了这个课题目前的一些问题、难点与可行性。最后，他建议学生可以把这个方向当作自己的研究兴趣，同时可以找一些本科生一块来研究这个问题，因为本科生受到的约束少，思维更加活跃，和他们多交流也许能够碰撞出一些思维火花。后来，这位学生在不断地上课以及看文献中对这个问题有了更多了解，专业视角也更加开阔，才发现石老师当时对此问题的看法十分准确犀利。

"很多时候，要把事情做在前面，不要总往后堆。"这句话石磊老师常常对学生提及。现在的学生受到一些不良生活习惯的影响，很多人或多或少都存在一些拖延症。石磊老师对研究生的时间规划十分上心，他要求学生制订详细的课题计划和时间节点，并严格按照计划来。一年级研究生刚入学时，石磊老师就要求学生一边上课，一边参与课题组讨论，平时多看文献多积累，尝试发表学术文章，争取早些达到学院毕业标准。

石磊老师（左五）在学生博士学位论文答辩会现场的合影

他鼓励学生在研究生阶段尽量多地取得一些学术成果，希望他们将平时的积累整理成学术论文。因为毕业硬性指标完成后，学生就可以不用担心因论文要求而被延期，从而可以心无旁骛地专心学术。在这个过程中，他坚信合理安排时间，就等于节约时间，在科研活动中严格遵守时间，就是对学术严谨。

刀子嘴，豆腐心的多方位导师

石磊老师对学生是刀子嘴豆腐心，当学生拿着比较粗糙的论文去找他修改的时候，他有时会忍不住将学生批评一顿，指责"这文章根本没法改！"然后叹一口气，开始帮学生改论文。修改一段时间后，又会感叹一下"没法改了"，但最后还是很细致认真地改好给学生。在他严厉的外表下，实则藏着一颗负责任的心。

很多学生刚刚从本科进入研究生阶段，对研究生的学习和生活还不熟悉，来到清华后感觉身边同学都很优秀，心理上会有一些不安和迷茫。同时，如何在搞好科研的同时提升综合能力，也是让一些学生苦恼的话题。一位接受采访的同学对我们说，他性格内向，不善于与他人沟通，课题上遇到问题也是一个人埋头苦干。有一次程序上遇到一个问题，自己钻了近一个月也没弄明白，石老师知道后亲自到他的电脑前了解情况，和他交流，找出问题所在，很快就把问题解决了。

此后，石磊老师经常主动关心这位同学，询问他最近有没有遇到什么困难，还经常鼓励他在组会上多做报告，多参加一些学术会议，多表达多沟通。经过多次的锻炼和学习，现在每当组会报告或会议口头报告时，这位同学已经非常流利自如了，逻辑能力和表达能力都有了很大的提高。

石磊老师对学生的关心，不仅体现在学习上，更体现在生活中。有些学生的家境不好，而研究生阶段的花销又比较大，石老师常常问学生："钱够用吗？有什么困难吗？"他还叮嘱学生遇到困难不要有顾虑，要及时和老师说，千万不要因为生活上的问题影响心情。在和同学一起吃饭时，石老师总是让学生多吃点，开玩笑地说："年轻人要多吃肉。"每每想起石老师的话语，学生的心都暖暖的。

当学生准备毕业，面临就业选择时，石老师会暂时放下手头的活儿，帮助学生把意向单位的优缺点客观仔细地分析出来。对学生十分感兴趣的单位，他还会帮学生打听，了解更详细的情况，努力让学生少走弯路。

刀子嘴、豆腐心的石磊老师，虽然对学生要求严格，但同时十分关心自己的学生。他对学生亦师亦友，教学问，更交心。

石磊：严谨细致做学问，全心全意为学生

石磊老师（左七）与学生们在新清华学堂前的合影

治学须谦逊，工作亦孜孜

晚上九点多点的清华园，夜色深沉，很多学生都陆续离开实验室回宿舍去了。但是石磊老师办公室的灯光依然亮着。石老师基本没有假期的概念，几乎每个周末都能在实验室看到石老师辛勤工作的身影。即使是寒假过年期间，在别人都放下一切工作，和家人一起享受难得假期的时候，石老师还是会对学生说："有需要，就给我打电话发信息。"

2016年的腊月二十九，一名直博四年级的学生在论文上遇到问题，打电话联系石老师，结果她惊讶地发现，石老师居然那时还在办公室，并对她说："今年过年我在北京，你有什么问题可以随时联系我，我半小时左右就能到实验室。"对石老师来说，没有什么比教学和研究更重要。

对待学术，石磊老师的态度十分谦逊。石老师当年学习的时候就非常刻苦，他看过的书上每一页都有用各种不同颜色的彩笔进行的标注圈画，非常细致。而且会用专门的本子将代码、不懂的命令记录下来，对学到的新知识进行汇总总结，他也把这个方法交给自己的学生。由于各个学生的方向各不相同，有一些很细节的公式之类的问题石老师可能不太明白，他也不会端着老师的架子，而是很直率地说哪里不太明白，让学生具体解释清楚。如果还有疑问，石老师会和学生反复讨论，直至搞清楚。

师途
清华大学导学故事集

石磊老师外出参加会议

石老师一直认为，总结和交流是提高学术能力的最好办法。尤其是研究先进技术，更加不能闭门造车。石老师的课题组经历了从无到有，不断壮大的过程。课题组从开始的2个老师、3个学生逐渐扩大到目前的6个老师、12个学生，从不定期召开组会逐渐固定成每2周召开一次组会。

交流，是课题组每次活动形式的主题。组会上，石老师与学生讨论各个方面的知识，以倾听者的身份，让学生们在讨论中扩展自己的思路，并凭借自己丰富的工程经验和扎实的学术基础，及时发现学生们的问题，适时提出关键性的建议。石老师也会邀请相关方向的老师参与组会，与学生充分交流，对每个学生的课题进行深入指导。在不断交流与总结中，课题组越来越规范，学术氛围越来越浓厚，在良好的学术环境下，学生的科研也得到了进步。

"严谨细致做学问，全心全意为学生"，石磊老师的教学生涯可以简单地概括为这句话。2000年至今，石老师在科研中勇于探求新理论、新知识；在教学中认真细致地指导学生，严谨治学，提升综合素质。石老师的一言一行，认真负责，是"良师益友"这四个字的真实写照。

（本文经院系审校定稿，原载于2016年9月"清华研读间"平台）

杨殿阁：
立德树人，搭建阶梯

杨殿阁，中共党员，祖籍山东。1991年至2001年在清华大学汽车工程系学习，并获得学士、硕士和博士学位，2001年博士毕业后留校工作至今。现任清华大学车辆与运载学院教授，院长，兼任规划处处长，学科办主任。从事智能汽车自动驾驶研究，入选国家"万人计划"领军人才，担任FISTA（国际汽车工程师联合会）教育委员会委员、中国汽车工程学会常务理事、新能源汽车电子产业联盟副理事长、中国汽车工程学会智能交通分会副主任委员，曾入选科技部中青年科技创新领军人才、教育部新世纪优秀人才，并获得中国汽车工业优秀青年科技人才奖、北京市青年科技奖，曾获清华大学"学术新人奖""青年教师教学优秀奖""林枫辅导员奖""优秀班主任（一等奖）""清华大学先进工作者"等荣誉称号。2018年12月，被评为清华大学第七届"清韵烛光·我最喜爱的教师"。

师途
清华大学导学故事集

他是中国汽车行业的先锋人物，是智能汽车领域的先行者；他曾是清华大学汽车系的"掌舵人"，带领汽车系立于汽车科技潮头，成立车辆与运载学院；他是清华汽车学子勇担行业使命的指路人，是聆听同学们心声的亲切长辈；同时，他还是清华有名的教职工羽毛球健将。他就是车辆学院教授杨殿阁。

杨殿阁近照

驱驰智慧节点，启迪未来车路

杨殿阁是目前我国智能汽车领域的领军人物之一，主要从事智能汽车自动驾驶环境感知和决策研究，是国家"十三五"重点专项的首席科学家，负责牵头组织北京市冬奥会自动驾驶专项。提及自己追寻的事业，他曾饱含深情地说："对我个人所从事的自动驾驶方向，我坚信不疑，这是未来改变世界的机会，也是中国汽车工业由大及强的关键时机，更是清华汽车系千载难逢的发展机遇。我和清华智能汽车学科团队一定要在这个过程中作出重要的贡献。"

多年来，杨殿阁孜孜不倦地在智能汽车自动驾驶领域攻坚克难、言传身教，培养了一批批优秀的科研人才。他的一位学生曾说："无论在什么方面，每当我们困惑的时候，杨老师都能用几句话敲醒我。"杨殿阁还大力支持本科生在智能汽车领域的探索，每年开设的 SRT（students research training，大学生研究训练）计划，吸引了多个院系对无人驾驶感兴趣的本科生，引导他们接触科创，科研启航。目前杨殿阁指导的有 4 名博士后、7 名博士生、3 名硕士生和 6 名 SRT 同学。

杨殿阁在课堂中

杨殿阁还专门利用开放时间与本科生们探讨自动驾驶。在汽车系师生"同读一本书"活动中，他挑选了《无人驾驶》一书，与同学展开讨论；参加汽73班主题团日，与同学们畅谈无人驾驶的大好前景，鼓励大家感受学科交叉融合的魅力，不断追求卓越，努力成为肩负起智能汽车发展使命的人才。在2018年汽车系新生开学典礼上，杨殿阁以王国维先生《人月园梅》中的一句话送给同学们，"一声鹤唳、殷勤唤起，大地清华"，希望清华汽车系的同学们着眼世界，让自己变得更好的同时，为人类知识文明的进步作出应有的贡献。"我最根本的目的其实是在于人才培养。"杨殿阁说。

薪火相传，立德树人敬业奉献

作为系主任、博士生导师与两门本科生课的授课教师，杨殿阁在行政、科研、教学繁忙工作双肩挑的同时，始终关心同学们的成长。无论是对学生有特殊意义的迎新会、毕业典礼、车队出征仪式，还是贴近同学生活的体育比赛、班级活动，抑或是为学生成长指点迷津的微沙龙和一对一交流，杨殿阁总是倾情投入，与同学们亲密互动，他是同学们的指路人，也是同学们的伙伴和搭档，是同学们的良师益友。

从教 17 年来，杨殿阁一直用心细致地对待自己所负责的每一节课。为了保证课程内容紧跟时代前沿，每学期开课前，他都会用大量时间整理最新的研究进展和成果，并将其有机结合到课程中。杨殿阁现负责"智能交通系统"和"汽车营销学"两门本科生课程。最让同学们津津乐道的是，为了让学生更好地将理论知识应用于实践，杨殿阁开设的每门课程都要举办一个小型竞赛，2018 年秋季学期的汽车营销大赛，更是吸引了多个院系的 20 余支队伍参加。

杨殿阁善于发掘同学们的特点与专长，因材而施教，因势而利导。杨殿阁的学生在各个领域都取得了非凡的成绩，这与他的教育理念与方法密切相关。他鼓励学生担任辅导员，学会勇担责任与使命，也学会时间管理与沟通协调；他指导学生从优势领域启航，建立起科研信心与能力；他教育学生大胆想象、小心求证。博士生王子腾论文获得通用电气科技创新一等奖并获得北京市优秀毕业生，硕士生谢诗超让团队的 SLAM 算法在 KITTI 数据集上排到了世界前几位，博士生曹重更是设计出单目测距准确度超越 MOBILEYE 的新算法……

杨殿阁参加清华大学方程式车队新车发布会

杨殿阁接任汽车系系主任 3 年中，汽车系科研经费快速增长，人均科研经费居于校内各院系前列，3 年内连续获得多项国家重点重大专项，获得的各种高端人才奖项超过汽车系过去多年的总和。在这科技变革的关键时期，杨殿阁希望能像校长邱勇在汽车系调研时所期望的那样，让汽车系能够勇立世界汽车科技创新的潮头。

以体育文化塑造人，以体育精神凝聚人

在清华大学纪念"为祖国健康工作五十年"提出 60 周年的大会上，杨殿阁作为教师代表感慨道：把运动培养成习惯，幸福感满满，收获感满满。

杨殿阁 1991 年入校时便有感于系内和班内火热的体育氛围，"体育课上了很多，足球篮球排球网球羽毛球，什么都学了；运动会参加了不少，拔河跳绳短跑跳远实心球，什么都上了"。读博时每天下午 4:30 后的西操，也见证了杨殿阁挥洒汗水、加油呐喊的身影。

毕业留校后，杨殿阁坚持锻炼的初心，俱乐部每周两次的羽毛球活动，一坚持就是十年。在北京市教职工羽毛球比赛中，杨殿阁代表学校教工羽毛球队出战，战胜北京交通大学的知名高手，为学校争得荣誉。不久前的清华大学课题组杯比赛中，杨殿阁带领汽车系师生联队获得全校亚军。

杨老师（左五）带领学生参加体育锻炼

杨殿阁说："羽毛球是我的一种生活方式，它让我体魄健康、精力旺盛。"平时科研、工作任务繁重，羽毛球是他"赛车重新加满油"的动力源；羽毛球训练带动了汽车系老师们运动的热情，传播清华体育精神；羽毛球还是杨殿阁关心家庭的桥梁和纽带，每周五晚上他都主动带女儿参加羽毛球俱乐部的活动，与女儿切磋球艺、分析战术，女儿总会将生活中的点滴与父亲分享，杨殿阁更是能在沟通中引导孩子成长。

谈到用体育精神凝聚人、培养人，杨殿阁颇有心得。"汽车系的学生工作一直很

有特色，在大类专业确认中，汽车系专业认同感很好的一个秘诀就是通过学生系统重点抓体育。体育成绩是次要的，通过拼搏奋斗的过程带动大家的合作意识、荣誉感、集体凝聚力才是最重要的。清华学生的很多优秀品质也是通过体育锻炼塑造的。"

"无体育、不清华"只是清华诸多优良传统中的一个，杨殿阁希望通过自己身体力行去传承清华的各项优良传统。

（本文经院系审校定稿，原载于 2019 年 1 月"清华大学新闻网"平台）

李宝华:
最期望同学们都能青出于蓝而胜于蓝

  李宝华,清华大学教授,博士生导师。清华大学深圳国际研究生院能源与环境学部主任,碳功能材料国家地方联合工程实验室副主任,广东省先进电池与材料工程技术研究中心主任,广东省先进电池与材料产学研技术创新联盟秘书长,国家百千万人才工程人选。

  主要研究方向为碳基电化学储能材料与器件及其系统集成与应用技术,获授权专利90余项,以及PCT专利2项、美国专利1项、日本专利1项,已发表SCI收录论文300多篇,其中ESI高被引用论文21篇,SCI引用次数13 000余次。

"经常能看到老师工作到很晚，然后第二天又早早出现在办公室里了。"

"良师益友、脚踏实地、勤奋努力"——学生们这样形容他。

这位让学生感到亲切而敬重的老师就是李宝华。从作为博士后初来学院，到今天担任清华大学深圳国际研究生院教授、博士生导师、能源与环境学部主任，李宝华老师用他对学术的热忱和对学生的关怀，在南国清华开垦出一片材料学科的科研沃土。

初来深圳，筚路蓝缕

当李老师还是李博士时，便与深圳研究生院（现深圳国际研究生院）结缘。建院之初，李宝华老师来院从事博士后研究工作。

提到当时的合作导师康飞宇教授，李老师说："康飞宇老师对学生都非常好，人才培养过程中会尽量考虑到学生的感受和思考。"

另一位对李宝华老师产生深刻影响的是他在中科院山西煤炭化学研究所的导师，一位曾留学日本的年轻研究员。李宝华老师现在还能清楚地记得其中当时的一个细节："我那时研究锂离子电池材料，导师把好不容易争取到的一个项目经费的一半给我买了手套箱，还与我们一起把手套箱从一楼抬到了四楼实验室。"受两位导师影响，李宝华老师在工作和指导学生的过程当中很注意换位思考，"后来我作为导师的时候，有一种强烈的责任感，我也是尽最大努力指导和帮助学生，给学生创造更好的研究条件。"

谈及来到南国清华的原因，李老师表示，"第一是喜欢清华，第二是喜欢深圳"，然而"理想很丰满，现实很骨感"。

当时的深圳国际研究生院"还是在科技园租的地方，没有实验室，只有办公卡座的位置"。尽管当时条件简陋，但是李老师认为，"这也是一个很好的机遇，既然是一个新开始的地方，肯定要走过一个过程，我非常有幸地经历了这个过程。"

在深圳国际研究生院材料学科的发展和基础平台建设方面，李老师花费了很多的精力，在工作过程中甚至曾出现两次胃出血：一次是2002年博士后在站期间，为了项目能够成功立项从而给团队争取更好的研究条件，李老师承担了很大压力，通宵达旦数日准备科研报告，最后成功说服了合作企业相关负责人同意立项，"一放松之后，过了两天胃出血了"；还有一次为争取实验室建设经费，2004年刚博士后出站正式工作的李老师联合ATL等公司合作申请广东省科技项目，庞杂的准备工作与精益求精的态度虽然让他的身体再次不堪重负，却也换来了基础实验室平台的成功搭建。

当时就有其他教师、博士后和博士生做汽车尾气相关处理，需要用到刚刚购置的实验设备，李老师不但非常热心地给他们使用，甚至还免费提供了价值数千元的氩气气体。"看到自己搭建好的设备能够物尽其用，而没有闲置，即使再苦再累，也是非常开心的，这同时也督促自己要进一步创造更好的人才培养条件。"

李宝华老师（前排右六）在第三届储能材料国际研讨会与同学合影

工作密码"7117"

熟悉李老师的学生都知道"7117"，这是李宝华老师的工作密码。多年以来，李老师一直保持着从早上7点工作到晚上11点，每周工作7天的习惯。

李老师说："我们学科人才培养过程中需要开展大量实验，最初基础条件比较弱，作为教师有责任和义务花更多的时间、更多的精力去争取研究项目，搭建实验室平台。把条件平台建设得好一点，可能自己只多花1小时，却能为每个学生都节省1小时。"假如我们的学生有100个，那这1小时就创造了100倍的价值。

"'7117'核心的本质就是希望把我院材料学科、实验室的平台搭建好,让更多的学生不需要'7117'——如果同学们都变成了'7117',至少对我而言,这是我教育的失败。"在学生慕名来到南国清华并为实验平台感到骄傲的时候,李宝华老师希望最令学生自豪的不是平台本身,而是他们所习得的学以致用的能力,这才是让平台充分发挥价值的东西。

尽管李老师没有以"7117"模式要求课题组学生,但课题组中却不乏科研、社工、体育等方面的佼佼者,这与李老师的言传身教分不开。李老师认为,"我自己的定位就是'结硬寨、打呆仗',在每一个环节上要扎扎实实做(好)。"

课题组2012级硕士许东伟谈到导师时说:"李老师每天早出晚归,基本没有周末,晚上10~11点都看到李老师还在办公室工作,像李老师这么优秀的人,都还这么努力,我们凭什么不努力呢?"

李宝华老师参加2019年能源与环境学部年底会议

"脚踏实地,做自己喜欢做的事"

谈到对学生的要求,李老师表示:"脚踏实地,做自己喜欢做的事,这是我对学生的要求。"

"对于我们清华的学生来说,他们有足够的能力和素养,他们都是最优秀的。"李宝华老师充分相信学生,他认为当学生在研究过程中取得阶段性成果时,就会有一种成就感,而这种因为学习长进而获得的成就感会帮助他们一步一个阶梯地往前走,学生一旦进入这种状态,就不需要去督促其论文工作了。

"反而有时遇到很晚还在实验室的同学,我会要求他们尽快回宿舍休息,不要太累了。"

"李老师一直以平等的态度对待学生,给了我们足够的尊重和自由,比如学生的课题,李老师告诉你一个方向,让你自由发挥,会给你足够的自由度,大家有一种被信任、被尊重、被夸奖的感觉,个人的主观能动性就被调动起来了:我一定要好好做这个课题,我要不停地阅读文献,不停地做实验尝试。这就是为什么课题组的学生做实验的时候,愿意早出晚归,拼命地你追我赶。"

2010级硕士韩翠平在2012年转博,是李老师的第一个博士。她说:"如果时光可以倒流的话,我想我应该能做得更让导师满意一些,或者更让自己满意一些。因为导师从来没有说过我们做得不好,但是我们希望李老师能以我们为骄傲,这也是我们组内所有同学的一个想法和态度。"

李宝华老师(中间)课题组2019年合影

"扶上马再送一程"

"对老师来说,经常需要花80%的精力放在比较靠后的20%学生上。这些同学之所以落后,大部分时候可能并不是能力不行,也许是在学习、工作、感情等方面遇到困难，或是研究工作遇到瓶颈了。所以老师要多花点时间了解情况，帮助他们克服困难。"

李老师说："我们既需要把一个优秀的学生培养得更优秀，同时也需要帮助在学习、工作，甚至生活中处于困难的学生能够顺利完成学业。"

2018年，课题组中刘沅明同学申请硕士国家奖学金失败，李老师主动分享了他自己的一些经历和经验，提醒他沉住气，把精力集中在自己该做的事情上。刘沅明遵照师嘱，又取得了一些创新性成果，在2019年顺利转博，并申请到了国家奖学金。课题组中王启迪同学投稿也曾屡遭拒稿，李老师肯定了她的工作，并与她一起讨论修改，商量对策，最后论文顺利发表。

"李老师为我们提供了一种内在的支持，让我们觉得不是一个人在做事情；给了我们很多鼓励，帮助我们在科研的道路上走得更远。"王启迪说。

对于毕业的学生，李老师也不遗余力给予帮助，"扶上马再送一程"。

"在工作或学习过程中，如果你非常开心的话，可以不用告诉老师，但是当你遇到困难，不开心的时候，一定要告诉老师。不能说老师走过的桥比学生走过的路多，但是毕竟知道的多、见过的多、行业里面了解的多、合作的多，能够给学生提供一定的帮助。"李宝华老师说。

韩翠平认为，李老师总是为毕业的学生尽力争取一个高的起点，让学生在他的肩膀上继续走得更高更远。"这就是为什么我们都团结围绕在李老师的身边，我想这和李老师的做人做事都是有非常大的关系的。"

在学院材料学科和整个团队，李宝华老师对所有的学生一视同仁。"早期我们学科研究生第一年是在北京上课，去北京招生时都会组织材料学科的学生在一起聚一聚；毕业生在北京答辩后我也会把毕业生聚聚，鼓励他们走向社会以后好好工作。"

"希望同学们能够开心地学习和工作，能够发展得更好。当然，我最期望的是同学们都能青出于蓝而胜于蓝。"在问到对于同学们的期待时，李老师告诉我们。

"我们国家在材料产业的研究相对还是薄弱的，在国际上并不占优势，所以希望我们材料学科的学生毕业后能够继续从事材料相关的工作。这样十年或二十年后，我们中国的材料产业肯定能够发展起来。"

2019年7月李老师与毕业生合影

（本文经院系审校定稿，原载于2020年6月"清华研读间"平台）

朱安东：
在奔跑中遇见更好的自己

朱安东，1972年生，四川乐山人，清华大学马克思主义学院副教授、博士生导师，清华大学马克思主义学院副院长。兼任国际发展经济学会（International Development Economics Associates）联执秘书长、中国《资本论》研究会副秘书长、美国马萨诸塞州立大学政治经济学研究所研究员（research associate）。研究领域包括马克思主义政治经济学、世界经济与政治、中国经济。

在《中国社会科学》《马克思主义研究》《马克思主义与现实》《思想理论教育导刊》和（Journal of Post-Keynesian Economics）《后凯恩斯主义经济学杂志》（International Review of Applied Economics）《国际应用经济学学评论》（Journal of World-Systems Research）《世界体系研究杂志》以及《人民日报》《光明日报》《环球时报》等国内外报刊发表论文50余篇，包括《世界资本主义危机的根源和发展》《政治经济学在美国的发展》《私有化与国有化：理论与现实》等。入选北京市宣传文化系统第二批"四个一批"人才，曾获北京市第十二届哲学社会科学优秀成果奖一等奖、北京高校优秀德育工作者称号、第十四届（2010年度）孙冶方经济科学奖论文奖、2017年清华大学"刘冰奖"。

朱安东：在奔跑中遇见更好的自己

"为祖国健康工作50年"是一代又一代清华人坚守的信念。"无体育，不清华"不只是一句标语，更是一代代清华人的身体力行。从学生到老师，从被老师带动、到带动学生一起运动，体育已成为清华人的一门必修课。在各类运动中，跑步再平常不过，甚至算不上一项颇有乐趣的事。然而，只需换上一双跑鞋，就能开启，不必呼朋唤友，不限场地天气。正是这种微不足道的运动，只要持之以恒，就能成为人生的推动力。朱安东和他的学生们，就是在跑道上共同成长的。

为何重跑：是意义感，而非快乐

对朱安东老师来说，最初的跑步习惯是在清华读书时养成的。1990年，朱安东老师考入清华大学，攻读工学学士学位。此时，距离"为祖国健康工作50年"的口号提出已有26年了，园子里运动的浪潮一波赛过一波。在辅导员的带领和校园氛围的影响下，朱老师尝试着跑步，一跑便喜爱上了。那时除了跑步，他还时常和小伙伴们打篮球、踢足球。

朱安东老师

回顾本科毕业后以及在美国求学的那些年，朱安东老师感叹自己由于科研压力较大，并且没有园子里那浓厚的锻炼氛围，曾经养成的跑步习惯渐渐搁置了，没能一直坚持下来。

2005年，朱安东老师从美国马萨诸塞州大学阿默斯特分校博士毕业，回到热爱的清华园执教。再回母校，熟悉的不仅是园子里的一砖一瓦，还有操场上锻炼的师生们散发的蓬勃朝气。习惯的再次养成并不容易。许久不锻炼的那几年让他的体能、精力不如从前，甚至影响到了工作效率。两年前，朱安东老师下定决心，要将过去坚持运动的习惯捡回来。这次，他选择了跑道。专注跑步这一项运动，是朱安东老师在经历跑过到几近放弃后的再次出发。在他看来，"只有在奔跑时，才能不断控制自己的节奏，身体难受了，头脑就格外清醒"。

如何共跑：以身作则，重在坚持

虽然园子里的体育氛围很浓厚，但在两年前，自己学生的运动习惯却没有普遍养成。朱安东老师认为，即使学生们现在年轻力盛，但如果没有锻炼的好习惯，步入中年，还是会吃亏的。对于锻炼，朱安东老师有着切身体会：恢复跑步之后，精力更加充沛了，工作效率其实也提高了。

因此，自2018年秋季学期开始，朱安东老师在课题组内开展"每周15公里"打卡项目，规则是：不论分多少次、每次多长时间，每周跑步15公里的目标是必须达到的。如果没有完成，则要实施惩罚："少跑一公里，则下周多跑两公里"。即使自己未能完成，朱安东老师也会主动受罚。

朱安东老师表示，让整个课题组相互监督，对自己来说，面对学生的督促会有一定的压力，运动计划也会更严格地执行；而在老师敦促和朋辈压力之下，学生的运动习惯也在一天天养成。在朱安东老师课题组的微信群里，除了日常的学术交流外，出现频率最高的就是日常运动"打卡"。

当然，并不是所有同学的身体条件都适合跑步的。这时，朱老师会要求学生以其他的方式进行替代，比如打羽毛球、健身、散打等。学生们参与其他的运动爱好、参加院系俱乐部，他也会积极支持，只是要求在课题组群里分享"打卡"。不管是什么运动，必须要向课题组的其他同学进行汇报。关键是要让大家动起来，达到锻炼的效果。锻炼的目的是增强体质、磨炼意志，遇到学生生病、献血等情况，只要说清楚原因，朱老师不仅不会强求，还会加以关心。如果有学生一次性运动过多，一次性就把15公里跑完，朱老师也会出言提醒不要一下子用力过猛。

当然，并不是所有同学在一开始就热衷运动的。这时候，朱安东老师会和做思想工作，以自己的亲身经历告诉他们：如果在学生期间不形成锻炼习惯，随着年龄的增长，将来可能会出现一些身体上的问题，体力、精力会逐渐跟不上。不去锻炼，并不是因为真的忙得连锻炼的时间都没有了，其实还是个人意愿的问题。身体锻炼好了，对科研会起到事半功倍的效果。

从数据上来看，周打卡计划实施以来，朱老师和每一位同学的跑步距离与配速都有明显的提升。不少同学表示，自己过去从未想过自己一次能跑5公里甚至10公里，但现在跑步已经成了习惯。即使自己也参与其他运动项目，也会时不时地进行长跑运动。整个课题组的氛围也更加融洽了。在组会时，大家也不再拘谨，时常开开玩笑，交流交流运动的心得。"跑步的时候千万别听郭德纲的相声，会岔气儿"，一名兼修硕士生某次开玩笑的时候说道。

更重要的是，在朱老师看来，跑步和学术具有某种共通性，都需要自律性，都是一种需要长期坚持的习惯。如果能在跑步上面坚持，并努力在每一次跑步中努力提升自己，那么在学术上也会如此。在这两年间，朱老师带领整个课题组在学术上精益求精，共同完成新自由主义课题研究，并根据每个学生自己的特点，共同协作开启了对工业化相关课题的研究。

在新冠肺炎疫情期间，为了加强师生之间的联系，推进学术工作正常进行，朱老师提高了组会的频率，加强了平时与学生的交流，对学生的学术和生活都进行了细致的关心。除了学术和生活之外，课题组之间也结合自己的专业，积极交流疫情背后的经济、政治、社会问题。朱老师特意嘱咐各位同学不要跟自己的父母吵架，这是少有的能和父母长期相处的时间。朱老师还主动关心在美国交换的学生，每周组会都会过问情况，并向学生寄送需要的物资。在此期间，锻炼打卡依然照常进行，起初在室内，国内疫情好转后重新恢复室外跑步。可以说，在朱老师的积极组织之下，疫情对课题组工作和生活的影响降至最小。

何时停下：锻炼身体，磨炼意志

跑步这件事，要认真坚持一辈子。朱安东老师经常和同学们开玩笑："为祖国健康工作50年之后，还要为祖国不那么健康的工作20年，那么就至少要活到八九十岁。"要想做出更多的贡献，身体弱了可不行。在他眼中，跑步这个习惯不能搁置，因为奔跑不仅锻炼身体，更重要的是磨炼了意志。

磨炼意志，有时得学会找苦，乐于吃苦。学活马克思主义理论，就得熟悉新中国从成立之初至今70余载的历史。为了使学生们对过去的那段岁月有更加感性的认识，朱安东老师会时常分享老一辈革命家、学者们的人生故事和经典著作。在这个过程中，大家认识到伟大来之不易，伟大源于一代代人的奋斗。"见贤思齐，见不贤而内自省也。"在这些故事里，伟人们也对锻炼身体"情有独钟"。从毛主席的"野蛮其体魄，文明其精神"到朱德的"人同机器一样，经常运动才能不生锈"。朱安东老师一直教导大家，生活在物质十分丰富的当代，更要认清自我，学习前人的爱国精神，时刻牢记建设祖国的使命，绝不能迷失在享乐中。为了磨炼意志，跑步就成了大家自寻"痛苦"的一种方式。奔跑时，身体的疲倦会产生懈怠的念头，而不停的脚步又为身体注入能量，成为战胜懈怠的武器。

磨炼意志，还得讲究方法，科学的方法总能事半功倍。每一位马克思主义学院的学生刚入学时，都会收到包括《马克思恩格斯文集》《列宁专题文集》《毛泽东选集》等在内的"马克思主义经典著作大礼包"。且不说理论前沿涉及的大量文献，单是浩如烟海的马克思主义经典著作，就仿佛一座无法跨越的大山。为此，朱安东老师鼓励大家既要有愚公移山的精神，又要讲究方法。每次组会后他总是不忘叮嘱大家要抓住一切时间，"一定要勤奋，做时间的主人，不然四年一眨眼就过完了"。为了利用好时间，老师采用倒推法，按照目标层层细分，建议学生们制定出每一项任务所需要的时间，小到数据整理。如果今天的任务有所欠缺，那明天一定要补回来，不然就跟滚雪球一样，越积越大，最终失去行动的信心。今日事今日毕，这个观念大家是在跑步中养成的。每周15公里的指标未能完成的，下周自觉补回来。虽然这一"规矩"没人监督，但朱安东老师以身作则，即便出差耽误了也会自觉又补回来。在老师的影响下，大家不敢松懈。坚持每周跑步几个月后，有拖延症的学生谈到"每周15公里的指标让我格外注重利用时间，在抽空跑步打卡的同时，不知不觉中学会了时间管理"。

　　久而久之，锻炼身体成了课题组的一种默契，长跑则尤为受大家喜爱。不同于短跑，长跑讲究节奏和毅力。跑快了，难跑远；慢下来，难恢复。对节奏和毅力的把握需要在一次次跑步中自我体会，从而寻找到最适合自己的跑法。这个过程正如科研，冷板凳是要坐的。坐定不下来，完不成事；坐得过久了，怕是腰酸背疼。这时候，正是去操场上跑一跑的好时候。朱安东老师的跑步习惯在清华园萌芽、稳固、形成，并将它带给自己的学生。除了做学生运动上的领路人外，还借跑步教会学生做计划、讲道理、找方法，将"自强不息、厚德载物"不仅融入学生的学习习惯中，也融入了学生的生活习惯中。对每一位在科学的道路上不断攀登的人来说，长跑是他们共同的语言。

（本文经院系审校定稿后供稿）

刘震：
"思政课万人迷"，当马原遇上慕课（MOOC）

刘震，1976年生，江苏江阴人，清华大学马克思主义学院副教授、博士生导师，清华大学继续教育学院院长。1994年9月—1999年7月，清华大学精密仪器系工学学士；2001年9月—2008年7月，清华大学经管学院理论经济学硕士、博士。兼任清华大学现代国有企业研究院副院长，清华大学互联网产业研究院副院长，清华大学全球产业研究院研究员，世界政治经济学学会理事，中国青年政治经济学学者年会发起人、2018—2020年轮值主席。

主要研究方向为社会主义宏观经济理论、马克思主义政治经济学基本理论、国有资产监管等。曾获清华大学教育教学成果奖一等奖、北京市教育教学成果奖二等奖等奖励。

因材施教是育人的出发点

在刘震老师看来，每一个学生都有其闪光点，教师的责任就是要帮助学生把他们身上的闪光点发掘出来。刘老师特别看重的就是因材施教，在他看来培养的方法与培养的效果密切相关，他针对不同的学生制定不一样的培养方案。

对于博士生，刘老师对他们的要求都是要专心研究，一定要找到自己热爱的研究领域，做出切实的研究成果。而面对硕士生，在刚入学的时候，刘震老师问他们的第一个问题就是"你将来想做什么"。有的学生对参与教学充满热情，刘震老师就邀请他们加入助教团队，在讲台上开始教学初体验。有的学生入学时就确定了学术发展目标，刘老师就会在培养过程中督促他们多多进行经典研读，在学术规范、研究方法和写作等方面

刘震，清华大学第十五届"良师益友"特别奖获得者

努力提升，并倾斜学术资源帮助学生多出学术成果，帮学生解决经济上的后顾之忧。

对于想找工作的硕士生，刘老师要求他们首先认真完成学业，同时努力为就业做好知识和能力方面的储备。刘老师会主动帮自己的学生介绍在企业或政府的实习机会，使他们尽早了解未来就业环境，抛掉不切实际的幻想，在实习中确定自己预想中的岗位是否真正适合自己，并为以后的工作积累经验。然而刘老师很遗憾地表示现实中遇到最多的，往往是还没有想清楚以后究竟是从事学术还是从事实际工作的学生。对于他们，刘老师也总是耐心引导、鼓励。

刘震老师对自己学生的要求很严格，两周一次的组会雷打不动，刘老师要求他们每月保证一定的阅读和写作量，并且要求他们通过锻炼来保持健康的体魄。刘老师自己十分拒绝拖延症，他对学生的要求也是要杜绝拖延。毕业前，论文是学生的重要任务，离毕业还有很长一段时间的时候，老师就十分关心学生的论文进度。他

指导的研究生在毕业论文写作期间，如果出去看个演唱会或在朋友圈发一些与学术关系不大的内容时，老师就会督促学生尽快调整投入写作之中。

刘老师与学生

刘老师因材施教思路的形成是基于对学生成长基础的深刻认识，每个学生都有自己的特点和需求，在带学生的过程中，他不会用唯一的标准去束缚学生，而是根据他们的不同需求采取不同的培养模式，最终目的是让学生更好发展。

力推马原慕课（MOOC）上线，开拓教学新领域

"做慕课不是目的，而是我们教学的工具，提高教学质量才是我们真正的目标。"刘震老师最初把慕课和思政课结合在一起，就是想利用技术手段取代重复性的知识讲授，用慕课来进行课程讲授，老师们可以有更多的时间和精力与学生进行线上线下的双向沟通。同时他认为教育绝不止于知识的传递，清华大学"三位一体"的育人思路要求把价值塑造、能力培养、知识传授兼收并重，其中价值观的塑造是最重要的，刘老师希望通过慕课讲授传递马克思主义原理的主流价值观，影响一代清华学生的成长。

慕课刚被提出时，人们对它的看法不一，有人支持、有人观望、有人反对，面临着各种压力：一方面，是社会舆论上的，很多人习惯于传统的面授形式，不太理解慕课；另一方面，就是备课压力陡增，刘老师和学生助教团队一起奋斗了近一年才完

成各项备课文稿和视频录制工作,让马原慕课全面上线。

MOOC 视频中的刘震(右一)

"慕课最大的难题不在于制作,而在于理念的推广。"当时"学堂在线"等一系列互联网教育平台的蓬勃发展为慕课教学提供了新的契机,老师和学生们也逐渐开始接受这一新兴事物。"就像在促进经济增长方面,我们强调要进行供给侧改革,从慕课入手不恰恰是一种教学上的供给侧改革吗?"除了开发线上慕课,刘老师还为自己的课程开发了一个叫作"天天学马原"的应用,作为慕课的有机补充,在线下做更多延展性的知识讲解。

慕课上线以来已然取得不菲的成绩,如何做到再突破就是当前刘老师认为要亟待解决的问题。刘老师认为大学的趋势应该是混合式学习,基于慕课的混合式学习强调的是师生间基于知识建构的互动,线上侧重知识传递,更加系统严谨,线下把知识拓展和应用实践作为主要内容,更加灵活自由。线上线下相得益彰、互为补充,构成了一种非常理想的教学模式。

不忘初心,传承清华风范

"不忘初心"如今是一个高频词汇,当刘震老师被问到这些年一直坚持的初心是什么时,他跟我们分享了自己对于初心的理解。他讲道,不忘初心就是对理想信念的不断追求和对价值理念的不懈坚持。"崇尚集体、家国情怀,追求卓越、行胜于言",这是清华精神,是需要每个清华人用毕生去坚持和践行的。这正是刘老师的初心。

在刘老师看来,作为一名教师,教书育人不仅是职责,更是使命。价值塑造是首位,教师的工作正是帮助学生树立正确的价值观,教会他们如何做人、如何做事。

刘老师在自己的日常教学中也时刻不忘身为教育者肩上担负的责任。他总是向学生们强调，要有清华人的风范，做事得靠谱，行事得端正。

当时接手慕课的时候他给学院立下了军令状，他敢于为了执着的理想而尝试，两个月的线上视频拍摄，一干就是深夜一两点，"有些人以为有了慕课，教师就解放了，实际上最后我发现自己反而更忙了"。

他在教改中非常注重与学生的互动，及时收集学生的反馈，刘老师会定期举办午餐会，组织不同院系的学生一起吃饭座谈，一起聊有关教改和慕课的一些看法，从学生出发，回归教育初心，他的想法就是要让课程更好地满足学生的需求，切实地服务于同学。

刘老师说导师最主要的作用就是"调方向"。"对于已经有大致方向的学生，导师需要做的就是帮他进一步明确方向；而正在迷茫中的学生也不要害怕，因为导师会努力地帮助他寻找方向。"刘震老师的学生都说刘老师是严师，同时也是慈父。"身为教师最难得的就是拥有宝贵的育人资格，能对学生的成长发挥终生的影响，这是教师成就感的主要来源"，回归教育本质，关注学生需求，强化因材施教，在学生的人生道路上刘老师留下了深刻的印记。

从十八岁步入清华园学习一直到现在，他已经在这个园子里度过了二十二个春秋，完成了从学生到教师的身份转换。当年，还是一名学生的他聆听了老一辈清华人孜孜不倦的教诲，经过岁月的洗礼，清华精神已渐渐融入他的血液，融入他的生命。如今身为人师的他，将把这种精神传承下去，用自己的身体力行，带领着学生们续写清华的故事。

（本文经院系审校定稿，原载于 2016 年 9 月"清华研读间"平台）

刘知远：
"先有热情，再谈训练"

刘知远，2011年7月获得清华大学工学博士学位，博士学位论文获清华大学优秀博士学位论文奖、中国人工智能学会优秀博士学位论文奖，曾获清华大学优秀博士后、CCF-Intel 青年学者提升计划资助。作为项目骨干参与多项国家自然科学基金和"863计划"项目，组织开发的"微博关键词"等社会媒体应用，注册用户已超过350万。

刘知远教授主要研究方向为表示学习、知识图谱和社会计算，在 AAAI、IJCAI、ACL（计算语言学协会年会）等人工智能领域的著名国际期刊和会议发表相关论文30余篇，谷歌学术（Google scholar）统计引用超过1200次。曾获中文信息学会青年创新奖，入选中国科协青年人才托举工程。担任中文信息学会青年工作委员会执委、副主任，中文信息学会社会媒体处理专委会委员、秘书，SCI 期刊 *Frontiers of Computer Science* 青年编委。担任 ACL、IJCAI、AAAI、NAACL、EMNLP、WWW、WSDM 等著名学术会议的程序委员会委员以及 *IEEE Transactions on Knowledge and Data Engineering*、*ACM Transactions on Information Systems*、*Journal of Computer Science and Technology* 等著名学术期刊审稿人。

刘知远："先有热情，再谈训练"

"知乎"上做"大V"，收获粉丝7万+；科研上做先锋，入选2018年中国区"35岁以下科技创新35人"之列；国庆群众游行队伍里做大队长，带着自己的课题组在长安街上开组会……这些都是发生在清华大学计算机系"刘导"刘知远身上的真实故事。

"知乎大V"的日常

"先有热情，再谈训练"是刘知远最近很喜欢的一句话。10月18日，他在"知乎"回答了提问，表示"要做到自律，也许关键是找到那个能让你充满热情、主动坚持的目标（抱歉……又灌鸡汤了）"。

迄今，刘知远已经在"知乎"回答了近600个问题，获赞7万多次，内容涉及学术、生活、时事等多个领域。由于在"知乎"等社交平台上十分活跃，很多学生是通过网络了解并联系到他的。

对刘知远来说，玩"知乎"一方面是放松心情，"越是忙的时候越要到'知乎'上寻求一种安慰"；另一方面是希望更多的人可以得到帮助。

刘知远的"知乎"主页

217

刘知远在"知乎"回答问题

"做老师嘛,我的实验室人再多每年也就几个,知识经验传播比较有限。"有关如何查文献、了解最新进展、如何写论文等问题,刘知远更希望在一个公开的领域发声,让大家都受益。

自然语言处理的探索先锋

在"清华大学神经与认知计算研究中心"的实验室,同学们的工位集中在一小片区域。刘知远指了指另一侧的贴着福字的隔间,"那是我的办公室,跟学生们的空间是连通的。离得近,他们都特别老实,哈哈。"

刘知远的实验室

刘知远:"先有热情,再谈训练"

晚上八点多了,大家刚开完组会,实验室的人挺齐的。因为最近要到 ACL 会议(计算机领域世界最高级别会议)的截稿日期了,大家都非常忙碌,亮着的电脑屏幕上是数不清多少行的代码。

2019 年 1 月,由 DeepTech 深科技与《麻省理工科技评论》共同评选出 2018 年中国区"35 岁以下科技创新 35 人",刘知远名列其中,获奖类别为:"先锋者"(Pioneers)。

《麻省理工科技评论》用"知识指导的自然语言处理"来概括刘知远取得的成果,他本人则用"语言""知识""学习"三个关键词作了总结。

"语言"和"知识"呼唤"学习"。语言是人类智能最集中的体现,使人区别于其他动物。刘知远的研究领域是自然语言处理,"如何用知识去驱动计算机的相关算法,从而更好地实现自然语言的理解和生成,让计算机在指令工作的模式之外,真正与人进行深层次的交流"是他一直在做的事情。

自然语言处理在搜索引擎方面有很多应用,这是它能造福社会的一方面。但同时,当武器与人工智能结合,有了精准定点功能的时候,杀伤力会成倍增大。

而当人工智能与媒体结合,其效果更是肉眼可见的,"比方说美国大选,AI 公司会在竞选前投放不同广告,让反方选民误以为自己的支持者稳了,以此削弱他们的战斗力"。刘知远说,因此我们更要做好这个研究,"不是说我们要用这样的方法,而是当类似行为出现时,我们要做到能监测"。这学期,刘知远给新闻学院的同学开了一门课,教学生们 Python 语言。

刘知远在计算机类 2019 级本科生开学典礼上(右二)

相较于目前热门的机器学习，自然语言处理方向规模并不算大。刘知远的实验室有两位国防生，他们在可以自选课题组的情况下选择加入他的课题组，刘知远很开心："太荣幸了！"同时，他也告诉学生，"希望大家选择这个实验室是深思熟虑的决定，这样才可以发挥自己的最大潜力。"

有趣的是，最近，刘知远带着课题组的同学们去昆明参加了中国计算语言学大会（CCL 2019），其间发生的对话令刘知远的学生印象深刻：

"你是清华的吗？"

"对的。"

"你是刘知远老师团队的吗？"

"对啊。"

"哇！好厉害！"

……

类似的对话发生了许多遍后，他的学生不禁感叹：组强我渣……

"还是刘导带得好！"

"我选择在学校做研究，就是希望可以在学校培养出这个领域的高水平人才。"刘知远认为，生命是有限的，但如果培养出10个、20个能成为这个方面的领军人才，那将对社会有更大的发展价值。

平日，看到好的论文，刘知远就分享到群里一起讨论，对学生的想法，"老师会从更高层次的角度给我们启发，让我们不限于修修补补，而是做有意义有影响力的工作"——虽然有时也免不了因为一些事情批评学生。

刘知远介绍说，他们实验室是不用打卡的，气氛很自由，大家每天都会来。听到这里，学生笑而不语，刘知远开玩笑道："嗯？需要我回避吗？"

刘知远的课题组有研究生带本科生的"学徒制"传统，因为进入研究领域的门槛较高，单靠自己摸索很容易有疏漏。并且，这样的形式可以增强学生之间的合作交流，锻炼他们的组织能力，这对以后的发展都很重要。"我们组感情都很好，也越来越壮大了。都是刘导带得好！"

同学们称呼他为"刘导"，实际上并不是"导师""博导"的意思，而是指"辅导员"。刘知远从本科起在清华读书时就开始参与学院的行政管理事务。在研究生阶段他做了辅导员，于是有了"刘导"的称呼。后来他留校任教，学生工作始终没有放下，"刘导"这个简称也就一直伴随他。

刘知远课题组在实验室

"之前我们组的团建做得很好，说去哪玩说走就走，因为都是单身。现在行情发生了变化，都跟女朋友玩去了。"课题组一名男生兴致勃勃地说，前几日课题组去昆明开会，这一行程演化成了团建，还给组里唯一一名女生过了生日。

刘知远拍了拍这名学生的肩："他呀，才大四，但天天话最多，跟个学长似的，领导力超强。"

"不不不，还是刘导带得好！"

在长安街开组会

10月1日，3514名清华师生组成"伟大复兴"方阵走过天安门。负责"贯彻习近平新时代中国特色社会主义思想"标语的，就是刘知远所在的第18方阵标语车中队。中队37名队员有着推动标语车的光荣，但不管从哪个角度，照片都拍不到他们的脸。有一名队员在朋友圈中这样调侃自己："我在'中'和'国'之间。"

群众游行队伍中的标语车

今年6月,清华大学参与新中国成立70周年国庆群众游行的"专项项目一"(当时任务处于保密状态)开始招募,刘知远带头报名参加。很快,刘知远和他的14名学生一起参加了此次国庆群众游行。"我知道他们都挺辛苦的,都在为了训练默默付出。"

有的学生本身有小学期、大作业的压力,白天忙训练晚上补作业;有的学生要做辅导员管新生军训,还要熬夜改文章,专项训练依然坚持不缺勤;还有一名学生放弃了总奖金达数万元的比赛来参加训练,尽管他之前不止一次拿过冠军……

后来,刘知远和他学生的故事还被《北京日报》作为"课题组齐上阵"的典型进行了报道。"其实我也没怎么动员过他们",刘知远老师拍了拍坐他旁边的男生,"我记得(当时)我就拍了拍他的肩,问他去吗,他就说去了。对吧?"

刘知远非常珍惜参与国庆阅兵的这段体验。在"知乎"上"参加2019年新中国成立70周年国庆大阅兵是一种怎样的体验?"的回答中,从开始招募、到训练过程、到走过天安门的心情,刘知远都留下了自己的答案。"这么好的回忆,我不想忘记每个细节。"

由于人数庞大、场地调度复杂,每次外出训练都要等待两个小时以上,并且"纸也不让带,手机也不让带,除了睡觉和聊天,没有别的事干"。

等待的时间却也是刘知远课题组脑洞大开的时间——他们时常席地而坐,围成圈,拿着餐包,你一句我一句。谈全球变暖,谈人生理想,玩游戏,还"开组会"。

刘知远："先有热情，再谈训练"

刘知远在"知乎"分享标语车中队合照

标语车中队的同学在演练间隙休息

在他们的记忆里，那原本是一个语言游戏。游戏进行到一半，有位同学突然提出，这个游戏和他们的研究有关，应该训练机器去做这个游戏，让机器自己去学习。"我们就当场坐下来，在长安街上开了一个组会。"他们根据当时的创意确定了课题，现在这个课题已经在着手进行中。

对这段特别的经历，课题组至今还津津乐道：当时发现游戏可以继续推敲的同学，前段时间还因为论文发表受挫而深受打击，这次"在长安街的大地上（他）终于涅槃重生了"。

在此之前，刘知远也先后接受过很多采访，每次都引发他新的思考。"不在其中不流泪。"刘知远说，无论爱国还是其他任何有意义的事情，只有真正参与进去才有更深刻的体验。"70 周年大庆，能跟同学们一起走在长安街，在天安门前与全国人民一起分享这份快乐和自豪，我相信这是终生难忘的经历。"

某次凌晨外出演练后课题组合影（二排左四为刘知远）

如今，计算机科学与技术在人类生活中扮演日益重要的角色，计算机科学工作者正处在一个最好的时代。刘知远说，在未来遇到的各种艰难险阻中，"我们都要像方阵行进和标语车推行那样齐心协力，朝着正确的方向努力前行"。

"当国歌响起，所有同学都自觉起立。他们，就是国家的未来。"

（本文经院系审校定稿，原载于 2019 年 10 月"清华研读间"平台）

徐葳：
我是学生并肩作战的战友

徐葳，清华大学交叉信息研究院副教授、助理院长，数据科学研究院管理委员会委员，教育部在线教育研究中心国际合作总监。研究方向是分布式系统和机器学习。美国加州大学伯克利分校计算机硕士、博士，宾夕法尼亚大学计算机学士（在清华计算机系本科学习两年）。

曾获得谷歌、微软、IBM 的教授科研奖。在系统、网络、机器学习、光通信等多领域顶尖会议如 SOSP、SigComm、EuroSys、ICML、OFC 等发表论文 20 余篇，总引用次数超 1200 次。曾在谷歌总部工作，负责基础架构研发。

师途
清华大学导学故事集

徐葳，清华大学第十五届"良师益友"获奖教师

在清华大学交叉信息研究院，脸上常挂笑容、内心充满温暖、洋溢青春气息的鲜明特征只属于一个人。每每被问起，同学们会异口同声地喊出："徐老师！"

五湖四海聚紫荆，暖人话语动真情，砥砺鞭策治学谨，责任担当天地行。徐葳总会勉励新入组的同学："进入清华，我们要争做精英中的精英，不只是追求安逸幸福的生活，更要把国家责任和技术创新扛在肩上。"他还说："所有有利于你发展的事情我都支持。"徐葳将真诚和担当化作平日无私的奉献，他的每一位学生看在眼里，暖在心里。

我要对我的学生负责

想必不少园子中的人都感受过校园凌晨的静谧，可或许没有徐葳感受的夜更深；注定会有很多人伏案专注只为学术梦，但鲜有徐葳心中的梦更圆。徐老师勉励新同学时如是说："追求创新，追求学术和社会引领是清华人应有的目标，我们不去引领还有谁会去呢？"他以身作则，为人师表的形象深深印刻在每一个学生心中。

徐葳在加州大学伯克利分校读书时的导师是被称为"神牛"的美国计算机科学家大卫·帕特森（David A. Patterson）。他的导师曾写过一篇文章（*Your Students Are Your Legacy*）《你的学生就是你的遗产》，徐葳把它作为自己做一名老师的准则与思路——为学生建立信心，每周与学生讨论进展，快速给学生反馈，成为学生的生活顾问……

只要徐葳不出差，他总是到得比学生早，回得比学生晚。他常常在深夜依然在办公室帮学生修改论文，和同学们一起科研攻关，为解决项目难题通宵达旦。徐葳说："我要对我的学生负责任，和他们一同进步成长。"

徐葳的学生说："他的论文文字功底非常熟练，经常是我加一句就被他删一句。可以说我们都是他一字一句带出来的。"对于徐葳来说，每一遍的修改也是对自己能力的提高。虽然他的要求有些苛刻，但课题组内少有怨言，更多的是对科研的热爱和对老师的敬仰。

科幻作家凡尔纳大胆预测："但凡人能想象到的事物，必定有人能将它实现。"作为交叉信息研究院的老师，"脑洞很大"是他的一大特色。徐葳经常需要将各个行业的特色和技术交叉整合在一起，随着信息技术的发展而不断更新认知。对他来说，辛勤耕耘才能完成这场没有终点的旅行。

从山景城回来的"码农"

作为工科学院的老师，指导学生勤于动手、积极实践，在科研中亲力亲为是徐葳的真实写照。"徐老师能自己来的绝不让别人帮忙。"同学们坚定地说，"记得今年有一次清华全校断电事件时，我们当时都还在办公室，大家都蒙了，只见徐老师锁上办公室的门就冲到楼下照看机房了。"蒙民伟科技大楼楼底是交叉信息研究院的数据中心——几百台的服务器，若干交换机、路由器的布线和配置乃至空调……全是徐老师亲力亲为带着工人组建的。

一路从宾夕法尼亚大学到加州大学伯克利分校，再到谷歌，在美国生活了十二年后，徐葳离开了山景城，重新回到清华交叉信息研究院。从指导学生的第一篇论文写作到放手让学生独立承担科研任务，从跨学科改进日常教学课程到深夜挑灯鏖战学术问题，徐葳一直是一位默默的耕耘者，他自嘲是"码农"出身，但他所管理的这片"土地"欣欣向荣，郁郁葱葱。

徐葳老师（右一）和学生

海外的求学、外企的经历让徐葳懂得什么是学生最需要的，什么是学生必须要的。学生在科研道路上的摸爬滚打学到的不只是做学术的技巧，更是今后可以一直借鉴的生存技巧。"我会培养学生可重用的技能。"徐老师笑着说。

从教3年以来，在徐葳眼中，"兴趣绝对不能被拘束。放手让学生做有兴趣的事，这是遵从人的天性，更是创新创造的源泉。但兴趣不能成为不付出努力的借口，不敢于做出行动的行为都是水中月、镜中花。哪怕接受磨砺也要让学生体验凤凰涅槃的经历。在行胜于言的清华，在当今的社会，不实干是没有出路的。"

学生是第一位的，文章是副产品

"在学校和公司工作最大的区别在于我们的产品是人。学校里做科研，根本目的也是培养人，包括学生，也包括我们年轻教师。"在徐葳心中，和学生的关系不是老板与员工的雇佣关系，而更像是并肩战斗的战友，因为目标和追求是一致的，这种关系在学生毕业以后也会延续。

"海纳百川，有容乃大。"物理系王书浩说，"徐老师没有因为我是外系访问的学生而轻视我，更给我这个非科班出身的人颇多锻炼的机会。徐老师的谆谆教导和体贴入微的关怀,让我一步一步找到了自信,离自己的梦想越来越近。"徐崴以大海般的胸怀包容年轻人的成长与发展,这些学术的新生代会创造越来越多的奇迹。徐崴曾说:"我们不缺一两篇论文,关键是你做的东西要有用,可以看出点理想主义的痕迹吧。"

徐崴老师(左一)和学生

学生的兴趣是第一位的,徐崴总会对有想法敢尝试的人亮绿灯。作为导师,他散出了全部的光和热。在选题定位时教你准确把握,在研究陷入困境时给予你鼓励支持,在生活遭遇挫折时让你换个环境,在前途迷茫时让你感受自身是否适合做科研。既然选择了远方就要风雨兼程。每一个致力于科研的人都要经历学术训练的苦痛,获得生活可重用的技能,达到更高的人生境界。

对于撰写科技论文,徐崴强调:"学生培养是第一位的,文章是副产品。"频繁的书写锻炼和高效的论文修改让他的每个学生受益匪浅。"观千剑而后识器,操千曲而后晓声",严谨的学术锻炼,亲切的交流沟通让师生之间收获的不仅是能力和素养的提高,更是汇成了整个课题组强大的凝聚力。

纯净做人,光彩做事

"大家需要培养的不仅是自己的能力,更是一种为人,要先学做人再学做事。"这句徐崴常挂嘴边的话说出了他的心声。无论在哪个受教育阶段,做好人、做正直的人、做有德行的人都是对人最基本的要求,只有这样才会赢得学术尊敬,助力社会发展。

"不戚戚于贫贱，不汲汲于富贵"，辞去谷歌高薪工作而留校教书的徐葳不追逐舒适安逸的生活，他致力于做有用的科研，将成果转化为实际有价值的东西。做科研需要脚踏实地、心无旁骛，而时间的积累效应会在不经意间实现爆发。

在这个大变革的时代，大数据分析者可谓国家政治决策、经济发展的智囊，是时代的弄潮儿。现在不只是"威天下以兵革之利"的时代，有责任和担当的徐葳会以敏锐的目光把握发展脉搏，用专业所长和德行操守培养学生，为国家富强和社会进步贡献力量。

"我要对我的学生负责任"就是徐葳对个人和社会未来负责的最好诠释。谦逊随和、亦师亦友的他用真诚的心告诉这个世界："要纯净做人，光彩做事，保持一颗热情而执着的心。"

（原载于 2016 年 9 月"清华研读间"平台）

徐梦珍：
学生信任老师，老师信任理想

徐梦珍，清华大学土木水利学院副教授，水利系副系主任兼河流与生态研究所所长。主要从事生态水力学、生态泥沙学、生态河流动力学方向的研究，主持和作为主要参与人参与国家重点研发计划、自然科学基金、水利部公益专项等国家及省部级科研项目20项。在河流底栖动物对河流动力过程及生境压力响应和水利工程贝类污损及防治方面取得了系统性原创成果。曾获本领域重要国际学术组织国际水利学会（IAHR）肯尼迪（J. F. Kennedy）奖、世界泥沙学会（WASER）杰出论文贡献奖，以及湖北省水力发电工程学会优秀论文奖、第十五届自然科学优秀论文奖，第十一届北京发明创新大赛银奖等奖励。担任 *Environmental Science & Ecotechnology* 期刊执行副主编，国际水利学会生态水力学委员会(Ecohydraulics)领导组成员、河流海岸地貌委员会(RCEM)委员，中国水利学会青年工作委员会委员、泥沙专委会委员等学术职务。

学生时代的科考经历让徐梦珍老师明白，哪怕走入"无人区"，也依旧要保持冷静并不断向自己的目标靠拢。而当她成为老师带领学生进行野外考察时，对如何走出无人区的感悟又多了一分，"师生之间的互相信任才是顺利推进科研工作的重要保障"。

徐梦珍是清华大学水利水电工程系副教授，水利系副系主任，河流与生态研究所所长。主要研究领域是生态河流动力学、跨流域调水生物入侵。今天让我们走进徐老师课题组的课题组故事。

师生之间的双向信任，是"孤独修行路"上的"指南针"。

人生的"孤独"修行，师生的双向信任

徐梦珍老师作报告

学生时代，徐梦珍老师就曾跟着她的博士生导师王兆印前往雅鲁藏布大峡谷考察，虽然野外考察大部分时间都在导师和团队的支持与配合下顺利进行，但仍存在一些极端的情况。尤其是团队面临比预期频率更高也更严重的自然灾害时，大家很难分心去照顾身边的人，这就要求团队成员具备独自面对困境的能力。学生时代的这些科考经历让徐梦珍老师拥有了一颗"强心脏"，让她在走入"无人区"的时候依旧能够保持冷静并不断向自己的目标靠拢。

她认为对于博士生来说，进行这样"孤独"的内心修行是非常必要的。博士生涯开始的阶段，在科学技术层面一定会遇到这样那样的问题，无法在原有基础上复制，要求创新，学生必须迈出一脚，踏入无人区，这也正是价值所在。孤独的修行就是不畏惧失败地迈出这一脚的勇气。博士生通常会在老师与师兄师姐的带领和指导下进行科研，导师要做好后盾，在博士生的成长过程中给予全方位的支持，在心理上让其获得安全感。但当博士课题推进到一定程度后，每一位博士生的状态就和走进了"无人区"一样，技术上的突破必须自己去做，只能够依靠自己的内心获取帮助与能量，完成博士课题。

徐梦珍：学生信任老师，老师信任理想

在课题组前往怒江进行野外考察时，由于突发的大型滑坡，一个负责河流生态采样的小分队落在了后面，深山峡谷没有手机信号，导致与前方团队失去了联系。作为领队，徐梦珍老师带领大家等到凌晨两三点，才等到小分队安全汇合。虽然等待的过程是焦虑的，但徐老师坚信，小分队的学生们训练有素、野外考察经验丰富，一定可以平安回来，因此沉着冷静地安排后续工作。这次意外中，学生们出于对老师的信任，也没有在掉队之后惊慌失措或是擅自行动。这次突发情况让徐老师了解到，师生之间的互相信任是顺利推进科研工作的重要保障。

科考是否是"过于危险的活动"？在徐梦珍老师看来，野外考察并不是一种冒险行为。做地球科学工作，一定要用"三条腿"走路：野外原型观测、物理模型实验、数学模型分析，这三点都是需要的。"很多人不去看原型，做了很多物理推演和数值模型，但是等到真正接触现实时往往会发现，最重要的因素并没有考虑到，甚至结果可能与真实情况大相径庭。当然，并非所有研究都需要野外考察，还应衡量时间成本、经济成本与风险系数。出发前也必须经过精心准备、精密设计，并非一场说走就走的旅行"。

怒江考察合影（前排左一为徐梦珍老师，后排右五为徐老师的博导王兆印老师）

课题组的共同成长正如一次次的科考经历一样，哪怕走入"无人区"，也依旧要保持冷静并不断向自己的目标靠拢，并且铭记，师生之间的互相信任能够帮助我们找到前路的方向。建立信任是处理师生关系的一个非常重要的环节，老师相信学生可以克服困难，才会放手让学生去做有挑战度的课题，而学生需要相信老师，才能毫无保留地投入时间与精力去攻克老师安排的课题。

从因材施教到亦师亦友

徐梦珍老师开设的"河流综合管理"课程安排有六个学时的野外考察环节，这个环节不仅让同学们对课堂上讲授的方程或是课本中的文字描述有了更为立体和深入的认识，同时也打破了传统课堂"老师讲授+学生接收"的模式，给同学们提供了独立思考与自主学习的机会。受到新冠肺炎疫情的影响，同学们最期待的野外考察实践环节不得不取消，针对这种情况，徐老师创新性地增设了模拟联合国法庭辩论的环节，讨论河流管理的问题。"这场辩论课从晚上七点一直上到十一点，大家仍意犹未尽"，徐老师说。虽然无法线下实践，但同学们通过角色扮演、调研和收集证据的环节，每位学生的热情与积极性都充分展现。

同学们在徐老师的带领下开展水生态调查

在教学环节的设置上，徐梦珍老师同样强调"因材施教"。课程野外实践要求同学们分组通过团队合作的方式来完成考察任务，为了保证每位同学都能在团队中找到适合的角色和定位，徐梦珍老师在平时上课的过程中会仔细观察每一位同学，在分组时尽量让每位同学都能舒服地发挥自己的作用。

因材施教的观念也贯穿在徐梦珍老师培养博士生的过程中。由于研究领域为交叉学科，面对其他领域的研究基础常常相对薄弱的情况，尽管徐梦珍老师与她的研究生们不免会在很多技术环节上遇到困难，但对新技术领域的探索也常常会经历从起步到渐入佳境、再到最后取得成果这一过程。这一过程中徐梦珍老师和学生一直并肩奋战在科研一线，不断地探索与共同成长。

"河流综合管理"课程野外实践合影

随着课题组研究的不断推进，徐梦珍老师开始为学生创造更为宽松的科研环境。她提到，自己常在"战友"和"后盾"这两个角色中切换，她既是与学生并肩作战的战友，也是学生坚实的依靠。"平等相处""亦师亦友"是课题组内同学们在师生关系方面提到最多的两个词。平常的交流中，学生们会提出自己的见解与感受，徐老师会认真倾听与思考，把自己过往的经历分享给他们参考。

学生为徐老师（左六）送上油画

徐老师（左四）为毕业生赠送定制笔记本

学生信任老师，老师信任理想

在徐梦珍老师看来，自己一直在学习着如何当好一名导师。由于每位同学性格特点都不一样，作为导师自己也始终处于学习状态中。总的原则是希望同学们有成熟的心智，在很多环节上并不会强势引导，而是基本遵循学生自己的内心。

课题组杯羽毛球赛合影（徐老师左四）

徐梦珍：学生信任老师，老师信任理想

身为水工53班班主任的徐老师与班级聚餐合影

什么是理想的导学关系？在徐老师看来，是学生信任老师，老师信任理想。

徐老师始终和学生讲："不管现实怎么变，面对怎样的诱惑，最重要的是，自己心中认可的美好的东西不变，更好地成为你自己。"

谈到对于未来导师生涯的期许，徐老师称，她一直很笃定要做好一名教育工作者，因为她渴望把自己的追求、自己所认可的价值观分享出去。未来环境或许会改变，但和学生的互相信任，以及自己内心认可的美好永不改变。

（本文经院系审校定稿，原载于2020年8月"清华研读间"平台）

第 3 章
立德立言

"立德立言,无问西东",本章收录了清华教师关于导学理论和学术志趣的理论性、评论性文章,意图展示优秀导师关于导学思政和人才培养的理论探讨。"十年树木,百年树人",人才的培养是一门大学问。本章中,各位导师结合自己教学与育人经验,提供了关于"如何培养人"的思考。

杨振宁：
我一辈子也就带了十几个博士生

杨振宁，世界著名物理学家，现任清华大学高等研究中心教授、香港中文大学博文讲座教授，美国纽约州立大学石溪分校荣休教授，中国科学院院士、台北"中央研究院"院士、香港科学院名誉院士，美国国家科学院外籍院士、俄罗斯科学院院士、英国皇家学会外籍会员，1957年获诺贝尔物理学奖。他是中美关系松动后回中国探访的第一位华裔科学家，积极推动中美文化交流和中美人民的互相了解，在促进中美两国建交、中美人才交流和科技合作等方面作出了重大贡献。

杨先生在粒子物理学、统计力学和凝聚态物理等领域作出了里程碑性贡献。1956年他与李政道共同提出弱相互作用中宇称不守恒原理，因而共获1957年诺贝尔物理学奖。这一原理彻底改变了人类对对称性的认识，促成了此后几十年物理学界对对称性的关注。1954年，同米尔斯博士创立了"杨－米尔斯规范场"论（Yang-Mills gauge theory），这是研究凝聚原子核的力的精深理论。1967年提出了一个方程，后来巴克斯特也讨论了此方程之其他意义，世称"杨－巴克斯特方程"，开辟了量子可积系统和多体问题研究的新方向等。他还提出非阿贝尔规范场理论，大大促进了四种基本相互作用的研究，在粒子物理方面做了大量的开拓性工作。

正在接受采访的杨振宁先生

美国教授就偏爱跟学生交流？
——"因人而异"

研读间： 您曾亲身经历过西南联大时期的学术交流，请问当时的学术交流是什么样的情况，现在学术交流的情况和曾经相比有哪些不同？

杨振宁： 西南联大的时代，学生交流并没有什么特别的方式，我们可能随时随地会展开讨论——比如吃饭、喝茶的时候。尽管讨论的大多是课程问题，但像世界大事、历史文学艺术等内容我们也有涉及。如今物质生活大大丰富了，也诞生了很多像调查、实践、走访等交流形式，这在我们那个时候是难以想象的。可以说**以往的学术交流比较单纯直接，而现在则呈现一种多元化的趋势。**很难讲二者孰优孰劣，**但它们对于每个人学术认知产生的启发作用我想是一样的。**

研读间： 那在您之后的赴美留学期间，跟国外大学的教授、导师之间的交流情况是怎样的？和国内相比有没有明显的变化？

杨振宁： 并没有很大的分别，因为**美国不同的学校，导学关系是不一样的。**不同的教授对与学生交流所持的态度也是不一样的。

研读间： 所以说可以理解为美国的教授博导们并没有较为普遍明显的与学生进

行学术交流的倾向和动机？杨先生可以具体谈谈。

杨振宁：可以这么理解，并非身在美国就有更多与教授交流讨论的时间和机会。我做研究生的时候，哈佛大学有一位30岁左右的理论物理学家，年轻有为锋芒毕露。他就是一位很少去办公室，很少去跟学生交流的导师——学生想要跟他交流还得排队。但是因为他的名气大，哈佛的名气也大，很多优秀的研究生都往他那里跑；而且他回答效率也非常高，能在很短的时间里给你最准确地指出问题根源所在。总的来说，**美国的导学关系大多取决于导师自身，学校不会刻意插手管这些。**

中美导师带学生有何异同？
——"我一辈子也就带了十几个博士生"

研读间：那即使是这样的情况，美国的研究机构却还是吸引了很多优秀研究生的前往，这背后又是什么原因呢？

杨振宁：我再举个例子从侧面说明一下，有一位在加州大学伯克利分校的教授，恐怕已经带了有六七十个博士生了，而我可能一辈子才带过十几个博士生。为什么会有这样的差别呢？因为我们带博士生的立场不同。我的态度就是：**只有遇到好的题目，我才安排学生做这个课题；当我没有题目的时候，我可能就不会轻易接收博士生。**而那位带了有六七十人的教授，即使在没有题目的时候，也会让新同学尝试一些可能拥有研究前景的课题方向。他们的研究逻辑就是：**借助学生在不同研究道路上的大撒网探索，发现有价值的课题方向；自己再与学生共同研究进步，得到学术上的提高。**

杨振宁：但是我个人觉得，如果要把学生带到一个连我自己都不是很熟悉的领域，那也太不靠谱了，我是不会做这样的事情的。

研读间：除了与学生的交流方面，您认为美国的教授、博导还有哪些不一样的特点？

杨振宁：如今导师可能更多投入自己的研究课题，而对学生的兴趣点并没有太多的在意。我并不佩服很多有名气的美国教授，因为**他们做研究带学生多少有些目的性**，特别是那些指导实验的课题组——导师接了很大的科研项目，借助组内研究生的时间和精力来完成这些项目。**尽管做好这些项目工程也很有价值与意义，但是我认为这个过程跟真正意义上做学术的方法逻辑相比还有不少距离**——说直接点前者可能就是拧几个螺丝钉的事情。这种环境下，你去跟导师沟通你的兴趣点，他不一定感兴趣，他也不一定对这些方向有了解认识，所以还是得靠你自己。

中美教育逻辑的差别
——"中国强在本科教育，美国胜在研究生教育"

研读间： 简单谈谈您以几十年的亲身经历对中美教育逻辑异同的理解吧！

杨振宁： 老实说，不少美国的大学是很不成功的。在国内有普遍的观念认为到美国留学的同学就能大有所为，这是绝对的误解。只能说国内外的大学对学生产生的影响是不同导向的，但**绝不能说美国大学本科教育比清华强，不管是斯坦福还是哈佛**。不过至于研究生教育，美国可能就占有些优势了。主要的原因是**他们通常拥有更多的在学科前沿做得风生水起的导师。而在中国，这类学者的数量比例相对较少。**

研读间： 也就是说在杨先生看来，中国目前的发展状况还不能提供像美国顶级名校一般的高密集的学术大师资源。不过现在国内也有越来越多的前沿学者交流访问，您觉得这种形式能不能满足研究生接触科学前沿的需求？

杨振宁： 如果这种形式做得好的话当然不错，不过我想，假如一个人念物理，从北大毕业了，那他是留在北大读研究生好呢？还是去最好的美国大学读研究生好呢？我想还是后者更好。原因依旧是前面提到的：美国拥有更多的活跃在科学研究前沿的教授学者。

研读间： 那我们的教育逻辑又有哪些特点与不足呢？

杨振宁： 中国的教育哲学培养出来的学生，大都有一个很扎实的底子——我们的学生到美国考试都比同辈的其他国家同学成绩要好。这当然也有坏处，你会养成一种思维定式，去等待老师给予你建议：这个能做，你就去做；这个不能做，你就不会去做。**慢慢地，你会缺乏探索的热情与勇气。**

杨振宁： 凡是堪称伟大的研究成果，很少是通过别人的指导和启发而做成的，**更大可能是由研究者自己独立思考探索做出来的，靠的是自己的兴趣和能力**。这也是做研究生最难的一点——**学会如何独立思考问题。**

学科交叉真的就一定前途光明吗?
——"非也非也"

研读间: 现在课题选择有更多的可延伸方向,学科交叉现象也越来越热门。有些同学可能会抱着功利的心态去选择学科交叉强的方向去做研究,您怎么看这种现象?

杨振宁: 我觉得交叉学科的重要性被媒体过分夸大了。从学生的角度上来讲,不要被这句话给限制了,觉得交叉的学科方向就是前途。

杨振宁: 在这里我可以谈一下我的经历:我拿了硕士学位后去美国,当时国内因为条件限制没有做实验的设施,因此我去了美国之后就下决心利用他们的设备和自己扎实的理论能力做好实验,但是效果并不显著,在一次次实验经历的过程中,我意识到自己不是做实验、搞测量的材料,我缺乏对仪器、对方案设计的敏锐直觉。但同时我没有停止理论方面的研究——我很擅长寻找理论研究的题目,当时学校的老师、同学没有任何一个搞我所涉及的四个理论研究方面的课题,而我却对这些产生了很大的兴趣,痴迷于这些公式和运算。

杨振宁: 等到我研三的时候,我的同级同学都在准备毕业论文,而我却苦恼于自己因实验的失败而没有什么进展的毕业论文。不过在氢弹之父泰勒的鼓励下:"你没必要非得懊恼自己的实验,我很看好你做过的理论研究工作,把它充实一下,我愿意接受作为毕业论文",我经过了很久的思想斗争终于想通,转攻自己曾经做过的理论研究,最后也做出了不错的成果。实际上研究生期间我一共开展了四个理论课题的研究,而毕业论文只涉及其中的一项。但是其他三篇文章在日后研究条件成熟后,都有了新的进展和突破。

研读间: 所以杨先生想通过自己的故事给研究生们什么启发呢?

杨振宁: 我认为作为研究生应当有这种意识,**敏锐地观察到哪些课题方向有研究的潜力;再者要广泛学习拓宽知识面**,方可灵活实现学科交叉。但我更想说的是,没有我对理论研究的兴趣,没有我对那四个理论题目的独立研究,我是没办法做到后来的学术成就的。**发现自己对哪个方向有兴趣,进而培养自己的能力,才是最重要的事情。**

杨振宁: 是不是交叉学科都不重要,重要的是你研究的学科是不是你所喜欢的、**感兴趣的**。要想在某个方面上取得巨大的成功,你自己本身就要对这个方向有很大的兴趣。

生活如此苟且，哪还有诗和远方？
——"学会保持你的学术志趣"

研读间： 当下研究生面临诸多方面的压力，来自导师的、家庭的、情感的、就业的诸多问题。您对大环境下研究生的学术兴趣与现实之间的冲突有什么理解？又有哪些建议？

杨振宁： 的确是这样，**如今全世界研究生得到博士学位所需要学习的时间越来越长**。我在做研究生的时候，搞理论研究的两三年就能拿到学位，做实验研究的可能需要三到四年。而现在很多博士需要七八年的时间才能毕业。这种情况更甚于我国。我们的研究生比同时代的美国人，还有我那个时候的研究生都有更大的压力。

杨振宁： 这是历史进程的必然，我没有什么好办法。但是我可以提供一个案例：北大有一个研究物理的教授，已经退休了，他从小业余兴趣就是收集邮票。当在学术进度受阻碍的时候，他为了分担压力，维持自己的兴趣，转向专门搜集跟物理相关的邮票——印着爱因斯坦、牛顿等人的邮票。就这样坚持到了七八年前，他出了一本书，记述了关于他收集这些邮票的故事。这本书也让它在量子力学诞生八十年庆祝大会上获奖，成为他一生中最为光彩的时刻。

杨振宁： **学术志趣很重要，但同时你也要想办法维持自己的志趣之火不灭，生生不息。**

（原载于 2017 年 4 月"清华研读间"平台）

张楚汉：
愿与青年学生、教师一路前行，让思想、学术青春永驻

张楚汉，1933年生于广东梅州，清华大学教授，中国科学院院士，水利水电专家。1957年于清华大学水利系本科毕业后留校任教至今。60年来，他紧密结合我国水利水电高坝工程实践开展研究，提出了高坝－地基－库水系统非线性动力损伤开裂分析模型，可以综合考虑无限地基辐射阻尼、横缝几何非线性、混凝土材料损伤开裂、坝体抗震钢筋等关键影响因素；提出了高坝动静力超载破坏的非连续全过程仿真分析模型，实现了高坝结构在动静力荷载作用下连续－断裂－非连续－破坏的全过程仿真；提出了预测新建高坝安全性态的工程类比法以及三级承载评价指标，建立了科学性与工程实用性相结合的高坝安全评价体系。工程实践方面，完成了三峡、二滩、小湾、溪洛渡、锦屏等30多项高坝工程的关键技术研究与安全评价。在国家重大水利水电工程项目咨询活动中，参与或主持了如南水北调、西南大水电站群开发、怒江保护与开发、唐家山堰塞湖整治与北川地震遗址保护、水利学科发展战略、雄安新区生态水城建设、黄河水与工程方略等项目。先后获国家自然科学奖三等奖、国家科技进步奖二等奖、全国科学大会奖、国家优秀教学成果奖一等奖等省部级以上奖励20余项，以及清华大学突出贡献奖、叶剑英奖等。历任国家自然科学基金委咨询委员与水利学科评审组长，国家科技奖励评审委员，水利部科技委委员等。

张楚汉老师

"勤学多思、溯源探异"是我座右铭的上联,"律己助人,求实尚美"这是下联。我们培养高尚的道德素质,就是要"律己助人",要善良、要诚信。我一直这样自勉,也这样鼓励我的学生。

研究生培养在世界各国高校都是核心内容,只有培养出高质量的研究生,做出原创性的成果,学校才能达到一流的水平。

第一,注重培养研究生的科学思维和科学方法。在我看来,就是培养同学们"学习—思考—批判—创新"的能力。其中,批判性思维是推动现代科学文明前进的重要动力,我认为到目前为止,很多研究生的这一能力仍然是欠缺的。我们要带着批判性思维,用辩证法的否定之否定思维,来研究学问。

在这里,我想举一个高坝地基模型研究的例子。过去学者认为在地震作用下,大坝地基采用刚性地基的模型。我的导师克拉夫教授对此提出质疑并作出重大改进:他认为应该是弹性地基模型,并且假设没有质量以解决地震输入问题,但无质量的弹簧只传递弹性相互作用,而忽略了它的惯性相互作用。从美国回来以后,我指导的第一个研究生赵崇斌认识到无质量地基也是不够合理的,当时恰好英国学者提出"无限单元"这一方法,他便很快抓住了问题的关键,解决了地震输入问题,并将这一方法改进后应用到拱坝地基上。这项课题他前后持续研究了三年。1986年，在中美拱坝抗震国际会议上，我报告了这一成果：考虑无限质量地基惯性相互作用，大坝地震反应可以减少30%以上。在座的国内外教授都很感兴趣，美国加州理工大学的教授约翰·霍尔（John Hall）与赵崇斌仔细讨论了一个晚上。第二天，我问他如何评价这个成果，他说，"Pretty solid（非常可靠）！"

从这个例子来看，批判性思维，就是对已有的模型、理论不要墨守成规，要敢于提出质疑，才能够有所创新。我归纳为"勤学多思、溯源探异"，这也是我的治学座右铭。溯源就是刨根问底，探异就是要寻求不一样的东西。

第二，研究生知识面要广，研究问题要深入。25年前，从我担任水利系学位委员会主任开始，系里开设了水利学科前沿讲座，不同领域的老师讲授水文水资源、农水、水环境、水旱灾害、水能、水工建筑物、岩土、海洋、移民管理等前沿知识，学科覆盖面广而内容新颖。同时，要培养学生对人文科学的兴趣，让他们学一点哲学、历史、文学，了解西方和我们国家的历史文化脉络，不断丰厚自己的知识体系。清华也有很好的人文传统，人文科学和自然科学相互融合，彼此之间有很多相通的地方。培养人，不能单纯追求实用主义，要引导学生对自然科学、国家和社会的发展多多关心，多多学习。有了人文知识又有了自然科学知识，一个人情商和智商的培养就上了一个台阶。这方面我自己很有兴趣，同时也鼓励我的学生多涉猎，在讨论论文课题之外，经常跟他们聊这些。

第三，研究方向的选题要"立地、顶天"。"立地"就是要基于国家的工程实践，"顶天"是指瞄准世界科学前沿。做研究要有长远规划、锲而不舍，做系统性的研究。我们课题组这30多年有3个研究方向：第一个方向是高坝-地基-库水复杂系统的抗震模型（连续介质），目前已经基本完成，形成了国际上公认的比较先进的综合模型；第二个方向是岩石-混凝土动力细观特性（连续-非连续介质）；第三个方向是地震荷载模型（震源-介质-坝址数值仿真）。后两个方向都正在进行研究。举这样一个例子就是要说明：做研究要有长远规划，要长期坚持，要锲而不舍，一拨又一拨研究生做下来，完成一个比较系统的、完整的、在国际上有影响力的成果。

第四，研究生培养的核心要素是科技创新。在我看来，科技创新有两条检验标准：第一，理念、方法上有所改进、有所突破，并且能够在实际工程上应用。比如我们提出的高坝-地基-库水系统非线性动力损伤开裂分析模型，我国现有200米级高坝几乎都用这个模型来做分析计算，根据计算结果来评判这个高坝是否安全，抗震是否过关，我们的研究是作为重要成果支撑设计方案通过的。第二，在国内外发表高水平学术论文并得到好评。我在加州大学伯克利分校时，田长霖校长告诉我，美国有句很流行的话："publish, or die（要么出版，要么死亡）"，说明发表论文还是很重要的。在国内外要发表高水平的文章，并且得到国际上的评论，有其他专家感兴趣并引用成果，这是创新性的重要体现方式之一。

第五，在指导方法上，要因材施教、教学相长。对不同的学生要有不同的方法，充分依据学生的特点来培养。我有一名学生宋崇民数学功底特别好，在做无限边界元研究时，他做了系统的公式推导，并擅长从数学力学角度阐述一个工程问题。于是在指导他的过程中，我按照"点好题—独立放手—抓发表"的思路，将他数学上的特长，发挥到工程技术领域，取得了很好的效果。后来他去瑞士做博士后，我曾问他的导师："我的这个学生怎么样？"对方特别激动地说："brilliant（睿智）！"后来，他在澳大利亚某大学做教授时，提出了一个国际上公认的比例边界有限元方法，在计算力学领域有一定影响。

学生们都各有特色，我自己也体会到一点：水涨船高、教学相长。科学发展速度之快，一个导师不可能把指导的各个学生研究方向所涉及的文献都看过。我要求我的研究生看到好的文章以后一定要送给我看，然后跟他讨论：问题的本质是什么、关键点是什么、缺陷是什么、如何突破和创新等。教学相长，在讨论过程中学生和导师的水平都能得到提高，这是一个非常重要的过程。

第六，导师指导要善于由浅入深，还要重视团队合作。我在加州大学伯克利分校的导师克拉夫教授是有限单元法的创始人之一，也是美国工程院、科学院两院院士。去年他去世了，我很怀念他。他给了我很多启示，他的指导方法是由浅入深，让我将复杂问题简化为单自由度问题，再去推导多个自由度，最后拓展到重力坝工程问题。由简单原理扩展到复杂问题，水到渠成，最后完成一篇好文章，很有意思。我后来也将这一思路运用到指导研究生的过程之中。另外，也要注重团队合作，我们建立了一个学术沙龙，每周举行一次，大家轮流汇报近期科研成果，并展开热烈讨论。导师根据学生的课题特点、进展程度、难点再深入指导，团队其他成员提出建议。一个团队要发挥集思广益的作用，但主要是发挥导师的指导作用。

第七，导师要全面关心同学。导师不仅要在学习上指导学生、培养学生，还要关心他的生活。我的一位学生读书期间严重的胃病发作，睡不着觉，体重下降，他找到我说不想念书了，想回家乡找工作。我觉得这个学生潜力很好，如果因为身体不好，不能继续学习很可惜。我建议他继续读书，放松心情，不要有压力，身体第一、学习第二，如果按正常时间完成不了学业，就适当延长一年，并给予经济上的支持，直到拿到博士学位为止。他听从了我的建议。几个月以后，他的身体好转，体重也增加了，后来我又推荐他去普林斯顿大学进修。一年后，他回到清华，将学到的国际上最新的震源-介质-坝址数值仿真模型，应用到我国西南地区的高坝地震反应模型上，取得优秀的成果。从这个学生的经历中我体会到，对我们的学生要像对待孩子一样，学习上、生活上、健康上，都要全面关心。

第八，要培养学生具备高尚的道德素质，养成优良的学风。前面提到的"勤学多思、溯源探异"是我座右铭的上联，"律己助人，求实尚美"这是下联。我们培养高尚的道德素质，就是要"律己助人"，要善良、要诚信。我一直这样自勉，也这样鼓励我的学生。我还有几个"不许"的规定：不许抄袭，不许作假，不许引用他人成果而不提引用文章，不许一稿多投、重复发表。宁可慢一点、宁可水平差一点，但这四条是绝对不能违反的规矩。

"愿与青年学生、教师一路前行，让思想、学术青春永驻"，人家说健康也可以"永驻"，我不这样认为，健康只能遵循自然规律，但是学术和思想要争取停留的长一点。我相信，和青年学生、教师一路前行，就有可能做到这一点。

（注：本文系 2017 年 3 月张楚汉院士在水利系教学交流会上的发言。）

（本文经院系审校定稿，原载于 2017 年 10 月"清华大学"平台）

李衍达：
研究生首要是研究人生

李衍达，中国科学院院士，清华大学教授，信号处理与智能控制专家。主要研究领域包括生物信息学、智能信息处理和信号处理。学术兼职包括《电子学报》副主编、中国自动化学会智能自动化专业委员会名誉主任、清华大学校务委员会委员、IEEE 高级会员等。

李衍达院士曾获国家教委科技进步奖一等奖、二等奖、国家教委优秀教学成果奖特等奖、国家自然科学奖四等奖等。

学生时代，为报祖国，高考志愿坚定写下清华大学。面对难题，天不怕，地不怕，决心非要攻克不可。赴美访学，为了祖国需要，三年苦修两专业。科研生涯，三易方向，只为探索生命的意义。指导学生，为人正直，研究生首要是研究人生。寄语学生，珍惜年华，要将中华文明发扬光大。李衍达院士的办公室里摆满了各式各样的书籍，83岁的他仍然像原来一样努力工作着，严谨、勤奋、求实、创新是他生活的真实写照。

严谨审慎　勤奋刻苦求学路

1936年，李衍达出生于广东东莞，在抗战炮火中辗转度过了自己的童年。中学毕业时，正值新中国成立初期，在实业兴国的浪潮中，李衍达立志离开商业重镇，前往工业发达的北方上大学。"如今我还对报考清华记忆犹新。"李衍达说，"当时只有一个想法，那就是一定要报效祖国。起初我想报考船舶学院当海军，但又不知是否适合自己。正当迷茫的时候，高中老师建议我说，你的成绩很优秀，建议报考清华，在那里能更好地实现你的理想。于是我在志愿书上坚定地写下了清华大学。"

"清华这个地方念书太好了，环境太好了！当时学生来自五湖四海，但大家都抓紧时间，安安心心念书。"李衍达说，"当时的要求很严格，考试形式是先笔试再口试，口试有3个老师参加。有些老师还会给学生问一些课外的问题。并且是当场计分，当场告诉你有没有错，想偷懒、想作弊是不可能的。"李衍达谈道。

1958年，成绩优异的李衍达被挑选成为电子学教研组助教，辅导同年级学生课程。并且，他很快又接受了一个艰巨的任务——参加当时全国第一台数控机床的研发工作。"那时粮食不够，经常吃不饱，研究过程中也会碰到各种各样的技术难题，但我们天不怕，地不怕，非要做成不可！"

1978年，李衍达被选为我国首批赴美访问学者，在麻省理工学院师从奥本海默教授学习数字信号处理，兼修微型计算机。这对当时的李衍达来说是个完全陌生的领域，进修过程非常艰苦。"但我知道，国家迫切需要这样的人才，我要努力学到更多知识，并把它带回祖国。"

李衍达：研究生首要是研究人生

李衍达老师

在美期间，李衍达所在的研究组主要负责信号处理的研究，专门研究相位的利用，这在当时是国际最前沿的课题。"我后来研究出一个办法，就是发现利用相位信号可以把地震波的时延求出来，这在地震勘探里面是一个关键的问题。"李衍达说："我的合作教授听了十分肯定，并鼓励我把这个工作成果带到美国最大的测井研究中心去做报告。虽然我们没有发表论文，但却感受到充分的自信。"这段研究经历对李衍达后来工作的启示是，研究里面要大胆，解放思想，要敢于做开创性的工作，树立科研自信！

回国前，他拜访了麻省理工学院颇具声望的清华校友林家翘先生，向他请教回国后如何开展研究工作的问题。林先生直截了当地回答："别人做过的事，你不要做。"这次交流影响了李衍达回国后的整个科研生涯，"敢为人先，追求卓越"成了他的科研座右铭。

求真务实 锐意创新科研人

1981年，李衍达学成回到清华任教，先在电子学组工作，后进入模式识别教研组。回国后，李衍达在 *IEEE Transactions* 发表的论文成为清华1978年后评出的第一篇优秀学术论文。此后，他一直致力于信号处理理论方法及这些方法在油气勘探与开发中的应用研究。经过不懈努力，李衍达突破传统地震勘探数据处理技术，构建了融合测井数据、地质工程师知识和地震数据的信息分析方法，并在胜利油田发现了3口新高产井。如今，将地震勘探、地质工程师解释与测井数据同时处理、人机交互的方法，已成为我国油气勘探的重要手段。

1991年李衍达当选中国科学院院士，就在各种荣誉接踵而来时，李衍达却把目光投向了刚刚兴起的互联网领域。"那是1994年，互联网刚刚进入中国，我很快注意到这个领域的重要性，也发现了很多亟待攻破的难题。我当时想如果我们不奋力追赶国际互联网发展潮流、不开拓进取，我们势必就要落后。"李衍达说。1994年，李衍达率先在自动化系建立网络信息研究组，并将多年研究的智能信息处理与智能控制方法应用于网络控制和网络信息检索。他侧重于智能信息处理的研究，譬如人工神经元网络、模糊系统、专家系统、进化算法的理论模型及其在网络信息智能控制中的应用，获得了多项成果。

此时，李衍达已近60岁，但他仍孜孜不倦，醉心科研。因为他再次发现了一个重要而崭新的学术领域——生物信息学。"虽然我没学过生物，但是我对这一领域很感兴趣，因为它涉及人类的生命和整个世界的变化。"李衍达说，"生命的意义在于不断追求，我们要着眼于具有重大意义的科研领域，生物信息学、系统生物学是信息科技发展的重大机遇，所以一定要开拓并深入。"从1996年开始，李衍达和自动化系、计算机系、生物系的专家学者率先展开这一科学前沿的探索。"也许因为太前沿，起初并没有太多人认同，但我没有放弃。"李衍达说。

李衍达老师

在清华工作60余年来，李衍达已培育了包括院士、教育部"长江学者"及国家杰出青年科学基金获得者在内的数十位学生，遍及海内外学界。

关于指导研究生,李衍达认为每个人都有自己的兴趣和追求,要把兴趣与国家需要和国际前沿结合起来,根据兴趣做研究,才不怕中途的艰难困苦,才会永不停步一直向前,因此他从不限定学生的课题。他说:"学生首先要对研究内容感兴趣,才能出好的成果。遇到失败也不要责备研究生,因为老师做研究同样会失败。要多鼓励学生,给他们信心,培养他们的雄心壮志和学术志趣,做有品位的研究,让他们的学术道路越走越宽。"在人才培养过程中,他注重让学生们树立理想信念、塑造民族自信心和自豪感,培养他们坚韧不拔的精神品质和创新能力。

"李老师常常告诉大家要有独立的思想,并引导我们自由选择研究方向,这极大地培养了我们的科研兴趣。"学生古槿说,"我记得李老师曾说过,做一名科学家是非常幸福的,因为可以不断思考问题、解决问题,这个过程会一直处于比较兴奋的状态,从而激励自己不断探索、成长,我想这就是李老师至今还致力于科研的原因所在。"

"研究生首先要研究人生,然后才是研究学问,要理清做学问与立身做人的关系。"李衍达说,"我希望我的学生们能够正直做人、为人谦和、视野开阔、善于思考、勇于开拓。"他还鼓励学生要有"三想"和"三力"——"理想,梦想和幻想""努力,毅力和合力"。"一个人要有梦想,要有理想,甚至要有幻想,因为科学需要想象力,很多东西需要闭上眼睛才看得见。"李衍达说道。

在谈及给研究生同学的寄语时,李衍达说道:"人生很短暂,我希望清华学生不要荒废人生。在最好的年华,把延续中华文明的旗帜扛起来,把中华文明再次发扬光大。清华学生一定要有远大的理想和梦想,要有热烈的、好读书的精神,同时要不怕困难、勇于思考、勇于创新。我相信你们是大有希望的,一定会做得比我们好得多。"

李衍达老师与学生们

李衍达院士的科研人生，可谓清华学风的完美诠释。"严谨，勤奋，求实，创新"八个字贯穿了他的一生。

少时求学，勤奋刻苦，笔耕不辍；

中年治学，认真严谨，严格要求。

学术道路，求真务实，砥志研思；

科研生涯，锐意创新，敢为人先。

（本文经院系审校定稿，原载于 2019 年 4 月"清华研读间"平台）

姚强：
高质量创新成果不是学校"管"出来的

姚强，新疆大学党委副书记、校长，清华大学能源与动力工程系教授，教育部长江学者特聘教授，清华大学燃烧能源中心副主任，清华大学研究生院原院长。"十五""863计划"洁净煤主题专家组成员，"十一五""863计划"先进能源领域技术专家组成员，中国工程热物理学会常务理事兼燃烧分会主席、秘书长，"973计划"项目"燃烧源可吸入颗粒物的形成与控制基础研究"和"化石燃料燃烧源头控制PM2.5的基础研究"首席科学家。

主要从事燃烧理论与技术、燃煤污染控制理论与技术特别是颗粒物控制等方面的研究工作。合作出版2部专著《煤浆的燃烧、流动、传热与气化的理论与应用技术》和《高等燃烧学》，其中《高等燃烧学》获国家图书奖。合作编写一部教材《燃烧理论与污染控制》，编著一部教材《洁净煤技术》。合作发表学术论文200余篇，授权了20多项发明专利技术。主讲课程"燃烧理论"为国家级精品课程。曾两次获清华大学"良师益友"称号。2012年获北京市高等学校教学名师奖。在水煤浆燃烧器技术，水煤浆工业锅炉及电站锅炉应用技术、优化洁净配煤及燃油可吸入颗粒物等方面获得国家科技进步奖二等奖1项和省部级各种奖励6项。

姚强教授在接受访谈

谈学术交流的价值导向
——就像研究生必须发文章一样，搞学术必须要交流

研读间： 您对博士生开展学术交流活动的价值、意义持怎样的看法？

姚强： 我认为交流是做学术的基本元素，是和文献调研、发表等环节同等重要的元素。就像学者必须发文章一样，搞学术就必须要交流，这不是可选的，这是必需的。从某种意义上说，学术成果通常是一个公共产品。它不像一个实际的物件，给了别人自己就没了——我把我的想法、我的结论告诉你，在听到你的点评后，对我而言也是一种学术上的增量。经过多人头脑风暴后的想法的全面性是单独一个人的创造力难以达到的。所以我才说，学术交流是做研究搞学术的一个基本元素，我们要在这个层面上认识学术交流的重要性。

研读间： 现在有的课题组会提倡学生要安心埋头干活做实验，您如何看待这种风气？这样与学术交流的要求有哪些冲突呢？

姚强： 我认同连续不间断高强度的实验工作也是做学术的基本元素之一，但同样不能缺了学术交流这一环。就拿前段时间来清华访问的詹姆斯·沃森来说，他的双螺旋模型就是在咖啡馆和别的研究者交流的时候突然产生的灵感。这种灵感不是你在实验室吭哧吭哧干活能得到的，要靠想象，靠对物质世界的深层次的认识与理解。而这就需要其他人的想法做灵感、点拨，起到四两拨千斤的效果。

姚强： 还有一点价值体现在，对于那些未来要走学术之路的学生，可以通过积极参加学术交流活动来建立、拓展自己的学术圈子和人脉。这些资源需要慢慢积累，一个学生一年参加五六次这种会议，结识几十个和你的研究有关没关的学者，放长远来看是很值得的。

谈学术交流的现状与问题
——受制于任务导向，如今学生缺乏交流的主动性

研读间： 咱们现在在国际学术圈的交流状态是什么样的？或者说横向比较我们与国外的其他大学，我们的交流水平呈现一个什么样的水准？

姚强： 现在交流呈现出来的最大的特点就是扁平化：交流没有年龄级别层次的限制。这也是拜国际学术氛围和学校支持力度增大两方面所赐——以前很难想象随便一个学生就能够参加国际顶级的学术会议。对比之下去年清华毕业的研究生有60%拥有出国交换的经历。

姚强： 如果我们光从学术交流这一件比较窄的视角上看，拥有如此多的硬件配置：微沙龙、博士生论坛、交换、访问学者等资源和项目，我们清华大学的学术交流水平在国际高校范围里也绝对是非常靠前的。但是从更为宽泛的意义上来看，我认为我们学生真正由学术所驱动的交流行为，或者说学生内心自发的交流意愿、动力可能还不足，动机也不够纯粹——就比如说有些同学出国访问并不是完全出于学术交流的需求，而可能更多的是为了迎合学校对于博士生培养的硬性要求。

姚强： 这就是任务导向的培养模式对学术交流产生的负面影响：同学们为了完成学校的硬性要求而去参加一定次数的博士生论坛、讲座、实践、会议、出国等任务，不可避免地干扰许多同学本身的学术交流兴趣和欲望。我希望我们以后的培养模式也往兴趣导向的方向上靠拢，教学方案和考核标准都要灵活多元，重点放在同学的科研志趣引导和培养上。

研读间： 您刚刚提到了学生交流的动机和意愿不够的情况，那您觉得当下学生群体存在哪些普遍的问题和特点呢？

姚强： 我认为学生中，真正把学术当作自己未来目标、有较高学术志趣的同学还是太少。这点在博士生群体中反映出来的问题更加深刻。我也了解到如今家庭、校园乃至整个社会都给清华同学施加了过多的压力负担，还没有营造起一个良好的学术气氛。但是不能放任不管，这个问题是肯定要亟待解决的。

谈研究生培养方案改革与变动
——让博士更学术，让硕士更专业

研读间： 您刚才也提到了，很多同学即使读了博士也不会在将来从事学术工作，那么从结果导向来看我们的博士生培养方案是不是就需要进行一些调整呢？比如增加一些对于社会各类职业能力的一些培养环节。

姚强： 美国遇到过类似的问题：这大约比我们早 20 年发生，他们成立了一个专门的委员会来做研究，在调研了学生以及录用博士的用人单位之后得到的结论是：职场岗位里有不少就是看中了学校对学生的学术能力的培养，因此高校培养的博士生在当中有很好的用武之地和很强的竞争力。不过我们探讨的是要不要依据职业行业的现实需求来调整培养方案，这个问题用人单位也替他们回答了：不需要。因为这方面的培训，具体的企业部门做的可能更好，而不是大学。

姚强： 清华要做的不是简单地顺应现实，不是迎合市场、职场现实需求，这可能是清华大学要思考的问题，我们要引领，而不是满足需求，是要服务社会的发展，要培养有预见性的人才，同时我们的培养本身要有预见性，要满足未来二三十年或更长时间国家和世界人才的需求。我们指导学生在大学期间受到的各种学术训练，比如写作的逻辑思路、做实验的认真态度、严格的科学作风等，都跟他们未来的职业生涯发展息息相关。

研读间： 您对与博士和硕士两者间定位有哪些理解？社会上总有对于这两类人才的差异化区分，您如何看待这种现象？

姚强： 博士生的培养目标还是要引导到学术方面，这点是毋庸置疑且必须要坚持的；而我们的硕士应该往更专业的方向上靠，减少学硕的比例。我们每年培养这么多的硕士，就是为了对接各类社会职业岗位的要求，旨在培养更专业的人才，比如工程硕士、MBA、MPA、法律硕士，等等。

姚强： 当然，从目前来看这种愿景的推进存在一定的阻力：社会对专业硕士的认可程度相比较于博士来看不是很理想。要明确的是，硕士就是要满足行业发展的需求，让硕士培养更专业、更精准。硕士培养和博士培养出于不同的定位需求，没有高低之分，仅此而已。

姚强： 对于博士培养，除了专业方面的知识准备之外，也需要培养一些职业的能力，如要从事学术岗位的，要培养一些教学能力；对于将从事创新创业，学习一些创新创业的知识；要从事社会工作的，要有服务能力和对政府及社会组织运行的知识等。我们现在正在设置一些证书项目，或可供博士兼修的硕士学位，让他可以涉猎更多领域的知识与能力，这样他的就业竞争力和未来的胜任力很快就能得到提高。这是我们之前的培养方案的不足：过分强调学科划分与专业人才培养。在一个方向钻得深当然好，但是也需要拓宽学生的能力与知识覆盖面。

谈导师的角色身份
——导师是研究生培养的第一责任人，要投入足够的时间精力

研读间： 一个学生从一年级入学到成长为独当一面的青年科技工作者的过程中，导师应该扮演一个什么样的角色？需要起到哪些作用？

姚强： 我认为导师对于一个学生的学术生涯要起到非常重要的作用。导师不只是要指导学生的博士毕业论文，这其中还包含更多的内容：学生科研遇到瓶颈了怎么办？学生碰到心理困难了怎么办？学生对未来产生迷茫了怎么办？如何引领学生踏入学术圈？我们的观点是：导师是研究生培养的第一责任人，研究生学术的全部阶段都要有导师的参与和指导；从人才选拔开始，到开题、选题、第一篇文章的撰写、研究方案的设计、研究结果的分析与总结、论文答辩、出席国际会议的规矩等都需要导师的参与指导。

姚强： 现在有的学生把论文交给导师，恨不得导师当场就给你修改意见，这是做不到的，学生要提前一两周把论文交给导师，给导师留出一定的时间来充分理解他的论文——学生做了几个月几年的东西，导师怎么可能几十分钟就看完呢？而且有的时候论文很有反复讨论的必要，一张图表可能就需要经过很多遍的推敲和修改才能呈现出最佳的表达效果来。归根结底，导师要在学生身上投入足够多的时间。

谈学科交叉与创新时代
——减少不必要的硬性要求，将过程控制的权力还给导师

研读间： 关于促进交叉学科培养，研究生院有哪些动作和举措？有哪些已经初有成效的学科交叉实例？

姚强： 我谈谈我知道的几个案例吧：我们系与医学中心有一个合作培养开发心脏泵的计划，招收了动力工程及工程热物理学科的学生，学籍在医学中心，开始要按

医学的培养方案来培养，结果是被复杂的医学课程逼得走投无路。最后研讨出来的解决方案是：他应该属于工学和医学的交叉学科，而且应该以工为主，同时兼学一些医学的知识和能力，最终获得是工学的博士学位，为此两个学科的学位分委员会讨论，专门为这个学生做了一个独一无二的培养方案，一个学生由两个院系、两个导师共同培养。这样的案例以前是很难出现的，这就是非常典型的学科交叉培养。

研读间：如果学生之间想要自由开展学科交叉的研究，选了个自己的导师都没有能力去指导的题目，这样的话应该怎么做呢？

姚强：其实说来说去又归结到这个客观现实：学生的研究工作本来就要比导师在前，这才是正常的导学关系。这是创新，这是常态。你研究的方向你才是专家，导师跟你相比只不过是有科研上的嗅觉与学术生涯上的阅历比你强，方向的把握能力强于你，但具体的研究你一定比导师强和深入。踏足导师没有接触过的领域，这是很寻常的。

姚强：不过有一点是要强调的：学科交叉的产生一定是自发的。不是学校说你们要交叉，所以产生了很多新的研究成果。而是要靠老师、学生之间的学术志趣来推进。放眼世界来看，很多著名的科研结论都是学科交叉的产物，但要说哪个成果是被上面人逼着做出来的，还真没有。所以我们还是要营造一个良好的交流平台与氛围，给学术创造萌发灵感的土壤，比硬性做一些强制的交叉更重要，我们的任务是破除限制交叉的一些制度和学术的障碍，比如2015年年初学校学位评定委员会专门成立了学科交叉工作委员会，专门解决这个问题。

研读间：创新是近几年比较热门的一个话题，那么对于推进创新的过程中遇到的一些阻力，姚强老师有什么见解吗？

姚强：这段时间我跟各个院系的博士生导师交流的过程中也在想这个现象：我们的博士生并非真正地按照创新的标准要求去做学术，而是常常想着要发多少篇论文，达不达得到毕业要求，是带着这种动机去搞研究的。有一位公管学院的老师指得非常到位：平庸化，学生不敢冒风险去做那些难的题目，都想着能做简单的、保险的、容易发文章的题目。不过这也是对导师的一个新的考验：你既然鼓励学生去做难的、新的、冒险的题目方向，那你有没有胆量在学生做不出来的时候给学生通过？

姚强：按照创新的要求，我们要不断地把学术评判的硬性标准给调低，最终把权力下放到导师身上：导师要对自己的学生负责，导师要评判学生的学术造诣能不能达到毕业的要求。一个水平足够高足够优秀的导师把关学生培养环节，胜过规模庞大的学位委员会制定的统一的评审规则和复杂的程序。研究表明，学位论文出现问题，主要的责任还是导师的指导不到位，一旦出现问题，后续的评审、答辩和审查环节只能起到保底线的工作，而且有时还会有遗漏。高质量的论文和创新性成果更不是"管"出来的。

（本文经院系审校定稿，原载于 2017 年 5 月"清华研读间"平台）

李克强：
紧跟新时代科技发展，培养跨学科思想意识

李克强，清华大学车辆与运载学院教授，教育部长江学者特聘教授、清华大学智能网联汽车与交通研究中心主任、中国智能网联汽车产业创新联盟专家委员会主任、工信部车联网发展专项专家组组长、国汽（北京）智能网联汽车研究院有限公司 CTO、北京市智能网联驾驶技术创新工程专家组组长、车联网教育部－中国移动联合实验室主任、清华－戴姆勒可持续交通联合研究中心主任，历任中国长安汽车、长城汽车、宇通客车、东风汽车股份等公司独立董事，在国外汽车企业和大学等从事技术研发工作近 6 年，获国家技术发明奖二等奖 2 项、国家科技进步奖二等奖 1 项，多次担任国际会议大会或分会主席，4 次获得国际会议最佳论文奖，在国际上提出"智能环境友好型车辆"新概念，并多次在国际会议上作特邀报告，发表 SCI/EI 收录论文 200 余篇，授权国内外发明专利 80 余项，现致力于设计并推动构建智能网联汽车与交通系统的中国方案：智能网联云控系统。

李克强：紧跟新时代科技发展，培养跨学科 思想意识

学术，紧紧伴随着我们整个研究生生活。清华大学智能网联汽车与交通交叉领域博士生学术论坛在 2017 年 11 月 19 日举办，清华大学智能网联汽车与交通研究中心主任李克强教授作为嘉宾出席了此次活动。研读间将一些对李克强教授的采访记录做了整理，与大家分享，通过李教授的故事和观点，或许你能得到一些启发，对跨学科的思想有些许新的认识。

李克强老师

正在接受采访的李克强教授

清华博士生学术交流现状
——"开放的政策、丰富的资源、观念的转变"

研读间： 您认为清华的学术交流现状和十五年前比在哪些方面有了改善？

李克强： 我个人感觉浓厚的学术交流氛围是世界一流大学必须具有的一个特征。跟过去相比，从我的感觉来说，清华的学术交流更加活跃和开放了，这是我觉得跟

过去比很不一样的地方。更加开放体现在学校的政策，鼓励我们学术交流要面向国际、面向社会、面向行业。过去是国内的、本领域内的交流，现在中国的发展非常快，经济实力、科研实力强了，开放交流的机会和条件也具备了。

李克强：另一个是有更高的水平。这体现在我们的交流是有资源支撑的，包括科研的、人力的、财政的资源。现在清华的学生出国的比较多，在海外交流、发表论文的机会也多了。对我们研究生同学来说，既要有基础的知识，也要有解决问题的能力，而这种知识的获取和能力的培养需要有学术交流的支撑；现在这方面有不错的改善。

研读间：那从另一方面讲，您觉得清华的学术交流在哪些方面还存在不足呢？

李克强：我想不足之处首先是学术性上有所缺乏，尤其是在高水平层次方面。我们的硬件设施和软件方面都有所改善，但是非常专业、有意义的交流，我们称为高水平层次的交流还有所缺乏，就是说我们的交流质量、范围方面有待提升。我们非常高规格的、有学术影响力的学术会议不多，最有名的学术会议、研讨、大师级人物和同学们面对面深入的交流好像也不多。

李克强：另外是系统性方面有所不足。比如我们聚焦智能汽车这样一个学术交流，然后从智能汽车的一个新型的架构，到智能汽车的感知技术、智能汽车的决策控制技术、智能汽车的系统集成评价技术，以及智能汽车应用产业化的一些新技术，围绕着这样一个连续的、系统性的主题的交流相对缺少，而且往往有时候是偶发性的、随意性的。所以说，这种系统的有组织的学术交流现在还不是太足，需要提高。

研读间：那您认为目前清华博士生的学术交流会遇到哪些困难呢？

李克强：困难主要可能是时间比较紧，如果学术活动太多、太随机，没有系统性，大家的学习压力很重。我觉得可能同学们还是缺少一种主动交流的观念，大家现在的学习交流往往是被动型，特别是对于这种系统性的、高水平的学术活动，有时候它不一定那么有趣，也可能需要你有充分的基础、充分的准备，所以有的学术活动，除非特意叮嘱，很多时候大家的参与度都不是很高。

李克强：其次是语言交流能力，当然这跟有时候我们比较腼腆，不好意思跟陌生人打交道有关。你看印度的学生非常自信，一方面是因为他们语言方面比中国学生强；另一方面是他们鼓励跟别人交流。高年级学生喜欢交流，一是他们有基础了，二是他们聚焦了。对低年级的同学，要先把观念建起来，然后补充专业性的东西，再加上语言的支撑。

采取哪些具体措施促进学术交流？
——"思想上重视，行动上积极"

研读间： 博士生的学术交流选择并不少，质量也参差不齐。对他们来说，怎么去把握学术交流的频率与质量呢？您觉得学校和各个实验室可以采取哪些具体措施促进学术交流呢？

李克强： 选择学术交流活动，首先对待学术交流要积极；其次，选择学术交流要强调学术性，比如扩展自己学术性的交流。对严肃、高端、正规的交流大家要多参加。不要因为太高端而害怕参与，也不要因为觉得是任务而参与。

李克强： 在具体措施方面，第一，要跟同学讲清楚学术交流的重要性，要建立起来这个观念。一个是参加学术会议，另一个是发表学术论文，口头发表或书面发表。第二，参加学术会议和发表学术论文要聚焦自己的专业性难题。我们参加学术会议就是要找到一个专业场所来解决你的专业难题——有很多专家的地方。第三，写作能力也是学术交流的一个方面。当然也需要制度性的建设，保证一个同学在一个学期或多长时间之内参加多少活动，甚至做出一个总结，让大家形成良好的习惯，形成良好的循环，越交流越有收获，越有收获越交流。观念和制度两个方面抓好，应该就能活跃起来了。

学科交叉对学术科研发展的意义
——"从需求和供给侧两方面推动学术发展"

研读间： 学科交叉对学术和科研发展的意义到底有多大？学科交叉是否意味着学科界限的模糊？

李克强： 学科交叉对学科交流有重要意义，学科交叉与学术界限的关系可能还是跟学科特点和学科研究方向有关。各自学科独特的东西和经典问题仍然存在，仍然需要根据各自的学科特点精心地研究学习，突破学科的难点，创造新的概念、新的技术，从这方面说，没有模糊。比如ICT信息通信，它是一个完整的、固有的学科。即使到今天，尽管有新技术出现，但是这些传统的学科也在不断地焕发新的生命力。但从另一方面讲，我们现在在谈的智能汽车、车联网、信息物理系统，是利用现代的移动互联形成了一个新概念的复杂系统，这就属于跨过了传统学科的交叉。如果你研究的是交叉学科，你当然要从多个学科进行研究。学科交叉是现有学科形成的、有机的、新的学科方向、学科问题。

研读间： 交叉的形态也可能有所差异，有些会形成全新的交叉学科，有些仅仅是借鉴其他领域的方法。您认为学科交叉能够取得成功，其主要的影响因素有哪些？

李克强： 学科交叉能够取得成功的优势，一是借用其他学科固有的优势，来解决本领域里的疑难问题，"他山之石可以攻玉"。比如汽车问题、节能问题，我们过去是在内燃问题上做工作，后来我们发现电驱动有比较好的动力性，则可以把电驱动的特点用在汽车上，形成更好的效果。另外，交叉可能产生新的重构，产生新的有研究意义的问题、新的研究方向。比如在汽车和通信系统之间做一个重构，新的动力学系统产生了，会形成新的动力性、可控性。我们做这样的技术研究的时候，可以将不同领域的特点加以运用，会出现一些很有意思的学科问题。不同学科重构后是非常有魅力的。

李克强： 智能网联汽车有三大基础领域，汽车固有的技术、移动互联技术以及基于移动互联和汽车的重构、交叉技术。我认为，谁掌握了交叉技术和原有的技术，谁才能掌握未来。未来要么是汽车公司转型，要么是形成新的产业方式。如果是IT公司，他们只有软件技术不行，还要有汽车的传统技术才可以。现在很多公司都称自己为造车新势力，他们宣称自己有互联网思维，但如果能同时具有传统产业优势会更好。

研读间： 您认为学校所成立的智能网联汽车与交通研究中心会怎样发挥其在学科交叉上的作用？学科交叉活动具体是如何展开的？成效如何？

李克强： 中心是一个平台，支撑着我们的人才培养和团队建设。平台有两个驱动力——战略驱动和需求驱动。面向国家产业发展和需求的态势，这个是战略驱动。另一个是需求驱动，我们需要完成相应的项目，支撑教学和人才的培养，以实现我们的发展。

李克强： 这个中心也可以作为和别人合作的一个平台。这个中心，是跨学科的平台、研究的平台，更是跨学科人才培养的平台。我们中心在学科交叉方面，首先强化基本建设，有基本的组织目标和架构。另外，为学术研讨创造条件。根据大家的需要，共同去申请一些国家的项目，推动我们的学术研究。结合我系的学术沙龙开展相关学术交流活动。我们有组织地，特别针对学生，开展一些学术交流活动，组织学生进行一些研讨。同时我们计划创办一些专业杂志，我们正在邀请国外一些杂志的编委、海外企业研发者来清华交流。

怎样去引导博士生形成交叉思维？
——"建立知识架构，培养学科交叉意识"

研读间： 要实现学科交叉，必须有相应的交叉思维。您认为要怎样去引导博士生形成交叉思维？博士生有什么好办法去逐步培养自己的交叉思维？

李克强： 要根据现代技术的发展、现代科技的发展，毕竟这种发展有交叉特点。首先在课程设置上，鼓励跨学科选学专业课程，培养学生跨学科的知识支撑。更重要的是培养学生从事交叉学科的意识，特别是智能网联汽车这样一个大方向，涉及汽车、交通、信息控制与电子等。除了在知识架构上有支撑之外，希望学生们养成跨学科的意识。

李克强： 我以前做学生的时候，研究生阶段做过汽车噪声的分析系统，一是汽车振动会导致噪声，另一个这个噪声是物理学概念，需要系统分析，需要通过做实验、系统处理研究这个原因，从而看出这不是一个传统的汽车问题。在那个时代，正是因为这样一种需求驱动，才会牵扯到一系列的这些知识。通过这些培养，让我从传统动力学到运动控制再到今天，养成了一些观念，培养了一些能力。在参与具体项目的过程中，进一步强化知识架构的建立和交叉学科意识的培养。

李克强： 总之，首先要建设交叉性知识架构，再培养一些交叉意识，最后再通过一些课题在解决问题的过程中加以实践。

研读间： 学科交叉不仅有利于尖端科研的发展，也可能催生更多的创新创业。智能网联汽车与交通作为一个交叉方向，其中自然也蕴含着很多的创新创业机会。怎样才能更好地鼓励博士生从中挖掘创新创业机会？

李克强： 我的看法可能和其他人不一样，我个人认为，研究生在校期间还是以学习为主，学习专业知识，培养能力，养成一种交叉和创新的观念，在过程中也鼓励大家充满好奇心。当然也不排除你在研究中有了兴趣，把从现实需求而来的问题，解决后又回到现实需求中去，跟别人创业或自己创业。结合自身兴趣，你在完成本职学习的基础上，觉得自己有创业的能力，就可以去。我认为这是工科做研究的主要方法之一，对需求背后的科学和技术问题做一个很好的总结，然后做实验研究，之后就很可能投入现实需求中去。

（本文经院系审校定稿，原载于 2017 年 11 月"清华研读间"平台）

朱邦芬：
做学术要走正道

朱邦芬，物理学家，中国科学院院士，曾任美国伊利诺伊大学厄巴纳-香槟分校（UIUC）等多所大学的客座教授，清华大学高等研究院教授，清华大学物理系教授。中国物理学会副理事长，教育部"基础学科拔尖学生培养试验计划"专家组成员、物理学科召集人，国务院学位委员会第六届学科评议组物理学天文学组成员，*Chinese Physics Letters*（《中国物理快报》）主编。

朱老师是一位凝聚态物理学家，他主要研究低维量子系统、拓扑系统及含时系统中的电子结构、声子模式和电声子相互作用，特别是这些物质结构的光学性质和输运特性。朱老师发表研究论文约100篇，撰写著作3部，编写图书6部，论文被他人引用2800余次。他曾获国家自然科学奖二等奖2项、中科院自然科学奖一等奖1项，中科院自然科学奖二等奖2项，第八届全国优秀科技图书一等奖和香港求是科技基金会杰出青年学者奖。他关心国内教育，17年来一直坚持给本科生授课，并任清华学堂物理班首席教授。

朱邦芬：做学术要走正道

为什么我们这里要谈学术诚信？

你如果走学术道路，当然学术诚信、科研诚信很重要，但是即使你不做学术工作，其实这个问题也很重要。美国科学院院士沈吕九说过："你对自己的学生，好得学生你不用太管他们，但是学的不够好的学生，将来有可能是做管理的人，也可能是学术期刊的编辑，这些同志将来也需要知道很多学术规范，所以这个问题不仅仅是做研究的人需要知道，就是在公司里面做研发也还是需要知道。学术诚信和科研诚信是非常重要的一个问题。"

朱邦芬院士

下面我就讲讲为什么学术诚信这个问题这么重要。爱因斯坦说过："大多数人说是才智造就了伟大的科学家，他们错了，是人格。"作为一个科研工作者，爱因斯坦特别强调人格的重要性，为人的重要性。我们中国也有一句话，是《左传》里面的："太上有立德，其次有立功，其次有立言。"立德、立功、立言，古人把这三个事放得很明确，立德是做人，立功是做事，立言是做学问，首先是做人。作为一个科研工作者来讲，做人比做学问更重要。

求真务实是我们做科研的一个基本准则

我们做科研一个基本出发点是求真，就是把自然界很多客观的一些规律给找出来，然后看看这些客观规律将来有什么变化。

我这里还是用爱因斯坦的两句话。一句话是说我们现在科学有两块基石，一个是古希腊开始的逻辑推理，另一个是15世纪伽利略开创的现代物理实验。逻辑推理就是我们现在实验的验证跟基本逻辑之间的一些演绎关系，因果关系，就保证了我们的科研不会出太大的纰漏。假如你的理论不对，经过否定了以后，我们就可以修改我们的理论。这样二者互相作用，推动我们的近代的科学技术向前发展。二者结合实际上保证了我们的结果是向求真这个方向发展的。

另一句话："探求真理的权利也含有责任。"作为一个科研工作者,探求真理这是你的权利,也包含着责任。你不能隐瞒所发现的东西当中的任何一部分,不能有选择地把你想要让别人知道的东西公布,不能有些东西不符合你的设想就将它隐瞒。所以求真是我们做科研的一个基本原则。

科学研究的社会性

到了现代,这个科学研究的社会性越来越广大。最早的时候,很多科学家是单独做研究的,只是几个做同样问题的人偶然有通信。但到了现在,科学研究的队伍越来越庞大,而且研究结果虽然是个人或者小团体完成的,但是经过公开,其他同行就根据你的结果来验证、发展。如果你这个结果是剽窃的,就会影响到别人进一步的研究工作。

从另一个角度来说,我们的科学研究也越来越依赖于社会、依赖于分工。所以在这个角度上,一方面,你需要同行之间大家守诚信,也需要你的结果是真实的,来得到社会的支持。我们讲科研是第一生产力,民众不太懂科研,他相信不相信你的科研成果是真的,取决于信不信你科学家队伍的诚信。另一方面,我们的普通老百姓大多科学素质不够高,所以如果科研队伍的诚信有问题的话,社会上的一些伪科学会越来越有市场。这个倾向对我们国家的发展强盛是非常不利的。

2015年3月,朱邦芬在清华大学六教作"学术之道"报告

学术不端行为的五点危害性

第一个罪状是"**谋财害命**"。因为你一旦造假会造成学术资源的浪费，并且使得同行浪费很多时间去验证你的结果，最后是不能得到验证。鲁迅先生说你浪费别人的时间就是谋财害命，所以你造假就是谋财害命。

第二种罪状是"**逆向淘汰**"。造假出一个成果，比老老实实做出一个成果更容易一些。如果造假的结果发表在一些影响比较大的期刊上面，势必造成一些老老实实做学问的这些人得不到晋升得不到重视，一些伪劣科学家会越来越有发言权，拿到越来越多的经费。

第三个罪状是"**祸害学生**"。老师造假瞒不过学生，所以学生对老师的一言一行都放在眼里，如果学生看到老师造假混得不错，有一批学生也会跟着去做，实际上对我们的下一代是一个非常大的祸害。

第四个罪状是"**亡科学**"。如果我们国家对科学的公信力越来越下降，那么对我们整个科研成果，对于我们整个科学队伍的公信力都是不利的，我们的科研要变成生产力，我们的企业家应用我们自己开发的科研成果将会越来越困难。

最后一个罪状是"**亡天下**"。亡天下就是说，如果我们一个社会做人的底线，做人基本的道德都沦丧了，那是亡天下。整个社会的伦理道德是我们每个人都有责任的。如果学术不端盛行的话，对整个社会的风气，社会的道德，社会的公信力，它的破坏是你怎么估计都不过分的。

查出学术不端的五难

清华原来的副校长，现在南开大学的校长龚克教授曾经说过，查处学术不端有五难，怎么五难呢？

学术之难，难以证伪。想证明他是有意的造假还是疏忽，这是不太容易的。

法理之难，追溯以往。20世纪七八十年代当时很多事情不规范，对学术规范也要求比较低，按现在标准有些是学术不端，有些是学术不当，你怎么办，你这一刀砍到哪一年，这个当然也是一个难题。

析责之难，难咎责任。我们国家有很多大牌的教授，甚至有一些院士，剽窃被人揭发以后，他把责任推在学生身上，说学生是瞒着自己投稿的，但是这个事情只有老师跟同学之间知道，这个析责有时候不是太容易办到的。

量罚之难，一票否决。有些人他以前做的研究不错，也有很多成绩，但是一旦发现他某篇文章里面有篡改，你是不是下得了决心一票否决，这当然也是不容易的。

工作之难，利益冲突。清华在这个方面算是在国内做得比较好的。有些学校是尽可能把它包起来，有些问题一旦有人揭发以后，有些单位推卸责任，有一个利益保护，所以查处学术不端确实是不容易的。

三大学术不端行为

第一种是**伪造**。典型的例子就是：有一个德国人舍恩，在美国贝尔实验室工作。他最多一年发表了十多篇的论文，但是后来发现，别人都重复不了他的结果，最后发现他有几篇文章里面实验结果的背景噪声曲线都是一模一样的。这说明他这个图表是伪造的，后来这个人当然臭名昭著，他的博士学位也给剥夺了。

第二种是**篡改**。篡改就是你在科研的过程里面做了假，或者把一些实验的结果、数据故意漏掉一部分，故意地改造一部分，使得你的科研记录不是准确地反映你的研究过程，使这些数据支持达到你的目的。

第三种就是**抄袭跟剽窃**。别人的思想，别人的方法，别人的成果，或者别人写的文字，最后你想窃取，把别人的东西窃取来，没有给别人的工作以足够的承认，把它说成是自己的工作。

另外还有学术不当行为，这是一个灰色地带，举一些例子，比如说滥用同行评审的特权来为自己牟利，或者做有悖于伦理道德的实验，这些都是学术不当行为。

学术不端的案例

我想结合我担任《中国物理快报》主编这些年来遇到的一些典型案例，讲讲我们学术期刊稿件里面的一些学术不端行为。

比如《中国物理快报》2009年发表的一篇文章，不光剽窃还伪造。别人的结果是圆形波导，这个剽窃的作者他不做实验就画了一个矩形波导，跟圆形波导的结果是一模一样的。本来这个事情也不容易发现，但是这个人画蛇添足，把原文的两个作者作为他这个剽窃文章的共同作者，结果被发现了。这既是伪造又是剽窃，所以我们给了我们期刊最严厉的处分，就是禁止刊登八年，八年不准投稿，这个处分到现在还是有效的。

比如**文字抄袭**。我们一些研究生论文里面，文字剽窃特别多，特别是一个导师底下几个学生，因为他们做的领域很多相近，所以对领域的介绍很多是抄的，这其实是一个学术不端行为。

最新动向是**欺诈评审**。英国一个出版社2015年3月一口气撤销了46篇论文，41篇来自中国；施普林格（Springer）出版社2015年8月又宣布撤销64篇论文，绝大多数来自中国，理由都是伪造同行评审，说主要是中介公司在里面操作。网上查一下，代投SCI论文，就可以看到大量的中介公司在做这个事情。怎么能包你发表一篇SCI论文呢？实际上，中介是自己伪造充当同行评审。所以2015年10月中国科协针对欺诈评审这个事情做了规定。

比如**论文买卖**。有一位读了6年的博士生，他一篇SCI论文都没有，毕业不了，另外有一位已经毕业的博士，他已经拿到博士学位了，他后来不做科研了，手里还攒着一篇文章没有发表，他需要买房子手里没钱。所以一个想要文章，一个想卖，中介公司在里面就搭桥了，最后A就是花了6.6万元买的这篇文章，这个B出卖论文的拿了3.3万元，最后被师弟披露了，这个事情当然是一个非常严重的学术不端行为。

我们必须遵守的学术规范

导师与学生的责任是什么？ 导师不能把学生看成是劳动力，只完成你布置的任务，而是要认识到学生在这个求学过程中要培养独立的研究能力。作为一个学生来讲，学生对导师也负有责任，不能粗制滥造，编一个什么东西，把导师名字署上，这是害了导师。

在做实验做研究过程中数据处理有什么规范？ 这里引用一本书——《如何当一名好的科学家》。不要试图去修改数据，要把你的原始的记录至少保存三年，这样的话，别人对你的记录有疑问可以随时去查，你自己如果某一天想起来我还可以继续做什么事情，可以进一步发展，你可以在原来的原始记录基础上继续再做。

出版要遵照什么规范呢？ 在科学期刊发表论文应该遵循新的研究成果首次公开的机制，研究结果没有经过同行匿名评审并得到正面肯定以前，不应通过新闻发布会或媒体公开。没有经过同行匿名评审，可能这个结果是错的，你抢先在新闻媒体上发表，影响越大，后果也会越大。

把一个完整的结果给它拆成几篇文章发表也属于学术不当。 一篇变三篇，当然显得文章多了，但是这是不当的。我们知道每篇论文应该包含足够的信息，你不要掺水把一篇文章变成几篇，这是出版的规范。

署名要尊重什么规范？ 一篇文章有你的名字当然是很光荣的，表明你在这里面做了贡献，但是除了荣誉和潜在利益之外，也表明你要承担责任，所以你不能是有好处的时候你来争，出了问题以后，署了名就推托我不知道，这是必须要有担当的。**所以所有作者署名前要自由讨论，应该全面检查这篇投稿文章并同意最终的结论，每个作者都要对投出去的文章负责任。**

另外，**申请基金也有很多规范，最主要的也是实事求是，你不能说编造自己的经历。** 这里特别重要的事情是研究生，比如有些人在申请时的3月份还没有拿到博士学位，没有答辩以前就说自己是博士，虽然比写博士生要方便，但一旦被人举报，就属于伪造你自己研究的经历，这是比较严重的学术不当行为，甚至可以被归结为学术不端行为。

另外，**我们的审稿人要注意回避原则。** 如果你跟作者是有亲密关系，这个时候你应该要求回避审稿。另外，就是必须对评审的材料保密，不能从中谋求利益，没有得到许可，不许复制、保留，一个基本原则就是如果有疑问时要问清楚，不要轻易去评审。

老一辈科学家为我们树立了一个典型

当选爱尔兰科学院院士后回国的彭桓武先生有一句名言："回国不需要理由，不回国才需要理由。"有一次我请他到清华来做报告，他回答我说老师不能拒绝学生，这是清华的传统。

我跟黄昆先生在一个办公室15年，曾经合作共同发表了很多篇文章，其中，有一篇文章我是基于他的一个模型做的，做的过程里，我跟他讨论多次，多次修改文章。最后我请他把名字加上，黄先生却拒绝了署名。另外一篇文章讨论谁是第一作者，黄先生觉得我应该是第一作者，我觉得应该他是第一作者，我们两个推来推去。他对待名利的态度是值得我们学习的。

黄祖洽也是清华的校友，他是彭桓武的学生，他有一个类似的名言，他说当教授去讲课是理所当然的，当教授不讲课就是不正常的。另外，黄祖洽先生对两弹做出极其重大的贡献，因为评奖的时候离开二机部了，最后评奖的时候他不是"两弹一星"的元勋，很多人为他打抱不平。他却说："山花今烂漫，何须绘麟阁。"

这些是我们的老前辈为我们树立的典型。

朱邦芬（左一）为物理班学生赠书

结　　语

我们走学术之道一开始就要走正道，学术不端行为具有不可逆效应。我们古人有一句话，勿以恶小而为之，这个问题我们要特别注意，从小要爱护荣誉，在小的地方不注意，这个事情会影响一辈子。

（本文经院系审校定稿，原载于2016年3月"清华大学藤影荷声"平台）

阎学通：
追求快乐的人，在学术中获得乐趣

阎学通，清华大学首批文科资深教授、俄罗斯科学院院士、国际关系研究院院长、世界和平论坛秘书长。1992年毕业于美国加州大学伯克利分校获政治学博士学位。2008年被美国《外交政策》评为世界百名知识分子，2014—2019年连续入选爱思维尔高被引学者名单。其部分著作被译成英文、日文、韩文、波斯文或阿尔巴尼亚文。（来源：清华大学国际关系学院）

独著包括《世界权力的转移：政治领导与战略竞争》《历史的惯性：未来十年的中国与世界》《国际政治与中国》《美国霸权与中国安全》《中国国家利益分析》。编著作品有《道义现实主义与中国的崛起战略》《超越韬光养晦：谈3.0版中国外交》《国际关系研究实用方法案例选编》《中国崛起靠什么》《国际安全理论经典导读》《中国先秦国家间政治思想选读》等。

阎学通：追求快乐的人，在学术中获得乐趣

采访阎学通教授是在春分的后一天，在明斋的会客厅。那天阳光很好，照得整间屋子都暖洋洋的。阎学通教授迈着大步走进来，精神极好的样子，一进门便亲切地招呼我们。他的声音非常吸引人，清晰、坚定、稳重而又有活力。语速不快不慢，是刚刚好让人听起来最舒服的状态。他说话的时候放松而从容，温和地和我们对视，就好像眼睛也在同步表达。当说到有趣的地方，他便随性地爽朗笑出来，于是屋内的春意就更胜了。

阎学通教授

做学术应当实事求是

阎学通教授是在美国加州大学伯克利分校读的博士，他认为在伯克利念书的几年，对他的影响是"根本性的"。

出生在知识分子家庭的阎老师，自认为是一个"不手心朝上"的人，他刚到美国留学时的第一件事就是外出打工养活自己。由于奖学金在交完学费之后已经寥寥无几，平均下来一个月只剩下300美元，去除房租的150美元，生活就只剩下150美元可支配。因此他曾在大街上倒过垃圾，曾当过木匠；为节约房租睡在合租房的厨房里。

不仅生活条件非常艰苦，在外留学也面临着语言上的问题。阎老师举了个例子，"就像国际学生在中国留学，即使会中文，你跟他们说'葛优躺'，他们也不知道是什么。课上老师说'葛优躺'，大家都笑，但外国学生不知道为什么笑"。

回想起自己"咬牙克服"的求学岁月，阎老师还是非常感慨，"人到了那个处境，什么困难都能克服"。他在追求学术梦想的道路上，付出了太多太多，同时，也收获了太多太多。

在伯克利，他印象最深刻的是当时他的博士生导师是一个特别"较真"的人。

"我去了美国之后上他的课。我的期中作业，他拿去就看了几秒，'啪'地给我甩回来了，说，'拿回去重做'。我心说你没看你怎么知道我这作业做得好不好啊？原来是因为我当时做赞比亚的课题，但是忽略了一本重要的参考书籍，那是研究赞比亚的经典著作，他一下子就发现我没有看过那本书。"

在学术之外，导师在生活中的关怀也给阎老师留下了深刻的印象。阎老师曾到非洲进行为期4个月的田野调查，太太和孩子留在了美国。导师每隔一段时间都会到阎老师家中看望一下，过节时会买一些礼物给他小孩。后来，阎老师的孩子就管他的导师叫"爷爷"。导师的细心和责任感，让阎老师特别感动。

导师的"较真"和实事求是，对于阎老师的学术生涯影响巨大。他刚（博士毕业）回国的时候，有一回论文被编辑部给拒绝了。编辑部给出的理由是：文章的注释太多，没有足够版面刊登。他感叹，"那个时候，我们的学术界都还没有意识到——注释是表达文章是实事求是的基础。对于一篇学术论文来说，注释都没有怎么保证实事求是呢？"

"实事求是"的学术环境对于研究者的影响重大。从小处着眼，例如现有些学术会议，发言者"没有真正发自内心的话"。"开会时说假话、空话，张嘴就来，当说假话和空话成了习惯，作论文的时候就不可能写得全是真话。"

阎学通教授

阎老师觉得学校应该规定："所有的学生发言，不许念稿子，任何会议不得念稿，只能讲，不能念"。没稿子的时候，说假话困难，说真话容易。不念稿才能说发自内心的所思所想。

提倡承认错误能创造良好的科学环境

阎老师平时出现在媒体上时,总是以国际关系研究学者的形象,对世界格局和大国关系做出冷静的判断。正值毕业论文季和清华大学"学风建设年",阎老师对于大家应当如何做学术提出了自己的想法。

说起"学术",阎老师首先关注的是"科学"这个词。科学的方法有几点要求:一是逻辑自洽,逻辑得成立。二是可重复,能够实证。三是论述客观,实事求是。这三点都是以纠正过去的错误为基础。这就决定了科学环境,首先是提倡发现和承认错误的环境。

"如果我们形成一个批评和自我批评相结合的环境,这就有利于科学环境的形成。如果我们塑造了一个表扬与自我表扬相结合的环境,那就一定是利于造假、非科学的环境。"

从学术角度来讲,所有的学术进步都是在发现错误或缺陷的基础上。阎老师认为,当我们什么错误都发现不了,我们就很难进步。当大家都勇于承认错误,例如,老师们能经常地承认自己的研究办法不行、实验做错了、观点说错了、现在的事实证明自己以前的某个看法是错的等,我们的学术环境就会越来越好。

阎老师自己就是这样一位"勇于承认自己错误"的教授。

在中国国际关系学界里,他说自己是"被商榷最多的人"。阎老师觉得其可能的原因是"我敢于公开承认自己的学术错误。我在《环球时报》还专门道过一次歉,我说我错了,我做的预测错了"。

在2008年6月11日,《环球时报》国际论坛版刊登了阎老师的《台海和平是谁维护的》一文,文中有这样一段文字:"2000年陈水扁上台后,我一直预测台海发生军事冲突不会晚于2008年。然而,2008年台湾举行的'入联公投'和领导人选举,不但没有引发军事冲突,反而伴随的是更加稳定的和平前景。在此,我先要为我预测的不正确向读者道歉。"这件事确实成为一段佳话。

我们发现,当时甚至还有网友就此事写了篇题为《从阎学通道歉看学者的学术道德》的博客。

"勇于承认错误"是阎老师坚持多年的习惯,他不仅身体力行践行这一原则,更是采取一些具体措施力求创造出一个这样的环境。阎老师多年前在国家机关工作的时候,负责东南亚问题研究。当时他就提倡:到年底,每个人承认一项自己今年写的报告里的错误——每个人发言都要讲"我的哪个预测被事实证明是错的""我的哪个分析是错的""我的哪些数据是错的"等,而且每次他都第一个带头承认错误。

对于研究生来说,也是同样的。

阎老师认为,学生的年度总结,最好也是总结这一年有多少错误、有多少缺点、有多少失败。"成绩不讲跑不了,问题不说不得了。"

他自己带的课题组每个月会开一次会,会议的主要内容就是找毛病、挑错误。然后在发现的错误和毛病的基础上,想办法修正错误。在组会上,阎老师的研究生们都习惯于"自己找错儿,别人挑错儿"的残酷模式。"你这不对""你这逻辑上有问题""你这前后矛盾""你这数据来源不可靠"……这样的声音不绝于耳。当然不光是批评,也有建议。在被批得体无完肤的同时,学生会获得课题组伙伴的暖心建议——"你可以去看那本书或数据库,那个比你引的这个好……"

阎学通教授

"大家都能承认自己的错误,而且不感到有压力,这是有利于科学环境形成的。你如果连道歉的勇气都没有,你还说要有个科学的环境,要让大家实事求是,那是做不到的。实事求是的前提就是,先要有承认错误的勇气。不能只是肯定成绩,更得要发现错误。"

以谨慎的态度选择学术道路

除了"勇于认错",阎老师认为学校还应该提供一个鼓励学生差异化、个性化发展的环境。

"从学术角度来讲,我不赞成对所有的学生有同样的学术要求。为什么呢?很多学生毕业之后是不从事学术研究的。没有必要让他都在学术这一条路上走"。在阎老师看来,由于学生的学习目的不同,所以作为导师对他们的要求也应当是不同的。

博士应该是学术型人才,需要有学术能力。专业硕士是职业性的培训,需要实务能力比较强的人,需要有明确的目标。而本科则更多是素质教育和科学习惯培养。"我非常同意这个原则,大学对本科生强调的教育应该是素质教育,让他是个素质好、能力强的人就行了,至于他将来做什么、干什么、搞不搞学术,这些都不重要。"

虽然对学生们的学术要求不同,但是有两个核心品质阎老师认为是所有学生都应该具备的——"我们提供一个环境让他们成长,无论成长成一个什么样的人,我们都要培养他们诚实、认真,这两点是最根本的。一个人就是不做学术,他也应该诚实、也应该认真。只不过对做学术的,我们有学术上的诚实和认真标准。"

对于选择走学术道路的同学,阎老师多会劝他们"谨慎"。

阎老师多年的亲身经历让他发现,学术研究是一种"人类生活中非常特殊的生活方式",学术研究要求你不能和常人一样地生活,不仅仅是工作上不一样,学术要求是全身心地投入。

"比如我个人从来不旅游,1995年我跟外交部的人一起去印度尼西亚开会,我下了飞机进了酒店,开完会就回国了。去了一趟雅加达,我就看了酒店和机场,我就回来了,连马路都没去逛逛。你说这样好吗?我不觉得这是好事儿!这只不过是我自己的个人选择,我不希望别人也都这样——不旅游、不看电影、不跳舞、不唱歌。但这就是我的生活。我除了国际关系的书,什么书都不看,小说我也没看过几本。所以经常别人说个什么电影、影星,我都不知道他们说什么。"

"学术道路是非常痛苦的,需要改变自己的生活。"

阎老师认为博士的学习过程是个异化的过程:"从读书是为了更好的生活,转变成读书成为生活的目的;不是读书是为了活得更好,而是活着是为了读书。"由于学术研究的目的是要创造人类世界目前没有的知识,这需要极高的学术志趣和刻苦的努力。所以阎老师有时候会觉得学术是一些"奇奇怪怪的人干的事儿",不适合绝大多数人。这些"奇奇怪怪的人"享受这样的生活,在学术中他们能找到自己的乐趣。

阎学通教授

享受学术的人,最终走上学术的道路,或许是非常幸福的事情。"这样的学生是不需要去敦促的,他自然就会学术学风非常严谨,因为他是这样的人。"阎老师提到自己曾经的一个学生,"我有个学生毕业了才四年,已经提了副教授,写了些文章影响力也很大,他就是这样的学生。你不用告诉他不要抄袭,他打心眼儿里就瞧不起抄袭的人,他追求的是被抄袭的地位。"

采访的最后,阎老师挨个问了我们几个采访记者的学院和专业,并感慨道:"人活着就要让自己快乐。如果你是学术型的人,你能从学术中获得乐趣;你不是学术型的人,你就不可能从中得到享受。每个人都可以通过不同的方式获得乐趣,不要非跟自己较劲。干自己喜欢的事,不要干社会推崇的事。"或许阎老师就是这样一个快乐的人。

(本文经院系审校定稿,原载于2019年4月"清华研读间"平台)

陈劲：
"创新无限"的育人探索

陈劲，男，1968年生，浙江余姚人，清华大学经济管理学院教授、博士生导师，教育部人文社会科学重点研究基地——清华大学技术创新研究中心主任。1989年获浙江大学化工系生产过程自动化学士学位；1994年获浙江大学管理学院管理工程博士学位。1998年在美国麻省理工学院斯隆管理学院担任访问学者。2000年在英国苏塞克斯大学科技政策研究中心担任访问研究员。享受国务院政府特殊津贴、先后获得教育部第八届霍英东教师奖、教育部第三届"高校青年教师奖"。2002年获得国家杰出青年科学基金资助，2009年入选国家百千万人才工程。担任学术期刊 International Journal of Innovation Studies 创始主编, International Journal of Knowledge Management Studies 主编、《清华管理评论》的执行主编，兼任教育部科技委管理学部委员、全国专业标准化技术委员会委员、中国管理科学学会学术委员会副主任委员、中国技术经济学会技术管理专业委员会理事长等。主要研究方向为技术创新管理、中国管理研究、科技政策。

30年来，他持续开展创新管理理论研究，设计了"自主创新—开放创新—协同创新—整合式创新"的技术创新战略四阶段发展路径，构建了与之相匹配的"自主研发主导—内外协同—产学研合作—基于核心能力"的技术创新系统；并持续深入对中国10余家骨干企业进行技术创新战略规划和创新系统设计，为我国产业技术创新能力与水平的提升做出了应有贡献。此外，陈劲还积极推动我国技术创新管理学科建设、人才培养和以"知识管理与创新管理"为核心的企业管理知识体系建设等。

1989年，21岁的陈劲开启了研究生学习生涯，选择了当时冷门的技术创新管理方向。

1994年，"初出茅庐"的陈劲较早提出了"自主创新"的理论范式，并持续研究全面创新、开放创新、协同创新以及整合式创新等创新理论与方法。

30多年来，陈劲出版专著和编著近60部，译著20余部，带的学生中已有近20位教授。

"发展不设限，风筝不断线，报国不空谈"是陈劲坚持的科研与育人理念。

陈老师和他的弟子用个人的无限思维、课题组的无限联结、心中的无限情怀，创造着创新理论与方法的无限可能，正在推动形成创新研究的"清华学派""中国学派"。

陈劲教授

"陈老师每天不是在飞，就是在做科研"

和陈劲老师约定的采访时间是周一早上八点半。"老师的其他时间已经被课程和研讨会排满了。"陈老师指导的博士生尹西明解释说。

八点半对于陈老师来说，并不算早。事实上，陈老师是同学们眼中的"拼命三郎""每天不是在飞，就是在做科研"。而这种"拼命三郎"的精神给陈老师带来的是永葆活力、持续高产——27岁破格晋升副教授，31岁破格晋升教授，1990—

2019年发表中英文期刊论文数百篇，出版的专著中有17部在一级学科排名前1%。

陈劲老师的部分专著

如此"高效、高质、高产"是如何做到的？"生活科研化，科研生活化"是陈老师给出的答案。在他看来，学术与生活没有明确的界限，"二者并非水火不相容，而是可以相互协同、整合共进的。"陈老师说，"在日常生活的非学术场景中，照样可以进行科研和学术思考，效果还很好。因为这既可以最大化利用时间，又能够帮助研究者发现和思考研究问题，更关键的是避免产生疲劳和厌倦感。"

谈起陈老师的"生活科研化"，尹西明分享了一个他认为终生难忘的情景。在2020年1月初陈老师过生日的时候，课题组的同学商量一块请他吃饭。然而陈老师说："最好的生日礼物是思想的礼物。"于是，他组织同学们开了一个"生日组会"。"我们交流了未来10年的创新研究趋势，老师请我们吃了生日盒饭。诗和远方让当下的面包更美味。"

陈劲老师课题组的"生日组会"

发展不设限

陈劲老师研究的是创新管理，他本身也在不断突破自我、创新超越，从不为自己的发展设限。1989 年，陈劲考入浙江大学许庆瑞教授门下，从化工自动化方向"跳槽"到当时还比较冷门的技术创新管理领域。2013 年调任清华大学经管学院后，陈老师指导学生不断提出反贫困创新、乡村创新系统、整合式创新等扎根中国、对接全球的创新理论与范式。

"发展不设限"不仅是陈老师对自己的要求，也是他指导学生的原则。陈老师希望学生可以尽可能地站得高、飞得远，拥有原始理论创新的愿景、情怀和自信。陈老师说，培养学生，要有"王选精神"。"王选精神，就是培养的接班人一定是要知道下一代技术的人。""你要超越我，如果你做的跟我做的是一样的，那没有价值。我要求学生挑战更大的问题，这样我们这个学科才更有希望。"因此，培养学生，陈老师会先从提高其眼界和格局入手，再进行全面系统的学术训练，并鼓励学生争做改变世界的创新者。

在山东潍柴动力调研核心技术突破

"发展不设限"也体现在对学生职业选择的指导上。陈老师认为，"职业选择可以多元化，但要有理想和追求，对国家有所贡献。"一方面，陈老师全力支持同学们的选择，高校、政府机关、企事业单位都有课题组同学的身影。另一方面，这种支持是"有条件的"。陈老师要求同学们必须扎实做好学术研究，"不要做精致的利己主义者，而是要成就有情怀的卓越"。

在导师的影响下，创新也成为学生融入身体与血液的思维方式。2018年毕业的博士生赵闯目前在基层公共部门挂职锻炼。他说，刚到乡镇时，发现各科室的工作比较繁杂，工作人员忙于日常事务，很辛苦。他就尝试对每一个科室的主要职能、工作进行分类整理，做成了科室职能的思维导图，这样再新来一项工作和任务的时候，就非常清楚它在工作职能中的位置，而且还便于工作的总结、归档、传承和跨部门协同。在工作实践中，赵闯意识到创新是把坚决贯彻上级精神和政策的原则性与结合当地实情具体问题具体分析的灵活性结合起来的过程，是一种因地制宜和分类施策，本质上是一种实事求是。

"我们是不断线的风筝"

在陈老师办公室的书架上，最显眼的是一排排精装版的博士论文。陈老师自豪地说，这是他指导过的每一位博士的毕业论文。从浙江到北京，陈老师对学生的培养和关爱始终如一。陈老师用风筝来形容同学们，在课题组学习时，陈老师指导、呵护，盼望着他们飞得更高、更远；毕业后，风筝依然不断线。

在陈老师的课题组，毕业并不意味着导学关系的结束，反而是一种新的形式的开始。不论是否已经毕业，同学们都能在课题组里获得紧密的联结与最大的支持。陈老师鼓励学生毕业之后与自己和课题组团队继续保持交流，达成终身合作的关系；已经奔赴工作岗位的学生，也尽己所能为师弟师妹们提供资源共享和经验帮助，构筑一个可持续的创新梯队。

陈老师书架上摆放的精装博士论文

针对工作初期可能面临的异地问题，陈老师鼓励尹西明，平衡好学术与家庭："家庭是人生幸福的重要源泉，如果选择留在北京，我一定会尽力照顾好你，你也争取早日团聚。"有了导师的鼓励和支持，这个夏天，刚刚获得清华大学"学术新秀"荣誉的尹西明赴北京理工大学任教，继续学术之路。

"毕业后我回过一次学校,在办公室书架的上面一层,看到陈老师把我获林枫辅导员奖的证书合影,特意和他清华长聘教授和教育部长江学者特聘教授的证书放在一起。"谈及此事,赵闯总是心潮澎湃。"虽然学生毕业了,但是陈老师真心为学生取得的各种进步而高兴、自豪。"

陈劲教授办公室书架·教授聘书与学生获奖照片放在一起

2020年教师节,陈劲老师(后排左五)与课题组同学的合影

风筝会飞得越来越高,但永远记得起飞的地方,也一直被放飞的人惦念。

"报国不空谈"

创新需要求变,不过在陈老师看来,有些东西在创新过程中决不能改变,那就是创新要对我们的社会与国家产生更多的正向效果。

在同学们看来,陈老师不仅是在为成为一名更好的学者而奋斗,更是为了实现中国创新理论在国际学术界的思想赶超而奔跑。"将个人的学术和人生发展融入国家发展脉络当中,讲好中国故事",正是"拼命三郎"持续高产的不竭动力。面对西方理论框架无法合理解释中国企业成功发展的现状,陈老师认为将中国管理经验融入中国的理论范式中,可以帮助中国在国际社会上争取更多的话语权。目前,陈老师主编的《创新管理》被美国麦格劳·希尔(McGraw-Hill)出版社选为英文教材,成为我国经济管理教材走向世界的新探索。

担任清华大学技术创新研究中心主任的陈劲老师积极支持清华创新研究的国际化,并通过创办"创新研究国际会议(ICIS)"以及"创新管理研究与教学研讨会"等方式将全世界优秀的创新专家引到清华来交流合作,在清华形成一个全球创新研究学者的汇聚地,支持具有清华风格、中国特色、世界一流的"清华创新学派",引领和推动"中国创新学派"的形成与发展,进而贡献中国,影响世界。

2016年创新研究国际会议(ICIS 2016)参会者合影

"我们大家要一起加油,理论创新的一小步,可能成为国家创新发展的一大步。"陈老师在邮件中的叮嘱,印在了学生的脑海里,更彰显于学生们的行动中——坚持好奇心与使命感双重驱动的科研价值观,一起将学术论文写在科技创新强国的探索之路上,助力中国创新学派的形成与发展。

2019年8月 陈劲老师（左三）和清华技术创新研究中心老师带队赴美参加美国管理学会年会

结　　语

博士三年级的曲冠楠用"大海"来形容导师——一方面，有着自己的情怀与坚持，志存高远，奋力拼搏；另一方面，无私地引领学生向前，待人温和，处事周全。

"创新无限"是陈劲老师的微信名，也是课题组共同认可和追求的价值理念。创新确实是一个永无止境的过程：融入生活，练就一种思维格局；紧密联结，构筑一个创新团队；价值驱动，担当一份家国责任。

无论在哪一学科研究领域，将学术融为生活的一部分、让科研的使命感融入生命和人生的蓝图，都是清华人尤为重要的品质。

（本文经院系审校定稿，原载于2020年9月"清华研读间"平台）

薛其坤：
别让学科边界变成科学研究的边界

薛其坤，中国科学院院士，清华大学原副校长，南方科技大学校长。2010—2013 年任清华大学理学院院长、物理系主任，2011—2016 年任低维量子物理国家重点实验室主任，2013 年 5 月任校党委常委、副校长（分管科研），2017 年 12 月起任北京量子信息科学研究院院长。他是美国物理学会会士，是国际著名期刊 Surface Science Reports、Physics Review B、Applied Physics Letters、Journal of Applied Physics 和 AIP Advances 等的编委，National Science Review 副主编和 Surface Review & Letters 主编。

薛其坤是国际著名的实验物理学家，其主要研究方向为扫描隧道显微学、表面物理、自旋电子学、拓扑绝缘量子态和高温超导电性等。发表文章 400 余篇，被引用超过 16 000 余次。在国际会议上应邀做大会/主题/特邀报告 150 余次，其中 5 次在美国物理学会年会做邀请报告。曾获何梁何利基金科学与技术进步奖（2006）、国家自然科学奖二等奖（2005，2011）、第三世界科学院物理奖（2010）、求是杰出科技成就集体奖（2011）、陈嘉庚科学奖（2012）、"万人计划"杰出人才（2013）、求是杰出科学家奖（2014）、何梁何利基金科学与技术成就奖（2014）和未来科学大奖——物质科学奖（2016）等奖励与荣誉。

薛其坤院士

入行晚 20 年，一跃跻身顶尖行列

研读间： 上周采访杨振宁先生，杨先生说当时物理学方向很少，研究相对聚焦。但到您这个时期，物理学分支就很多了，学科交叉趋势越来越强。这种变化的内在驱动力是什么？

薛其坤： 我先讲一下 20 世纪晶体管的故事。当时贝尔实验室发明了晶体管，发现晶体管有信号增益的特性，可以用来处理信息，后面有了集成电路，人们开始进入信息化时代。有一段时间，物理学家们觉得晶体管技术已经成熟，器件集成度也在稳步提高，好像没什么值得继续研究了。

薛其坤： 不过现实情况是人们对计算速度与集成度的要求越来越高，更高的需求反过来给物理学提出了很多新问题，比如：晶体管有发热问题，集成度越高，这种发热问题越棘手，目前为了给一台超级计算机降温，需要专门配置散热的空调。我们团队希望通过减少电子与晶格、原子之间的碰撞来解决这个问题，后来我们实验发现量子反常霍尔效应这种全新的物理机制为解决电子器件发热提供了最佳途径。

薛其坤： 因此，学科不断发展的内在驱动链大致是这样：首先有重大科学和技术突破，技术激发新需求，需求又反过来给科学和技术发展提出更高要求。这样不断循环迭代，最终实现产品和服务创新，为改善人们生活和社会发展提供支撑。

研读间： 据我们所知，您原来是做表面物理的，后来才转到目前的高温超导领域。这种转变背后有怎样的故事？

薛其坤： 我1987年考研究生，当时主要还是铜氧化物高温超导，我没赶上这趟热潮。20年之后，我选择转入这个前沿领域，结果几年之内做出了世界上这十多来年高温超导领域最重要的工作之一，也就是界面高温超导，帮助中国在这个领域赢得国际领先地位。

薛其坤： 我们团队的科研基础比较好，基本能很快进入其他相关领域。当时转变方向之所以能成功，我觉得有两个关键因素。一个是精益求精的精神。当时技术上翻来覆去地调整，又有技术融合改进，但大家思想上非常统一，就是一定要把工作做到极致。另一个是宽阔的学术眼界。团队在学术交流上都很积极，在研究向其他领域扩展交叉时，平时积累的宽领域知识就能发挥大用途。

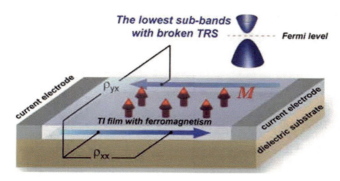

量子反常霍尔效应机理（来源：*Science*）

"别让学科边界变成科学研究的边界"

研读间： 纵观科学发展史，学科交叉融合已经非常普遍，尤其是工科。有人认为学科就应该没有边界，您怎么看待这个现象？

薛其坤： 学科是为专业化而设置的。不妨回想一下，高中时大家都一样，数理化、历史、地理这些课都要学。到大学以后会细分专业，到研究生还会进一步聚焦在一个研究方向上。

薛其坤： 研究是否一头扎下去就好呢？其实并不是。任何研究都不可能一直沿着原方向发展，总会要探讨新方向，要寻找新触点。随着科学的发展，研究为了"开花散叶"，自然而然会去交叉拓展，所以说学科交叉本身不是新东西。

薛其坤： 学科边界能帮助你，在一定的时间内，集中掌握特定范围的知识与常用处理手段。这种基础培养要深下去，不能"蜻蜓点水"。但成为独立研究者或学术带头人以后，就要勇敢走出自己的"一亩三分地"。别让学科边界变成研究的边界，科学应该是不受约束的，可以天马行空。

研读间： 刚刚聊到了学科交叉，聊到可以突破原本学科边界开展研究，您身边有什么比较成功的案例吗？

薛其坤： 航天航空学院的李路明老师就是一个生动的例子。他的导师是潘际銮院士，做焊接的。现在李老师做什么呢？他做脑起搏器，而且已经领跑全球了。

薛其坤： 李老师的脑起搏器，关键技术在于纳米焊接。脑起搏器用碳纳米管做电极，而电极与器件之间的精细化焊接，就需要纳米级别的新焊接技术。

薛其坤： 以前脑起搏器的电池只能用 5 年，5 年到了就要开腔，重新植入电池。现在他将无线充电技术引入进来，解决了供能问题。为了避免充电发热引起烧伤，他又尝试将充电装置设计成非磁材料。总之他一直在变，一直在突破。

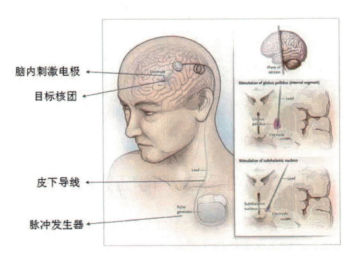

脑起搏器植入体内（来源：中国科学院）

研读间： 在学科交叉方面，清华具体推行了哪些支持政策？

薛其坤： 以前交叉项目会遇到很多问题，比如成果只算是第一完成单位的成果，在激励机制上存在明显瑕疵。

薛其坤： 学校已经意识到这些问题，有了两方面的支持。第一，学校准备在一些重要的研究方向上建实体平台，提供充足的空间和经费。在教师跨院系兼职方面，设定新规范，来梳理兼职老师与原院系的关系。同时研究全新的考核机制，把跨院系的工作量统计并考核清楚。第二，同步搭建一些虚体平台，院系之间合作完成交叉项目，在院系考核中执行交叉学科的标准。

薛其坤： 另外，学生培养也在寻求突破。学生想做交叉研究，但本院系学位课已经有一套，全都必须学，再要学交叉学科的内容，时间和精力都不够。学校已推出交叉学位制度，以期解决这个问题。

"长远来看，学术方法论的培养最为关键"

研读间： 目前无论是学校还是院系，学术成长的资源都很丰富。但我们注意到大家的学术交流热情并不高，您认为问题出在哪了？

薛其坤： 学术交流最重要的形式就是学术报告。当前博士生研究任务重，看到报告内容离自己的方向比较远时，就会不积极。他们不积极参与学术交流，自然也体会不到交流的快乐。

薛其坤： 我的建议是，只要有时间，每周尽量听一两次。学术报告不仅是学者多年科研成果的浓缩，它更是学术方法论的体现。从长期发展来看，通过学术报告培养科学的学术方法论，显得最为关键。

薛其坤： 有一些报告含金量很高，比如大师退休前的报告、获大奖后的报告。这些报告常常会从时间和空间上追溯个人发展轨迹。你能从中发现自己的差距，从更广的维度上检查自己的研究。为什么中国做不出开创性研究？因为很多人快速进入一个领域空间后，不能站在更高的角度审视自我，于是也被空间彻底限制住了。

研读间： 能不能分享一次让您印象深刻的学术报告经历？

薛其坤： 每次学术会议听到的一些内容，都会和自己的研究方向有些关联，有一次关于新式材料制备的报告给了我很大启发。

薛其坤： 传统的材料研究，主要聚焦在自组织和生长材料上，讨论光刻技术、蒸镀、化学气相沉积（CVD），或者用炉子炼制。有人介绍了一套新思路。他把材料溶在溶液里，然后将溶液冷冻，冻结过程中实现材料排序，后面再想办法将材料分离出来。这个想法确实很令人耳目一新！

薛其坤在清华"巅峰对话"进行分享

"把博论做成开放、融汇大家智慧的平台"

研读间： 从一位导师的视角看，您觉得研究生会怎么更好地组织博论？

薛其坤： 我参加过几届博论，总体是比较成功的。不过目前似乎给博论太大压力，要把博论的影响力做到特别大其实很困难。

薛其坤： 因此，首先要明确博论的服务对象，主要是低年级博士生。他们在立题、立项、打基础、学习专业技术的过程中，多接触这些专业化的训练，能够弥补小范围组会的局限。随着年级的增高，应该更多地参加领域内高水平的学术会议。其次要明确博论最重要的功能，是训练学生做报告的能力。这种在有限时间内介绍成果的能力，不仅对博士阶段的学习很重要，对将来走向社会也一样重要。

薛其坤： 具体到组织方面，我提两个建议：第一，怎么搞活动、搞什么活动、怎么把活动搞好，这些问题要多发挥集体的智慧。要把博论做成开放、融汇大家智慧的平台。第二，要把视野放到学校之外，不仅局限于清华，还要放眼全世界，把全世界的经验学习过来。思想上、空间上、专业上更加开放，甚至不妨打破常规，多进行一些头脑风暴。

要珍惜这几年来之不易的学术研究生活

研读间： 如今博士生面临的各方面压力越来越大，诸如科研任务多、就业竞争激烈、高房价等，您认为博士生要怎么自我调适，坚持在学术科研的路上继续下去？

薛其坤： 首先，要多跟导师取经。学生和导师在一起的几年，也是人生成长非常重要的阶段。导师不仅会给你学业上的指导，也应该言传身教，给予人生指导。我们团队，1/3 的学生未来不会从事学术，但我对科研的严谨认真、对困难的乐观态度，还是会对他们产生积极影响。

薛其坤： 其次，一定要放平心态。房价问题可以议论，以后的就业方向可以选择，唯一不能选的，就是之后几年的研究生活。利用好学校的平台与机会，充分培养分析、解决问题的能力，以不变应万变。

薛其坤： 最后，清华学生应该学会独立思考，要有定力，不要被外界扰乱心神。如果这几年时间没有充分利用，那是一件非常遗憾的事。日后等你到了工作单位，可能马上就要建立家庭，那时候各方面压力都来了，再想返回来学习，已经晚了。

（本文经院系审校定稿，原载于 2017 年 4 月"清华研读间"平台）

张小平：
清华这么大，只学术不交流就亏大了

张小平，1997年毕业于清华大学计算机科学与技术系，2000年获计算机科学与技术系工学硕士学位，2008年获计算机科学与技术系工学博士学位。现任清华大学信息化技术中心（网研院）党委书记。曾任清华大学信息科学与技术学院党工组长、副院长，校党委研究生工作部部长、组织部副部长，清华大学计算机科学与技术系党委副书记。

张老师一直从事计算机网络领域、高性能路由器体系结构方面的科研和教学工作，承担或参与了多项国家自然科学基金课题、"863计划"重大项目、国家发改委CNGI、教育部985等项目。在IPv6核心路由器和高性能IPv6/v4双栈路由器系统研究与实现方面，获国家科技进步奖二等奖、中国通信学会科学技术奖一等奖、中国计算机学会王选奖一等奖和信息产业部重大技术发明等荣誉，研究成果目前应用在CNGI-CERNET2、中国电信、移动等网络中。

张小平：清华这么大，只学术不交流就亏大了

清华大学信息科学与技术学院副院长张小平

要让同学认识到清华的平台很难得，不交流就亏了

研读间： 您认为为什么如今不少博士生不太愿意主动地进行学术交流呢？

张小平： 这个问题可以延伸到更大的一个话题："为什么要进行学术交流？"这是整个教育生态的一个大的、系统的问题，而不是指其中哪个环节有问题：我们的教育体系并未鼓励学生保持好奇心——我们对教育的理解更多的是知识的传授，而非思维方法的传授。作为研究生，更多的是完成既定的科研任务，并不需要、也没必要拥有多大的好奇心：我为什么要了解其他学科？导师不怎么支持，大环境也不怎么支持，赶紧拿到学位才是正事。这是教育生态问题，想要改善比较难。

研读间： 关于导师以及背后整个的科研环境，您认为在学术交流、学科交叉等方面有哪些做得不够的地方？

张小平： 实际上老师们也在考虑怎么开展学科交叉。但现在的环境下，有好多具体的问题：比如实验场地、研究成果认定等，都很烦琐，让人头疼。还有一些开展交叉交流的形式是提供专门为了交叉研究的环境和平台，不同专业的师生集合到一块儿去做研究，但搞了几年之后，发现"家"回不去了：因为自己原先的科研资源可能没有了。

张小平：所以我提出的建议是，如果要搞学科交叉，应能够提供大的、流动的、宽松的环境，允许老师能够抽出一两年的时间在其他实验室做交叉研究工作——这背后其实涉及我们整个科研投入的资源以及评价体系的调整，这决定老师的精力应当朝哪里走，有没有做学科交叉的推动力。国外的一栋大楼，会刻意把不同学科的实验室放到一起，但是我们，一个专业是一栋楼，楼和楼之间距离还那么大。如果生命学院的老师想去电子系罗姆楼咨询点问题，都能算作异地恋了。

研读间：既然国外有这些实体交流空间，那么我们在学校的层面上，是否可以构建一个理想的实体空间，让学生走出实验室？

张小平：我觉得这还不是当下最迫切需要做的，对学术交流而言，我们可能要先喊出一点传递理念的口号来。口号是一种宣传，一种润物无声的意识渗透。要在学校范围里慢慢营造出一种理念，让同学们认识到："来清华，这么好的环境，不交流就亏了。"

减少学生的同质化现象，要让不同的学生有不一样的优秀

研读间：对于以后想走学术生涯的同学，您有哪些建议、经验可以提供的吗？

张小平：纯粹的以学术为未来主业的同学，要有相对平静的心态。像这样：你要知道你不会饿死，但也不要指望大富大贵——当然如果你运气好，做的研究正好能转化为生产力，你也能成为下一个特斯拉。我们倡导在思想上不要以具体的、物质上的东西为理想目标去奋斗，这也是清华一向提倡的。世界上能赚钱的事情太多了，我们要平静一些。

研读间：当然这一切的前提都是同学有了一定的学术志趣。张老师觉得我们目前的研究生尤其是博士生还存在哪些比较普遍的问题亟待解决呢？

张小平：同质化现象。我们培养的学生要有这样一个观念：既然是博士，就要跟别人不一样，否则就不是博士，但现在并没有把这其中的"不一样"当作重点。我了解一个我们系的学生，博士期间做电子商务中电子货币的研究，用现在的专有名词来说，就是"区块链"。这在当时是世人都不明白未曾涉足的方向，全国都没有几个人着手这方面的研究。后来央行通过查询博士论文挖走了他，后来他发展得很好。但是正因为他这种"不一样"，未来一旦有需要，只能他做，他的重要性就体现在与众不同，博士一定是做没有人做过的事情，创造出与别人不一样的技术与知识来。

张小平：我们回过头来再谈谈教育理念，到底应该是人有个性还是按部就班？像

苏世民学者项目，第一期 111 人，其中也有不少中国的学生。后来我跟他们聊，谈起来对中外学生的差异感受便是：国外学生每个人的优秀都不一样，但中国学生的优秀都一样，就是什么方面都很牛。我觉得这个是我们的教育理念中应当吸收。我们其实也没有错，但是进一步吸收借鉴国外的状态会更好。

学生需要一个负责的、有能力的学术引路人

研读间：您觉得应该如何培养被强调很多遍的研究生的学术志趣呢？也就是说怎么能让乐于做学术的同学比例越来越多呢？

张小平：这个问题其实挺有现实意义的。我要强调的是：学术引路人非常重要，引路人怎么引，也很重要。我谈一个案例：一位中科院的同学学术做得很不错，最后却因为觉得自己的研究很没有意义，是"消耗自己的生命"而选择放弃学术去中学做老师。这也一度让他的导师数夜无眠。从现在的评价体系来讲，这位博士生能发出高影响因子的论文，无疑是优秀的。但是我们认为他导师的工作是不到位的，因为他作为引路人没有激发出学生的学术兴趣。学术兴趣不是凭空来的，咱们都得实事求是。

张小平：颜宁老师也有过相似的经历，她本科时也不觉得对科研有多大的兴趣，到了国外读研以后，听了科学导论相关的课程，听了老师讲解学术到底是什么，她终于领悟到原来生命科学这么有意思，她做的方向原来这么有意义。所以之后她产生了极大的学术兴趣，正反馈出现了，想拦也拦不住，不让她做科研是不可能的了。

张小平：所以学术引路人特别重要，要有正向的引导。另外，清华培养学生要有理想的情怀，不仅体现在基层就业上，也体现勇攀科学高峰上，这些在清华的教育太少了，要有专业教育和引导。

研读间：您是指学术上的"思想教育"？

张小平：对，缺乏科学上的思想政治教育。如果你的人生理想就是想赚大钱，那干什么读博士？要赚钱就应该小学毕业后赶紧混社会，那赚的钱可比现在多多了。

学生是导师思想的延续，要像对待孩子一样对学生倾尽全力

研读间：您如何评价当下我们国内的导学关系呢？如今的导学模式对研究生培养又有哪些影响？

张小平： 要想培养学生，其实就是看在他身上投入了多少精力，你有多少老师，老师与学生一对一深入交流的时间有多长，这就是高校能够提供培养的资源。像国外机构评价高校，会计算"生师比"，也就是学生数量/教师数量。如果一所教学单位"生师比"低的话，教师平摊到每个学生身上的时间就多了，就这么简单。尤其是那种一对一个性化的深入交流，是教育系统中的效率最高的过程，很多学生都有感触。我们学校目前推进的"open office hour（开放交流时间）"，希望达到的目的也正是这个。

张小平： 尽管放眼全球看，对于学生未来生涯和发展，导师应不应该多花点精力，其实是没有定论的：在西方，导师是 partner（搭档）；在中国，导师是 father（父亲）。"一日为师，终身为父"，所以当爹的是要对儿子负责的，在中国的文化里我很认同。孩子是你生命的延续，学生是你思想的延续，都是孩子，导师自然也要负起责任。中国的教育思想是很好的文化，远比西方温情，我们不希望变得很冷漠，学生想拿学位，跟着导师干活就好了。

张小平： 所以按我的观点，学生的学术生涯发展，导师应该做好引路人。但在生涯发展方面，比如学生以后该做什么、怎么未雨绸缪，很多导师也不知道。因为很多时候导师都是一路做学术过来的，最后留校工作。至于政府、企业在做什么，导师不知道，也不懂。

张小平： 当导师自身的知识结构与学生的多元发展需求不匹配的时候，学生会感觉到导师这边的"乏力感"。

给自己一块儿学术自留地，孕育自己的科研理想

研读间： 关于您在培养自己的博士生时，如何引导他们的交叉思维？张老师可以具体谈一谈方法。

张小平： 我的方式主要是开组会时，轮流安排同学必须介绍一个与我们的研究课题无关的知识。这是我制度化的做法，我是从研工部回来后决定这么做的。学生不能老是盯着一块，那样子视野太窄了，要想接触到更自由的世界，必须得去研究别的东西，而我正是要强制性打开他们的视野。

研读间： 对于如何更好地开展学科交叉研究您有没有一些想法或者建议？学科交叉的边界在哪里？

张小平： 我觉得学科交叉不是原动力，原动力应当是科研中遇到的实际问题，或者在生活中真正遇到的问题。我不推崇纯粹做研究，而是问题驱动，此时，想不交叉是不可能的。

研读间： 结合您这些年科研求学的经历，您觉得理想的学术交流的状态、模式应该是怎样的？

张小平： 我想就是每一个人都在做自己正在做的事情，同时脑子里还转着很多东西，像做梦一样，这个状态是最理想的。每一个做科研的人，都应当有一块自留地，谁都管不着，想怎么做就怎么做，这里播种的是我们的梦想。不要把所有的精力都放在工作、生活的任务上，给自己保留一块空间，我觉得这是很有必要的。每个人都有这个的时候，就会发现其实把自留地上的果实拿出来交流的时候，大家还是很快活、很嗨的。

（本文经院系审校定稿，原载于 2017 年 5 月"清华研读间"平台）

杨国华：
在体验中研究"清华学"

　　杨国华，清华大学法学院教授。曾任中华人民共和国商务部条约法律司副司长和中国驻美大使馆知识产权专员。杨国华老师在商务部工作18年，先后从事国际贸易法、国际投资法、国际经济合作法、国际知识产权法和WTO法等实务工作，其中主要负责涉及中国的WTO争端解决案件处理和中外知识产权交流工作。参加的国际多边和双边活动包括：中国加入WTO谈判，亚太经合组织（APEC）知识产权工作组会议，联合国国际贸易法委员会（UNCITRAL）会议，国际统一私法协会（UNIDROIT）会议，中美商贸联委会（JCCT）和战略与经济对话（SED）会议，中欧高层经济对话（HED）会议。2001年中国加入世界贸易组织以后，他又受命代表中国政府负责处理了迄今所有重大诉讼、仲裁案件。1999年9月，他被北京市法学会评选为"优秀中青年法学家"。2014年8月正式加盟清华大学法学院担任全职教授。

　　杨国华老师也是第一位提出"清华学"概念的人，从清华概况、清华校史、清华院系、清华校园、清华大师和清华名篇六个方面论证了"清华学"。杨国华老师在机关工作了18年之后总觉得最终应回到学校，把自己的收获跟同学们分享。

杨国华：在体验中研究"清华学"

杨国华老师

清华学：一个没有人思考过的谜

清华学的概念是由杨国华老师首次提出的。认为清华可以成为学科，这一点现在似乎并没有人有共识。皇家园林"清华园"有悠久的历史，"庚子赔款"清华学堂有复杂的开端；校园内有中西合璧的建筑，有学贯中西的大师；"水木清华"人间胜景，"荷塘月色"意味悠长；于是每天慕名而来清华参观的人很多，然而他们对清华的了解几乎为零。清华这么好，但外界却对清华如此不了解。这是一个谜，一个没有人思考过的谜。探究其原因，有两种人：一种是清华土生土长的人，从清华附小一直到老教授，他们对清华的环境熟悉到自然；一种是外来人，仅进园逛逛而已，不会深入研究。而杨国华老师恰好是介于两者之间的第三种人。他来清华时间不长，既不是匆匆过客，也还没有对周围的一切熟悉到没感觉。除此之外，从原来的工作到园子里工作，心态上的巨大反差也是促使他来论证清华学存在的原因。

以清华园具体的形象为范围，对待它的方式有很多，比如旅游、生活、学习等。事实上，不以研究校园为目的，即使在这里生活几年也依旧对校园一无所知。那么如若作为一个研究，刻意地去关注它；或是从学问出发，进行理论的总结，不停地体验挖掘。即从浅层次和深层次两个维度探究，都是不可或缺的。

杨老师《清晨印象》

研究过程：相融、相辅、相成

杨国华老师提出要开清华学时，数学系的教授白峰杉老师给予他很多的信任和支持。白老师作为在校园里生活了30年、对清华很有感情的老师，一直以来就想开这样一个课，但一直没人去做。黄延复和苗日新老师的著作是他提出清华学最基础的资料。黄先生从历史传承的角度来研究，被称为校史专家；苗先生则主要从旅游的角度来研究。

清华学的特殊性在于它的丰富性，这也是最能打动人的地方。形式上，它是一个时代的园林；内容上，它跨越了好多种学科。这两个特点决定了清华学研究方法跟其他学科的不同。杨国华老师把清华学的研究方法归为三类：一类是阅读；一类是考察；一类是体验。三个方法结合在一起才能更好地研究清华学。清华学是一个综合性的跨学科的研究，对于杨老师来说是一个自然的过程，很难论证其与法学有关系或者没有关系。杨老师这样解释道，"如果说我有三个研究领域的话，清华学是基础，基础之上有法律和教学法，跟以前的领域不是排斥的关系，是融合的关系。"

在研究过程中，杨国华老师已初尝了这个学科的甜头：好奇心得到了很大的满足，涨了很多的见识，得到很多的知识。同时，杨国华老师开了很多相关课程，越来越多的同学开始了解并对清华学感兴趣。对于杨国华老师来说，这种自我实现和个人享受是清华学赋予他的最大的个人收获。

杨国华老师（右一）与学生

推进：慢腾腾的体验

　　清华学是需要体验的，是需要"慢腾腾的打算"的，是一件不能着急的事。在杨国华老师看来，现在对清华学的研究没有什么解决不了的困难，要做的事情是希望有更多的人来研究。清华学的六大板块，每一块都比以前推进了一些。现在看来可以增加校园雕塑文化这部分和视觉体验这部分。清华不是静态的，需要在动态中体验，比如春季一个半月的花期。研究清华学是一个动态的变化，同一场景的不同时期也会有着不同的体验感受，这种体验增加了内涵的丰富性。

　　杨国华老师说："最近有本书叫《快思考与慢思考》。快思考就是说大家倾向快餐的阅读，读完就不思考了。慢思考就是说慢慢的体验会有更多的感受。现在最能打动我的依然是清华的内涵，因为它太丰富了。"

　　在研究中，让他最震撼的是：梁启超的最后四年是在清华度过的。他对清华最感兴趣的地方恰好也是梁启超与清华的故事。杨老师办公室墙上贴着梁启超的校训演讲，两层书架满满的也都是关于梁启超的书籍。对梁启超的研究，上位概念就是对历史名人的研究。在名人故居的推进方面，2016年杨国华老师给校长写了三封信，提出关于实施"名人故居计划"的建议。特别是在第三封信中他提到，国学四大导师中有三位的故居都是在校内，应该整理开放成为纪念馆。把文化价值挖掘出来，把历史经验传承下去，这是杨国华老师未来一段时间里执着要做的一件事，同时也期望相关人士加入，一起来推进研究。

杨老师《今昔》

让清华变成更好的清华

两年前杨国华老师写下《论清华学》时的感觉是视觉冲击，是生活在清华大学八个月的视觉积累。现在给本科生开了"清华学"这门课，实践教学经验的积累使他更加坚定了清华的内容丰富到可以支撑一个学科。而杨老师的心态已由视觉大冲击转变为一种慢慢的体验。他将继续推动发现，从个人的角度贡献一点力量，让清华变得更好，建设成为世界一流大学。清华学赋予清华大学最大的意义，是挖掘出这个一百多年的校园里不可替代的文化。这样的研究本身不是简单的宣传，而是一种文化的积淀,是中国传统文化。正是清华有历史传承、有文化积淀、有大师,让清华变成更好的清华。

杨老师《岁月(组图)》

(本文经院系审校定稿,原载于 2017 年 6 月"清华研读间"平台)

第 4 章
火传穷薪

"指穷于为薪，火传也，不知其尽也"，本章旨在展示那些以学生视角呈现的令人动容的导学故事，多收录院系及个人投稿。薪火相传、继往开来，在清华，传承的不仅是技术与知识，更是导学之间真挚的情感。

姜彦福：
师德门风的发扬与传承

姜彦福，清华大学经济管理学院技术经济教研室教授，博士生导师，清华大学中国创业研究中心主任。博勤卓越公司学术理事长、创始人之一；中国企业技术经济研究会理事；中国交通系统工程学会理事；黄河三角洲社会经济发展研究会理事；北京市近两届科技进步奖（软科学）评审委员会委员。

在创业管理、公司治理结构、制度经济学等方面有着杰出的研究成就。承担过国家多个重要研究项目，比如国家"八五"重大项目"中国技术创新理论研究"。担任多个公司董事和顾问，有着丰富的理论和实践经验。

姜彦福：师德门风的发扬与传承

姜彦福教授

"凡是接触过姜老师的人，很难不被他言谈举止中不经意间挥洒出的智慧所折服，同时被他的诚恳谦和与善解人意而感染。姜老师有一种神奇的魔力，就是无论鸿儒还是白丁，和他在一起，都能很快被对方引为同类甚至知己。"姜彦福教授曾经指导的博士生在庆贺导师75岁生日时，在纪念册上郑重地写下这样一段话。

姜彦福老师自1970年毕业于清华大学工企自动化专业后，便留校任教。1978年年底，他作为首批教师参与了清华大学经济管理工程系的筹建（清华大学经济管理学院的前身），成为清华经管学院最早的骨干教师之一。在姜彦福老师近四十年的教学生涯中，他指导过200多名学生，其中，博士生44名，这些学生都有一个引以为豪的共同的身份——"姜门弟子"，微信群自称"姜门三常"——导师以育人为常、弟子以助人为常、家人以爱人为常。

此外，姜老师高度重视理论联系实际，他为清华EMBA和高管培训班讲授的《公司治理》课程一直受到学员们的热烈欢迎，很多企业家邀请他担任独立董事，并和姜老师成为终身的朋友。

2019年，姜彦福老师和他指导的各届毕业校友共同捐资人民币近120万元，设立了"清华校友——姜彦福奖学基金"。在签约仪式上，清华大学副校长、教育基金会理事长杨斌深情回顾了他在20世纪80年代末第一次偶然听到姜老师授课的经历，并盛赞姜老师是一位真正的"思想者""好师父""真君子"，这是对姜彦福老师几十年教学生涯做出的贡献和成果的高度肯定。

思想者：前瞻的学术思想与研究

姜彦福教授是清华大学经济管理工程系1978年的首批筹建教师之一。当时，中国高校中，经济管理院系发展较为落后，学科发展也很不完善，难以与中国改革开放的需求适应。清华经济管理工程系和之后1984年清华大学经济管理学院的成

姜彦福教授认真听报告

立,正是顺应时代发展的要求。姜彦福教授调到经济管理工程系后,便着力将研究重点放在技术经济、公司治理、创业教育等新兴学术领域的研究上。

20 世纪 80 年代,姜彦福教授在做经济管理研究时,非常关注世界学术发展的前沿,他是最早研究科斯、纳什等大师学术思想的中国学者之一。姜老师的数学功底非常好,但他始终认为,"真正的大师,并不是构建复杂的模型,而是提出思想",经济应该让数学成为一种研究问题的工具,而非迷失在数学中。姜彦福在做研究之前对文献综述格外重视,他的 80 年代研究生回忆道:"姜老当时可以熟背《资本论》中的很多经典,他坚信综述绝不是材料的堆砌与简单梳理,而必须有自己的洞悟和升华。"姜彦福在提到做文献综述的重要性时,常常对当年季羡林先生为做文献综述而几年不辍、张五常先生专读半年经典来准备文献综述而津津乐道。此外,姜彦福在做经济管理研究时,不仅强调破万卷书,更强调行万里路,注重理论问题与现实的联系,力求在联系中国人的国民性和中国的实际情况来分析和思考管理中的问题。

1979 年,清华经济管理工程系(经管学院前身)成立后一年,技术经济专业正式设立。作为该专业国内第一个博士点和全国重点学科,技术经济专业将工程技术与经济管理结合,是全国管理学科首批被授权建立的博士后流动站。雷家骕教授 2010 年在清华经管学院《校友通讯》《技术经济与管理 30 周年专刊》中撰文回忆道,他 1989 年 9 月入校三个月后,即在傅家骥老师、姜彦福老师的带领下,参加技术创新课题的相关活动。当时国内研究创新就三个团队:一个傅老师的团队,一个贾蔚文老师的团队,一个东北大学陈昌曙老师的团队。1990 年年初,清华经管学院的姜彦福和傅家骥先生与邓寿鹏(时任国务院发展研究中心技术经济部部长)和贾蔚文(时任科技部研究中心负责人)开始筹备"中国技术创新研究"的国家自然科学基金重大课题,用雷家骕教授的原话来形容是:"在这个课题推进过程中,傅老师是司令,姜老师是参座,我是写字工。"这个课题对技术经济专业的发展有着重大作用,为清华大学技术经济教研组在全国技术创新研究领域的地位奠定了很好的基础。

此外,姜彦福教授创新性地开启了中国创业研究和教育,并从 1998 年开始带领清华团队率先系统地开展创业相关研究。2000 年,姜老师和同事共同发起的清华大学创业研究中心正式成立，这是国内高校中最早成立的创业研究中心。2002年，清华大学创业研究中心首次参与"GEM（全球创业观察）中国报告"研究，该研究是国际上近40个国家和地区按同一内容、统一方法进行的国际比较研究，也是我国首次按国际规范对创业进行系统地研究，研究成果已于2003年2月正式对外发布。姜彦福的1998级博士生张帏对当时中国的创业和创业投资有一定的观察和理解，很感兴趣，正当他犹豫是否要以此方向作为博士论文方向时，姜彦福教授给予了明确的支持和鼓励；同样，当1998级博士生陈耀刚研究互联网经济时，姜彦福教授也希望肯定了他的研究方向，并支持他深入下去；在有过实际创业经历的博士生徐中希望开创性地研究创业企业的核心能力遇到困难时，姜老师鼓励他勇于尝试，并从研究方法等多方面给予了极大的启发，最后其毕业论文获得了校内外评委的好评。19世纪90年代末20世纪初正好是国内互联网创业和创业投资的第一波高潮，姜彦福教授带领的清华研究团队积极引荐国际前沿学术研究和最佳成果，探索中国创业学科的发展，撰写了《创业管理学》一书，为我国创业和创业投资的研究与发展做出了重要贡献。

姜老师又是一位不循旧规的特立独行者，相对于很多著作等身的"勤奋"学者来说，他是相当"懒惰"的，几乎可以用惜墨如金来形容。粗略估计，能够查到的他公开发表的著述恐怕不及他学术成果的1/3。即使是很有独创性的一些观点，他往往在发表时也是斟酌再三，甚至延循孔夫子"述而不作"的原则把创见隐去，只留下自信能经受住历史检验的学术成果供后人评判。

也正是因为姜彦福讲授前瞻的学术思想和严谨的治学理念，他的研究成果对中国的公司治理、创业研究有着巨大的贡献，曾多次获得教育部科技进步一等奖、国家教委优秀教材一等奖、国家图书奖等奖项，并曾连续担任两届清华大学学术委员会委员。

好师父：关爱学生"成长、成人、成家、成事"

潘福祥（1988级，曾任校学生会主席）是姜老师最早的研究生之一，他回忆道："姜老师是一位涉猎广泛、博闻强识、知类通达、不特创见的学术大家，听过他讲课的学生无不沉醉于他在课堂上行云流水般的旁征博引，和他讨论问题的学生时常被他字字珠玑的点拨获得醍醐灌顶般的顿悟。师从姜老师后，从无数次天马行空般的神侃海聊中学习和领悟到的基本经济学思维方式和市场经济观念在我后来的学术研究和工作实践中烙下了不可磨灭的印记，从姜老师言传身教的熏陶中体味到的悲天悯人的忧患意识和经世济民的家国情怀，更成为我生命中最为宝贵和终生珍视的精神财富。"

姜彦福1999级博士生杨军回忆起第一次听姜老师上课时的情景："先生走进了教室，手中没有课本，没有讲义，没有皮包，我心中正诧异时，先生已经开讲了。只见先生拿起粉笔，清秀的粉笔字飞快地跳跃。听先生娓娓道来，脉络清晰，自然连贯，真是一种享受……"

问起姜门弟子谈姜老师授课的情景，他们都清晰地记得，姜老师在课堂上是如何旁征博引、娓娓道来的。姜老师博览群书、阅历丰富、记忆力超群，在授课之前早已成竹在胸，所以上课并不需要讲义。学生纷纷评价他的授课风格"清清爽爽"，总能拂去知识上的迷雾，使人如醍醐灌顶，是真正的"传道授业解惑"。

有一次，有人问姜老师，"传统授课方式是否对记忆力的要求很高的问题时？"姜老师回答道："不只是记忆力的问题，还要对所讲解的知识有充分的理解。很多人怕忘，只好写在纸上。其实，我以前在清华上学的时候，就发现不少教授，如钱伟长，他们上课时就不用讲义，全凭嘴和笔。"

姜彦福教授为学生授课

姜老师一直是众多姜门弟子心中的指路明灯和行为榜样，由于姜老师的人生阅历十分丰富，因此，他总是"严于律己、宽以待人"，以博大的"同理心"对学生们抱以慈爱和宽容，相信清华的学生一定能够成才。当有学生纠结于自己未来的职业发展方向，有学生迷茫于选择院系和导师，有学生困惑于人生路上的成长问题，有学生困惑于子女教育等问题时，姜老师总是能耐心、睿智地给出有益的建议。不仅如此，姜彦福对学生的关爱还渗透到了生活的方方面面。姜老师1988级的研究生潘福祥在读研期间，论文被国际会议接受，他希望前往美国科罗拉多和日本东京参会，但往返路费数额巨大，他又囊中羞涩，因此犹豫是否要前往。姜老师知道这件事情后，不动声色地签了个支取其个人科研经费的请款单，让秘书交给潘福祥。姜彦福对学生的关爱，往往是如春风化雨般，让人沐浴在温暖的师生情之中。再如，宁向东当年（非正式入门弟子）毕业后留校任教，和姜老师一起为EMBA开一门课"公司治理"，宁向东初次开课时经常担心自己无法很好地完成教学任务。为宽解宁向东的担心，姜彦福教授在上半学期授课时，经常会为下半学期宁向东的部分有意做一些铺垫，方便他日后开展讲课内容。用姜彦福老师的话来说就是"我与向东相识二十余年，既是师生，也是挚友"，后来宁向东在出版《公司治理理论》专著时，专门在自序中感谢了姜彦福教授，并邀请他来为书作序。

"思想自由、兼容并包"是大学精神的内核，而这一点在姜老师身上体现得更为明显。1998级博士生张健华长期从事金融工作，希望在金融领域撰写学术论文，这与姜彦福教授研究的技术经济、创业研究稍有分歧。但是在选题的过程中，姜老师非常开放，并没有要求一定要跟着他的专业领域，而是让张健华开放选题，并给予指导，这极大地帮助了张健华完成论文、解决金融领域实际问题。

姜彦福教授不仅在学术、生活上给予学生关怀和指导，更为学生的成长成才操心。学生孙伟毕业后远去甘肃从事地方行政工作，临行前，姜老师一方面像慈父一样心疼他即将远离家庭去艰苦地区磨炼；另一方面又充分肯定和支持他的选择，鼓励他"入主流、上大舞台"，去实现人生的理想。在甘肃工作5年，孙伟牢记姜老师教诲，投身西部基层工作，展现出了一股"拼命三郎"的工作劲头。2011年夏天，姜老师携学生专程前往甘肃看望孙伟，了解他的工作和生活情况，鼓励他坚持理想、努力干好事业，保重身体、兼顾好家庭。前南斯拉夫留学生波波夫在祖国遇到危机时，准备将自己的研究方向从法学过渡到经济学，姜老师给予了可贵的支持，并在学术上指导、鼓励他，在生活上具体帮助他；有学生在毕业后去哪里进行职业发展而忧虑迷茫，姜彦福找他谈心，分析了各种选择的利弊，并且鼓励学生追随自己的内心，做出自己的选择，必要时为其推荐一些工作岗位。正是因为有姜彦福这样的老师，如今中国的学界、商界、政界都有姜彦福的学生活跃着，师生共同为国家经济与社会发展做出贡献。

姜彦福先生（第一排居中）75 岁寿辰合影

姜老师退休之后，姜门弟子发起了一个坚持十多年的春秋两个学期聚会的传统，春季聚会是在 4 月下旬的"校庆期间"，秋季聚会是在 12 月初的姜老师生日期间。说是聚会，其实是另外一种形式的终身学习和体验课题组大家庭的温暖。在这个聚会上，课题组齐聚，弟子们互相交流、分享学术思想或生活感悟，姜老师则总是笑意盈盈地对弟子们的分享一一点评，尤其是点赞加油。2020 年，因为疫情无法现场聚会，姜门弟子们热情不减、齐聚线上，在"云端"进行了一次长达 4 个多小时的思想碰撞。迈入社会大学的弟子们，在追求成功和幸福的道路上，每当事业有成时就会收到师兄弟的庆祝点赞，这总会让人无比欣慰的温暖；每当事业和人生遭遇挑战、挫折时就会得到师兄弟的关心支持，这总会给人坚持进取的勇气。

真君子：正直坦荡

在学生和学院同事的眼中，姜老师口碑极好。姜老师不仅高大帅气、博学睿智，更重要的是正直坦荡、表里如一，俗话说"相由心生"，姜彦福被称赞为"真君子"当之无愧。他为人正直、坦荡、无私、无畏，有清晰的做人做事的原则和底线，但在这原则范围之内又愿意去尽可能多地帮助他人。他善恶分明，心中如同明镜一般，内心有着自己的一杆"秤"。

姜老师是一个情感丰富而有大爱的人：对于父母非常孝顺，在母亲逝世时，他黯然神伤了良久；对于前辈，他格外尊敬，曾不止一次提到过对于技术经济学科的创始人傅家骥先生的关爱和提携，他非常感恩；而对于后辈，姜彦福又时时刻刻愿意做

姜彦福：师德门风的发扬与传承

一个引路人、一根红烛，他在学生答辩被为难时主动解围，在后辈落难时无私提携，是学院同事同行、学生的楷模。张健华回忆道，姜老师在聊天过程中，有时会不经意地聊起一些话题，但是却能让听者从中感受到老师深厚的功底和对人生的感悟，如春风化雨一般，润物细无声。

姜彦福教授与毕业学生合影

在学生的回忆中，姜彦福教授最大的业余爱好之一是下围棋，他是当年清华学生中的围棋"高手"，曾和国家围棋队顶尖高手陈祖德在清华学生宿舍"对弈"过。在科研教学之余，他更愿意沉浸在围棋的世界中，还常常邀请学生在棋盘上厮杀一场，每次结束后，他都会站在门口，笑吟吟地对离去的学生说："下次一定再来！"

博士生薛镭是姜老师的学生，于留校任教期间认识了姜老师，他在回忆文章写道："吾师数十年来，风清月明。从未因个人私事与单位和他人起哪怕一丝一毫的不悦，反而是有求必应，有难必帮。真正做到了君子之风，常怀坦荡。一个人做点好事并不难，难的是一辈子做好事不做坏事。诚如斯言，吾师也。"

在 2019 年时，姜彦福教授和他指导的各届毕业校友捐赠人民币近 120 万元，设立了姜彦福奖学金，用于奖励在创新创业方面取得突出成绩的优秀研究生。这既是对姜彦福教授从教 50 年师德门风的继承和发扬，也凝聚着同门师生对母校的深厚情谊。在此之前，姜彦福就和身边的学生说，与其在节日时花钱，不妨共同凑一笔钱作为奖学金，来帮助后辈学生成长，奖励优秀，后来这就演变成了现在的姜彦福奖学金的基金来源。真正的君子，不唯有高尚的品格，更有惠泽他人的心胸。

姜彦福教授（第二排左三）奖学基金签约仪式

  师德门风，如家风家训，是建立在学术文化传承基础上的集体认同，是姜彦福教授及其历届学生每个个体成长的精神足印。姜彦福教授以他严谨的治学理念、慈爱宽和的人格魅力、超然正直的君子之风，深深地影响着一代又一代的后辈，他们将这种师德门风代代相传，犹如文明的火种永不熄灭。

（本文来源于课题组供稿）

聂建国：
白发丹心，传道授业

聂建国，湖南省衡阳市衡阳县人，1958年8月出生，中国工程院院士。现任清华大学土木工程系教授、博士生导师，清华大学学术委员会主任，教育部长江学者特聘教授。学术兼职包括《建筑结构学报》主编、中国土木工程学会副理事长、中国钢结构协会专家委员会主任、住建部科学技术委员会超限高层建筑工程技术专业委员会主任等。长期从事土木工程结构研究，成果已广泛应用于建筑结构、桥梁结构、特殊结构、地下结构等领域。以第一完成人获国家科技进步奖二等奖、国家技术发明奖一等奖、国家科技进步奖（创新团队）各1项。获光华工程科技奖、何梁何利基金科技进步奖、全国创新争先奖、全国模范教师、全国先进工作者等荣誉。

2008 年，汶川地震的经历在还是初三学生的郭宇韬心中，埋下了一颗从事土木工程事业的种子；2020 年，郭宇韬即将从清华土木博士毕业。在清华近十载的寒来暑往，他幸运地遇见了一位"大牛"导师，在向着做一名优秀的工程师奔跑的同时，更远大的理想正通过导师的言传身教，慢慢地住进了他的脑海深处。

郭宇韬来自四川，2008 年读初三，虽不在汶川地震核心灾区，但大地强烈的震动将学校教学楼生生"劈"成了两半，中间的裂痕旁边就是他平日的教室，这让他至今感到后怕。

之后的一段时间里，当地人都不敢住在室内，选择在屋外搭帐篷睡觉。经历了汶川地震的郭宇韬，在保送清华大学的时候，面对数十个的可能选项，他选择了土木专业。"高中生选专业其实自己也没完全想清楚，可能曾经的经历是自己未曾意识到的缘由吧"，他这样解释自己和清华大学土木系的"缘分"。

大四保研时曾被问："在你的墓志铭上你想写什么？"

"一名伟大的抗震结构设计者"，还未读博的郭宇韬略显懵懂的回答。跟导师相处的四年多时光，郭宇韬在为学为人方面都受到很多影响，也有了更广阔的心境。2019 年，他再次回想当时的问题，觉得一生的墓志铭当如英国诗人济慈——"此地长眠者，声名水上书"。

郭宇韬引用小说《乡村教师》的一段话，形容自己对老师的体会："他们有一种个体，有一定数量，分布于这个种群的各个角落，这类个体充当两代生命体之间知识传递的媒介"。九年科研之路，一位位良师的严谨治学态度与对专业的热爱深深影响与感染着他，为他燃起路上的点点明灯，而他的导师，更是其中最重要的"坐标"，指引着他坚定前行。

在 2019 年清华大学学风建设大会上，郭宇韬分享了他与导师聂建国院士之间的故事以及自己在过程中对于"治学为学"的思考。他说，"做大学问如烹小鲜，聂老师让我看到的是白发丹心，是家国情怀，是广阔蓝天。"

聂建国：白发丹心，传道授业

为师，指引方向

如今直博五年级的他忆起当年与聂建国老师初次接触，那些恳切寄语依旧清晰在耳。那是八年前军训中的一场新生讲座，当时的郭宇韬只知聂老师在进行着学界领先的科研工作，但对做科研还没有概念，很忐忑自己能否听得懂相关内容。后来发现聂老师对科研与工程中的繁杂问题讲解可谓是深入浅出，还谈起了自己对专业学习的心得与看法。

讲到科学技术问题，聂老师语言朴实：组合结构，两种材料合理利用"1+1＞2"的道理——合理的分配与优化材料与结构，让各项材料充分发挥优势。这次讲座不仅让郭宇韬对科研有了一些懵懂的感受，也燃起了对专业的兴趣。

聂建国老师

"师者，传道授业解惑，聂老师首先为我指引的是一条大道。"大四时，郭宇韬向聂老师请教未来发展方向。彼时的郭宇韬迷茫且焦虑，但聂老师却让他放宽心，因为选择不同的道路其实都是在建设国家，都可以成就一番事业。"以后你会对社会和自身有更深的认识，也会知道哪里需要你，到时候要记住初心。"读博后，郭宇韬拜入聂老课题组下，聂老师给了他更多关于人生方向的引导，"工程科技源于工程、服务工程、高于工程、引领工程"，只有自己深入其中，才会知道究竟有什么问题，又该做些什么。

博士一年级时，郭宇韬参与武汉天河机场马家湖跨线桥的研究设计，聂老师多次派他去参加评审会、进行现场考察，归来后反复讨论。"有些问题其实不是客观存在的，而是人为造成的，我们作为一名工程师一定要有专业良知、社会责任和担当精神，不能创造问题再解决问题。"郭宇韬渐渐明白，一个行业的进步，需要各个相关的部门、人员共同努力去推动。聂老师对于职业选择上的宽广胸怀，对于学生的多方位的支持，其实是条条大路通罗马，殊途同归。

科研的生活是平淡的，大起大落并不多，做科研是一件纯粹的事。而在这个过程中，聂老师对于学术的赤诚之心深深影响了郭宇韬。或许有一种可以统称为"清华"的精神，在这样的过程中传承。即使年纪大了，聂老师在学生心中依然是满怀激情与活力的模样，这些来自他对科研的兴趣、责任与情怀。郭宇韬受其感染，报名成了一名清华大学的辅导员，希望能将自己所感受到的精神继续传递下去。

为师，以身作则

聂老师严谨的治学态度与创新精神也深深地影响着郭宇韬，他的第一篇论文——组合结构在地下工程中的应用，便是课题组在相关领域的初次尝试。最开始是一个工程问题，从工程问题中延伸出科研问题。

聂老师全程悉心指导，更在文章成型后逐字逐句地修改，那篇论文前前后后改了3遍，在短短6页中的修改之处多达301处。字斟句酌、用心良苦，聂老师言传身教地展现了学术论文写作中的严谨性要求之高。"看着老师的修改痕迹，我感到非常愧疚——老师都有时间来进行这么细致的工作，自己又有什么理由不多检查几遍，改正这种简单的错误呢？"从那以后郭宇韬便养成了巨细靡遗地对待每一个细节的习惯，在后来的科研工作中也不断坚持着这份严谨。

聂老师对郭宇韬从来不问文章数量，只问科研价值、工程价值、社会价值，只问研究是否有创新和提高，是否有利于国家和人民。他曾指导郭宇韬所在课题组进行国防项目导弹发射井和空军防

郭宇韬在检查试件

护门的研究,由于项目涉密,辛苦的成果不能发表成论文,但聂老师说这个项目意义重大,是"很值得"的工作。

"聂老师做研究,不会停留在表明成果,而是发自内心地喜欢科研。"郭宇韬回忆道,"有一次我们讨论某问题暂时无果,却在另一次讨论其他事项的时候,他突然恍然大悟地说'这不是受弯问题而是冲切问题嘛'。"这让郭宇韬感受到一份如"赤子之心"般对思考的投入、对学问的执着,以及伴随而生的纯粹喜悦。

为师,关怀备至

我们曾问郭宇韬,如果"将导师形容为一种动物,会选择哪一种?"郭宇韬选择了"大熊猫",这不仅在于聂老师的研究于对社会的重要性,还因为聂老师平易近人、可爱可亲,身上毫无院士的架子,总是在生活上给予学生无微不至的关心。

有一次,两人在冬季一起出差,谈及衣着时,聂老师笑着说:"衣服有一件合身的就够了。"冬天的聂老师,总是习惯地穿着不打眼的黑色大衣,也许有两三件换洗的,但他不在意,款式也都差不多。

聂老师还是他们课题组的"八卦中心",对同学们的情况了如指掌,多次给单身同学介绍对象——虽然成功率不高,但仍然乐此不疲。尽管会议和出差颇多,工作繁忙,聂老师还是会抽出时间与组内同学一起聚餐交流。有一年女生节,聂老师还和同学一起下厨,他炒菜还不忘教育学生:"做研究就像做饭,要抓关键问题,拿捏火候。"

聂建国课题组在南京五桥考察时合影(左四为聂建国,右四为郭宇韬)

学堂路上,郭宇韬常常能碰到骑单车的聂老师,他略显斑白的头发非常整齐,从背后一眼就可以认出来。每次打招呼说到回去做饭,不免又要分享一下相关心得:做鱼要怎样入味，说豆腐怎样煮口感比较好。"做大学问如烹小鲜"，在郭宇韬看来，细致入微的认真态度已渗透至聂老师生活的每一寸，聂老师生活的态度就是做科研的态度。

尾 声

郭宇韬在本科时曾有一次去教师办公室请教问题的经历。当时他在楼里绕了很久才找到一间狭小的办公室，里面密密麻麻的书籍和草案占去了空间，也遮挡住了部分阳光。

后来这竟成了他一个梦境：在不大的校园里，有一位发色斑白的老师，每天日出而作、日落而息，走过碎石的小道，进到自己空间不大、采光不好的办公室里埋头研究。日复一日，年复一年，就这样渡过了自己人生大半时光。

梦中的郭宇韬感到孤独和局促，因为人在年轻时总渴望去更大的世界，还无法理解这样的几十年如一日。但后来他感悟到，"对于热爱之人，其研究领域便是一个世界，那间办公室便是一个王国。"现在已成博士生的郭宇韬，面对这个王国，已经足够坦然，足够热爱。"他们的办公室或许不大，但他们的形象非常高大，他们的背后撑起了广阔无边的天地。"

聂建国课题组在北京某组合桥现场考察时合影
（前排左三为聂建国，后排左一为郭宇韬）

梅贻琦校长曾说过："正所谓大学者，非谓有大楼之谓也，有大师之谓也。"十八离乡家，负笈入清华。闻道千百师，授业连冬夏。十年磨一剑，如今剑可成？师恩怀若谷，执帚扫天下。大师何以为师？在郭宇韬看来，大概就是聂建国老师的样子。

（本文经院系审校定稿，原载于 2019 年 12 月"清华研读间"平台）

孟庆国：
大鱼前导，小鱼从游

清华大学公共管理学院教授、博士生导师，现任清华大学国家治理研究院执行院长、清华大学互联网治理研究中心联合主任、雄安新区未来城市公共服务研究院院长、中央党校（国家行政学院）兼职教授，曾任清华大学公共管理学院副院长、党委书记。曾获清华大学优秀教学成果一等奖、清华大学学术新人奖，入选2010年度北京市社科理论人才百人工程、2014年北京市"四个一批"理论人才。累计培养博士、硕士（包括MPA）97人，其中产生多位北京市优秀毕业生、清华大学优秀毕业生、校级优秀博士论文、校级优秀硕士论文、研究生特等奖学金、林枫辅导员奖等荣誉和奖项的获得者。2016年9月9日晚，清华大学第十五届"良师益友"颁奖晚会在大礼堂隆重举行，孟庆国教授荣获"良师益友"特别奖。

"学校犹水也,师生犹鱼也,其行动犹游泳也。大鱼前导,小鱼尾随,是从游也。从游既久,其濡染观摩之效自不求而至,不为而成。"在范梓腾看来,师从孟庆国老师授业,可谓之从游。

"读博士是一场马拉松,如何在这个过程中根据不同阶段的特点,适应性地调节生活学习的节奏,从而让自己始终保持着学术科研的热情和激情并非易事。"有赖孟庆国老师循循善诱指引方向、以身作则相伴同行、以己度人亦师亦友的"前导之力",范梓腾逐渐明晰了自己的学术志趣和个人道路。"长大后我便成了你",博士毕业后,范梓腾选择成为一名像孟庆国一样的教师。百年变幻,先生之教正在不断传承中生生不息。

孟老师获得"良师益友"特别奖的现场合影(第二排左四为孟老师)

授人以渔,照亮科研之路

"什么是公共管理的学术研究?如何确定研究课题?这样开展高水平研究?"处在博士生涯起点的范梓腾一头雾水,焦急地向孟老师提出心中的疑问。彼时孟老师并没有立即给出回答,而是和蔼可亲地鼓励他根据自己的兴趣参加一些课题组的田野调查。范梓腾虽然没有彻底明白其中之意，但还是决定带着困惑上路，参加了在贵州省的一次调研活动。

紧锣密鼓的调研、深入一线的见闻、丰富的第一，一手资料、高频率的组内交流……生动的社会图景在范梓腾面前徐徐展开，他于畅游之中逐渐明白了孟老师的用意，公共管理源于实践、用于实践，在广袤的中国大地上，才能找到问题的答案。再次在组会上和孟老师面对面，范梓腾已经不再像当初一样迷茫，开始带着真实而具体的社会问题与老师沟通学习。正是这样一次次"启迪式"的经历，他在探索中真正形成了自己对于学术研究的见解。

"不愤不启，不悱不发"，小鱼从来不能只是一味地模仿大鱼。若学生没有经过思考，孟老师决不会直接告诉学生答案，而是引导学生自己在尝试中获得知识。在范梓腾印象里，"孟老师从不会直截了当地对学生说不该怎么做，而是以很尊重的方式委婉地引导、鼓励学生。他从不把个人意愿强加给学生，强令学生照他说的去做，而是倾向于和学生一起在这个领域中不断地探索新知识。"

在"从游"的过程中，范梓腾不断汲取着知识技能，开阔视野，培育家国情怀，在公共管理领域研究中国问题，讲述中国故事。

以身作则，相伴学术之旅

工作直至每日凌晨、雷打不动的每周组会，论勤奋认真，课题组里的人都会对孟老师竖起大拇指。

课题组组会是高校博士生学术培养最常见的形式之一。在组会上，博士生可以获得充足的机会和导师还有其他同门分享自己的学术见解，并得到全面的互动反馈，而导师也可以借此机会更加系统地了解课题组目前各项学术科研工作的整体进展，并更加有的放矢地为学生答疑解惑。值得一提的是，专题汇报是孟庆国老师课题组组会的一个亮点。每学期初，课题组组会都会围绕着在接下来一个学期的整体研究主题，有计划地安排每一周的专题内容，力求使各个专题之间形成有机的联系，帮助学生形成系统地知识框架。正因如此，孟老师从来都认真对待，严格要求，从不缺席。

会上，他往往会拿出笔记本，不时地记下学生分享的内容，随后有针对性地提出可能存在的问题和改进建议。有时到了热情之处，他便亲自上阵，将PPT或Word文档投在大屏幕上，站在教室前台，一字一句地分析讲解。

孟老师组会指导学生（右一为孟老师）

范梓腾清晰地记得，有一次组会同学们的讨论热情很高，快到晚上 11 点才结束。此时，他和另外一位博士生都遇到了论文写作中的难题，便想着下次再约老师讨论。令他们意外的是，在组会后，孟老师直接同他们一起来到办公室，分别进行探讨。这样的事情在课题组时常发生。

"博士期间做学术就好像挖井如果这里挖一点那里挖一点，最后什么都做的不深，还是应该在一个地方把井挖深才有意义。"孟老师一直鼓励同学们要在一个研究领域上长期深耕，持续钻研，做出真正对国家发展有用的研究。因此，他非常关注学生在不同时间段所开展研究的前后连续性。当某个学生突然变更了研究课题时，孟老师一定会"刨根问底"——之前的课题遇到怎么样的困难？这个困难是否可以克服？如果选择变更课题，新的课题是否具有可行性？在学术路上与学生相伴前行，是他给出最庄严的承诺。

春节期间，有位同学的博士毕业论文实在写不下去，而距离提交截止时间只剩 10 多天。她回到学校，给孟老师发了一条短信："孟老师，我现在在您办公室门口，您能不能和我谈谈论文。"孟庆国老师回复她："你等着，我马上来。"两个小时后，孟老师急匆匆赶到了学校，在大年初五的晚上和她讨论博士毕业论文。

"师者，所以传道、授业、解惑者也。"正是在与导师的这种日常点滴交流中，范梓腾得以持续地在一个研究方向开展具有相互关联的研究课题，并因此得以将碎片化的知识体系连接成一个系统的整体。学为人师，行为世范，桃李不言，下自成蹊。

范梓腾认为,导师对学术的专注和以身作则的风范发挥着不可替代的作用。正是导师珠玉在前,让他得以更好地"尾随从游"。

以己度人,共享从游之乐

孟老师在"大鱼前导,小鱼从游"的过程中也极为关注"小鱼"的从游状态,上自学术科研,下至日常生活,关于学生的点点滴滴都放在心上。

"四年三主席",说的是在最近四年里,有三届公共管理学院研究生会的主席都是孟老师的学生。显然,平衡社团工作与科研的时间分配,并不是一个轻松的任务。有一次,在孟老师进行组会的同时,学院研究生会正在组织男生节活动。组里有一名同学怯于向孟老师请假,只能惴惴不安地在现场组织活动。孟老师发现他缺席后了解了原因,不仅没有生气,反而大手一挥,让全组的同学一起去活动现场给他加油。

孟老师与同学们共同庆祝(前排右三为孟老师)

"以己度人"是孟老师与学生交往时遵循的原则。他常说:"你们来到了这里,就成了我的孩子,有任何困难,不要怕麻烦我,更不必不好意思,一定要第一时间与我联系。"言出必行,他是这样说的,也是这样做的。

在美国博士联合培养期间,范梓腾收到一篇论文的审稿意见。审稿人建议是否可以进一步通过访谈等手段来补充质性素材,和既有的数据分析结果形成有机互补。然而,身在国外的范梓腾并没有办法立马回国进行实地调研。"我一时慌了手脚,第一反应就是向孟老师求助。"在说明情况后，孟老师立马和他探讨具有可行性的访谈方案设计，并帮助联系符合要求的访谈对象。"谆谆如父语，殷殷似友亲。"被人记挂着是什么感觉呢？大概是能觉到甜味的。

一位孟老师的学生曾在与孟老师的交谈中偶然说起自己对挂职学习的期待。令他意想不到的是，在两年后的一天里，孟老师告诉他，已经为他争取到了一个挂职学习的机会。多年的期待就这样变成了现实，而就在前往地方政府挂职的前一天晚上，孟老师与他倾谈到凌晨。

榜样无痕，续力先生之教。范梓腾在博士毕业后也成为一名教师，成为"前导的大鱼"，身后也会有学生"从游"。这就像是一个循环，只不过角色产生了转变。但不变的是，他将把一种谓之"清华"的品格传承下去。

"以先生为榜样，是我能想到向孟老师表达敬意的最好方式。"范梓腾说道。

（本文经院系审校定稿，原载于 2020 年 9 月"清华研读间"平台）

张贵新：
良师益友，厚谊长存

　　张贵新，男，现任清华大学高电压与绝缘技术研究所教授、博士生导师，担任中国互感器标准委员会委员、ICDMP 国际科学家委员会委员及中国代表，国家特聘专家。分别在清华大学电机工程系获得工学学士和工学硕士学位，在南洋理工大学理学院获得物理学博士学位，1998—2002 年曾在 MG Logic 公司担任高级研究员（Senior Research Fellow）。

　　张贵新老师的主要研究方向为高电压绝缘、微波等离子体、光电测量和电子式互感器技术。先后完成 30 余项各类科研项目，包括国家自然科学基金、"863 计划""973 计划"、IAEA、EDB、NSTB 及校企合作等项目。出版专著 2 部，发表论文 150 余篇，其中 SCI 收录 50 余篇，EI 收录 80 余篇。获省部级、国际设计奖、国家电网和南方电网等各种奖励 10 余项。

张贵新教授

我是一名强军计划的博士生，导师是电机系气体放电与等离子体教研室张贵新教授。

2017年8月，当我带着博士录取通知书走进美丽的清华园时，距离硕士毕业已经过去了14个年头。也许是只顾陶醉于清华园美丽的景色，也许是还没适应重新回到学生时代的生活，以至于报到后忘记了和导师联系。直到入学后的第三天，我才给导师打第一个电话。没想到张老师的第一句话就让我心里一下子忐忑起来，他说："这么长时间了你都不来实验室报到，我以为你已经放弃了呢！"我下意识地觉得张老师可能是个很严厉的人，而且对我的第一印象可能会不太好。

电话上聊了几句，张老师让我下午两点到实验室，和组里其他同学见个面，顺便向我介绍一下实验室情况。我自以为从紫荆宿舍到实验室，骑自行车5分钟应该足够了，于是吃完午饭，我又休息了一会儿才出发。但是，我却低估了清华园的大小和学堂路的长度，以至于等到了实验室时，我已经迟到了3分钟。看到张老师和其他几个同学都在等我一个人，我感到脸有点发烫。没想到第一天和导师见面，我竟连续犯了两个错误，我担心这会给大家留下一个不好的印象。

但是，等进入实验室以后，随着和导师接触的增多，我慢慢开始发现，我起初的担心完全是多余的。张老师是一个很亲切而随和的人，每次开组会的时候，他都会和我聊几句天，问一下我之前在部队从事的工作，了解一下我家庭生活中的一些情况，让我感觉我们似乎更像可以交流谈心的朋友。虽然我的年龄比同实验室的其他同学年长了十几岁，但由于入学晚，其实我更应该是个"师弟"。但张老师仍让他们称呼我为"师兄"或"李老师"，并且让他们学习我的军人作风和吃苦耐劳的精神。这让我感受到了一些压力，但同时对我也是一种激励。我决心用自己的实际行动，改变最初给大家留下的不好的印象，塑造一个全新的自己。

由于两次求学的时间间隔比较长，而且又跨了个专业，所以刚开始的时候我感到很吃力，阅读文献资料也很困难，我感到很着急。但是，张老师对此却表现出了很大的耐心,他从来不会批评我的研究进展缓慢,更不会冲我发火,而只是耐心地对我加以指导和帮助。在实验室每周的组会上,大家会轮流作报告,汇报一下本周的工作情况。刚开始的时候我还有些担心,怕自己的汇报内容太简单,可能会给大家取笑。但是张老师总是给我鼓励,表扬我本周工作取得的进步,指出下一步应该努力的方向。这让我慢慢建立了信心,并逐渐进入了状态,科研工作的开展也顺利了许多。等到学期末的时候,我已经可以独立设计实验了,并逐步得到了一些实验结果。这时候,张老师又鼓励我将自己的研究成果总结一下,写篇论文并尝试投稿。当时我还有点不自信,以至于稿件投出后,心情忐忑了一段时间。没想到之后不久,这篇文章就被《电工技术学报》顺利接收了,这极大地提升了我的自信心。之后的一年多时间里,我又陆续在《高电压技术》、IEEE Transactions Dielectrics and Electrical Insulation、High Voltage 上连续发表几篇文章。看到我取得的这些成绩,张老师很是欣慰,其他同学也开始对我刮目相看。

张贵新教授(左五)主持国家重点研发项目中期学术研讨会
(左一为博士生李大雨)

进入实验室一段时间以后,通过和其他同学聊天,我对张老师有了更多的了解,知晓了他丰富的海外求学经历,科研工作所取得的丰硕成果以及成果转化所取得的突出成就等,这都让我钦佩不已。我觉得,他应算是一个成功人士和高级知识分子了吧。但是,令我没有想到的是,他的生活又如此简单。有好几次,我都看到他中午在实验室吃泡面,这样的情景让我感到诧异,要知道,我们学生如果来不及去餐厅吃饭,通常情况下都会点个外卖的,但他却用最简单的方式来对付他的午餐。张老师给我留下的另外一个深刻印象就是他的低调简朴,从我来到实验室的第一天起,我就发现，张老师的办公室条件是那么简陋：很小的一个房间，里面一张办公桌，除了电脑和书之外，几乎没有别的东西。而我在原单位的办公室都要比这宽敞，而且条件要好得多。两相对比，敬佩的心情油然而生，我从这简陋的办公环境中，看到的却是张老师淡泊名利的宽广胸怀、安心恬荡的生活态度和甘于寂寞的奉献精神。

张老师时刻关心我的学习科研，帮我解决实验中的难题，给我雪中送炭般的指导与帮助。有一段时间，我的实验遇到了瓶颈。这时候，是张老师帮我解决了交流电压截断相位控制的难题，让我的研究工作一下子变得豁然开朗。之后我的所有实验都在该平台上开展，并且在此研究基础上连续发表了数篇论文，给我的课题研究提供了巨大的帮助。张老师同时也关心我的家庭生活，他知道我家里二宝年龄还小，便让我每个月回家一次，看望一下妻子和孩子。他教导我不但要做一个好学生，还要做一个好父亲和好丈夫，承担起一个男人应该承担起的责任，要把自己的学业和家庭兼顾起来。这让我既温暖又感动，这个时候，我更感觉我们之间没有任何隔阂，像贴心的知己和朋友。

张老师还始终秉承着清华大学"又红又专"的优良传统，他不但身体力行，做好表率，同时还鼓励我们全面发展。在他的支持下，我连续三年担任电博17党支部的支部书记，同时还积极响应学校号召，报名参加了庆祝中华人民共和国成立70周年专项活动。对于这些工作，张老师都很赞成，从不埋怨我占用了宝贵的科研时间。我也用自己的实际行动回报了张老师对我的信任，2019年6月，因为工作突出，我被评为"清华大学优秀研究生党支部书记"。同时在专项活动中，也被评为"庆祝中华人民共和国成立70周年活动先进个人"。

仔细想来，在工作多年以后，我还有机会进入清华园学习，从而实现自己儿时的一个梦想，我觉得自己真的很幸运。而更幸运的是能够遇到张老师这样的一位导师，从他的身上，我学到了很多。我不但提高了自己的学术科研能力，为以后的工作奠定了坚实的基础，同时还学到了很多做人的道理，意识到了为学和为人所要承担的责任，这些都会让我终身受益。在这里，我想对导师衷心地说一声："谢谢您对我的指导和帮助，您永远是我人生的楷模！"

（本文经院系审校定稿后供稿）

张涛:
科研路上的躬亲"传道"

张涛,工学博士,教授,博士生导师,1993年、1995年、1999年分别在清华大学自动化系获得工学学士、硕士和博士学位,2002年在日本国立佐贺大学获得第二个博士学位。曾先后在美国麻省理工学院、德国慕尼黑工业大学、日本国立佐贺大学和日本国立信息学研究所学习和工作近8年。现为清华大学自动化系系主任,信息科学技术学院副院长,工信部电子科技委委员,科技部特邀专家,北京信息科学与技术国家研究中心智能系统重点实验室主任。国际IET学会会士(Fellow),国际IEEE学会高级会员(Senior Member),国际自动控制联合会(IFAC)机器人技术委员会委员,国际重要学术期刊 *IEEE/ASME Transactions on Mechatronics* 编委,中国人工智能学会理事,中国自动化学会理事。

主要研究方向为机器人学、人工智能、控制理论等。曾主持或参与"863计划"项目、"973计划"项目、国家自然科学基金等30余项。曾发表论文200余篇,其中SCI收录80余篇,EI收录120余篇。出版学术专著、译著以及主编教材等10余部,获得国内授权发明专利20余项。曾获得国家级教学成果奖、教育部自然科学奖、军队科技进步奖、中国自动化学会自然科学奖和中国电子学会电子信息科学技术奖等。

师途
清华大学导学故事集

张涛教授

"嘿,频捷,我是张涛。咱们先去办一下参观证吧!"

第一次与张老师见面,是2017年在天津举办的世界智能大会会场外。我从来没有想过会以这样的方式认识未来的研究生导师。但当我提笔开始写课题组故事的时候,我眼前猛然浮现的,仍然是这样一位和我父亲年龄一般大的和蔼亲切的中年人,用他温文尔雅的声音,和我说第一句话。

作为受邀嘉宾的他,为了让我能够亲身感受世界智能领域的发展,走了十几分钟路程亲自带我去办理参观证。我看着汗流浃背的他一路给我介绍清华和实验室的情况,一下子就被他的谦逊和平易近人深深打动。

这种亲切感再次让我如沐春风,是我为了做毕业设计,刚在学校安顿下来,就被张老师叫去聊一聊的时候。我本以为这会是一场关于定题和能力考查的交流,但半小时的聊天过程中,张老师一直在向我介绍清华的食堂和各种生活的细节,向我推荐清芬的生煎包、大礼堂的电影,让我先多熟悉熟悉校园氛围,还让实验室的师兄师姐带我逛一逛夜晚的校园。我惴惴不安的心情也逐渐舒缓,令人充满期待的美好图景徐徐展开,我开始憧憬起未来几年在清华的科研和生活。

科研,对当时的我而言,是一个陌生又熟悉的概念。虽然曾经在本科参与过一些项目,但我在科研之路上的探索,仍然离不开张老师的悉心指导与严格要求。披星戴月的夜晚,张老师伏案为我修改论文,从图标的错误到语法的瑕疵,都为我细细指出,力求在当天就反馈给我;曙色熹微的清晨,张老师为我仔细拟写培养方案、逐门敲定课程体系,带上我们一同参与不同方向教授之间的激烈讨论,帮助我们拓宽学术视野、纵览学术前沿;慵懒困倦的午后,张老师特意为我远程连线组会,实时跟进课题进度,仔细询问我当前遇到的挑战和困难,站在师者更是长者的角度,为我提供多元的参考和帮助。严于律己、宽以待人的张老师,对待学生总是一副亲切和善的面容,一方面鼓励大家自主安排学习时间,在我们遇到问题的时候总是及时给我们解答和建议;另一方面还常常向我们询问新鲜领域的新知识,总是乐意了解学生们感兴趣的事情。

疫情期间张涛老师课题组线上组会　　　　组会微沙龙

在活泼有爱的实验室里，大家嘴边总是挂着这样一句话——"张老师夸你了吗？"在所有同门师兄姐的印象里，张老师始终是这样一位不爱批评人的老师。虽然对我们的科研毫不放松，但他总是站在一位谆谆教诲的师者角度肯定和鼓励所有同学。如果没有得到张老师的夸赞，就需要自我反省是不是进度慢了或者又出现了不该有的懈怠；这种无声的默契，在压力和动力之间实现了美妙的平衡。风雨无阻的每周组会、亲力亲为的科研指导、真切诚恳的成果点评、无微不至的耐心解惑、团结如一家的实验室同学们，在如慈父般的张老师的呵护下，在荆棘满途的科研道路上披坚执锐。

张涛老师（第二排居中）参加清华－贵州大数据研究

作为自动化系第一届大数据专业的学生，我们根据培养要求，要在贵阳的清华大数据基地进行一年半的学习与实践。身为系主任的张老师，常常在忙碌的工作之余来贵阳看望同学们，鼓励作为德育助理的我严谨落实学生工作。刚到贵州，张老师便带着我一起去查看同学们的宿舍、食堂、图书馆等基础设施的建设情况,又带我到实践的公司与企业导师细心交流,帮我安排得妥妥当当。

导师和学生、系主任和德育助理,我们两人双重身份的叠加,更让我深切感受到张老师的细心与谦和。最让我感怀至今的是,张老师还陪我体验基地的日常生活,全流程亲身感受每一个生活的细节,并将他当班主任的经验悉心传授于我,始终站在我的身后,支持着我,鼓励着我,更是时刻在我需要的时候为我提供建议和帮助。"师者,所以传道授业解惑也",在张老师身上,我真切地感受到"传道"二字事必躬亲、事无巨细的沉甸甸的分量。

想起张老师,便始终觉得他是一位可亲可敬的人。为了亲身真切感受如何带好学生,当年张老师西行德国交流、东渡日本求学、远赴美国访问,在为师的道路上精益求精;为了追求多元化的发展,张老师坚持亲自挑选每一个学生,一视同仁地寄予厚望,并鼓励有不同背景的同门在良性竞争的情况下,碰撞思维、激扬火花;为了学生能够在毕业后更好地发展,张老师会为每一位同学细心地分析就业方向,帮助争取更好的就业机会,不辞辛劳地关心毕业多年的师兄师姐的近况。

张涛老师在大会上发言

"江山代有才人出,我希望你们能站在我的肩上瞭望更远的地方",张老师的心里话,就像家一般温暖的港湾似的,陪伴着我们度过人生路上的一段坎坷但春风化雨的旅程。而对张老师,我也同样有着说不尽的心里话。甘雨膏泽,嘉生繁荣;在张老课题组下不过匆匆数年,但我却收获了一生也用不尽的满满教诲。相逢光阴如梭、相伴回忆似歌,唯愿我能在未来的路上砥砺奋进,不忘期许,不负师恩。

(本文经院系审校定稿后供稿)

朱荣：
让学生看见成长的自己

朱荣，清华大学精密仪器系教授，主要从事微纳器件与测控系统技术研究。2000—2002年在清华大学精密仪器与机械学系从事博士后研究，2002—2008年任清华大学精密仪器与机械学系副研究员，2003年5—11月在香港城市大学担任香港裘槎基金访问学者，2008年至今任清华大学精密仪器系教授。曾获国家技术发明奖二等奖1项、教育部科技发明一等奖1项、国际发明展览会金奖2项、高等学校科学研究优秀成果－技术发明奖二等奖1项、北京市科技奖一等奖1项，2006年入选教育部"新世纪优秀人才支持计划"。

"仰望星空，脚踏实地"，这是她对学生的教诲；

"言传身教，诲人不倦"，这是她身体力行的准则；

"授业解惑，育才树人"，这是她作为教师的奉献。

让我们一起来聆听清华大学精密仪器系朱荣老师的课题组故事，了解止于至善的导师风范！

仰望星空，脚踏实地

在柳世强本科的时候，朱荣老师就是他的班主任。当时还没有导师制，但是受到朱老师的鼓励，勤奋好学的柳世强进入朱老师的课题组，跟着师兄做项目。正是朱老师的悉心培育，让他有能力、有底气一口气做到了博士后。"朱老师是看着我成长的，我的每一寸进步都浸润着朱老师的汗水。"柳世强说。

朱老师教导学生，做一样东西，永远不要去跟着别人走，要有自己的想法，要做自己的创新。"我们很多项目都是从师兄继承下来，一直坚持到现在，并始终焕发着新的生命力，这些都源于不断的创新。在课题研究方向、创新点等方面，朱老师目光如炬，总能给予我们很多中肯的指导。"柳世强刚进课题组时接手气流式微惯性传感器的研制工作。在朱荣老师和师兄的带领和帮助下，柳世强熟悉课题所需基础技术，对器件进行结构优化设计，对陀螺仪加热元件进行温度闭环控制、对温漂进行建模及算法补偿，使得温度控制精度、响应速度和鲁棒性有了质的提高。接着在此基础上，研制了小型化、高过载MIMU，并用神经网络算法进行误差建模与补偿，进一步提出了适用于高过载、高动态环境下的姿态解算与数据融合技术方案。这一步一步，都是柳世强不断积累的结果。"不积跬步无以至千里，在任何一个领域都是如此。只有通过长期积累，不断地成长，你才能越做越好。如果每次碰壁都绕道而行，不断更换方向，每次都从零开始，你投入的成本相对来说会更大，成功的概率反而会很小。"

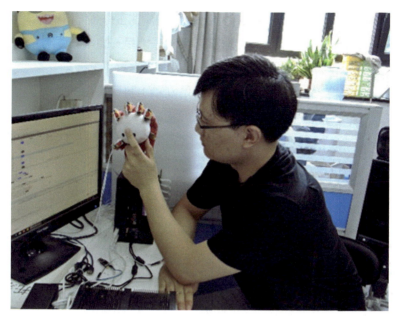

柳世强测试机械手目标识别和人机交互

"朱老师常说,你既要仰望星空,也要脚踏实地。"柳世强回忆道。"科研不能闭门造车,要在充分了解相应领域的技术难点和应用需求的基础上,做有用的创新,研发实用的新技术。"包括一些已经毕业的师兄们,在朱老师的熏陶下,大家都养成了实用实干、踏实稳妥的性格。博士后期间,柳世强将自己的研究积累用于人体可穿戴捕捉技术,搭建了基于表面流场-惯性传感组合的可穿戴运动捕捉实验平台。该方案捕捉测量精度和捕捉稳定性明显优于常规惯性方案,可解决常规可穿戴运动捕捉技术的瓶颈问题,将积极促进个人健康监护、康复医疗、运动训练等领域的发展,同时也有望为外骨骼、智能假肢以及相关医用和军用装备的发展带来新突破。

言传身教,诲人不倦

朱老师的课题组一直都保持着每周一次例会的习惯,同学们都会在例会上汇报每周的工作进展和下周的规划。"在此过程中,朱老师将自己守时高效的作风无形之中传递给每一个学生,帮我们养成了有计划、有条理的工作习惯,也提高了我们的执行力。"每次例会,朱老师都会极其负责地与每个学生单独交流,帮助同学们详细深入地分析、解决问题,探讨研究的方向以及规划新的创新点。""朱老师对学生极

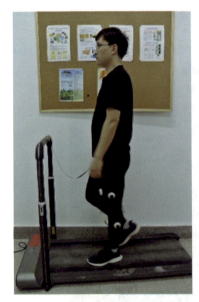

柳世强测试基于速度和惯性感知的新型可穿戴运动捕捉系统

强的责任心和饱满的工作热情特别让人佩服，例会上她常常会从一大早一直与学生讨论到晚上七八点，却从没有言苦言累。"

尤其是刚踏上科研道路的新同学，朱老师给予的不仅有鼓励，更有身体力行的悉心指导。"比如在英文论文写作上，新手往往不知如何下手。朱老师首先会鼓励我们大量阅读权威期刊文献，学习写作技巧，但初次写作仍常常惨不忍睹。即使如此，朱老师仍会不厌其烦地一次次与学生讨论，一遍遍帮忙修改。朱老师的鼓励和帮助，让我们以肉眼可见的速度成长着。"柳世强说，"快速成长必然离不开高标准、严要求。在朱老师的 push（推动）下，学生能快速跟上科研的节奏，这样就很容易建立起自信。一旦有了自信，就自然会有工作的热情，那后面的路就好走多了。"科研对每位同学来说，都需要有一个适应的过程。对每个人来说，如果能做自己喜欢的工作，那当然是一件最幸福的事。但如果你对面前的工作感到迷茫，那不妨先让自己动起来，找找节奏，没准你会爱上它。

授业解惑，育才树人

朱老师对学生的职业发展也十分重视。她常常强调职业选择要将自身的发展和国家的需要结合起来，金融、IT 要有人去做，科学研究也要有人去做。这和清华倡导的"国家至上、事业为先"的价值观和择业观不谋而合。很多人在毕业时对于就业方向并没有做过太多功课，大多都只有去大企业、拿高薪、走上人生巅峰的梦想和冲动，对自己要从事的职业一知半解。

一方面，朱老师常常邀请一些自己的朋友以及毕业的学生跟大家交流，为学生的职业选择答疑解惑，让大家有更多的机会了解各个行业，从而根据自身情况理性择业。另一方面，朱老师也鼓励大家去从事科研工作，这样每个人就可以延续自己在相关领域多年的技术经验积累，从而有机会在自己的领域有更多的建树，为国家的科技进步贡献力量。"博士毕业时,我也拿到了很多高薪企业的 offer(录用通知),但是在和朱老师以及师兄们交流之后发现自己还是比较适合做科研",朱老师的引导,让柳世强从本科开始踏踏实实一路走来,也正是朱老师的建议和鼓励,让柳世强更加坚定了继续从事科研事业的信心。

朱荣老师,用自己积累的经验牵引着学生仰望星空,用自己严谨求实的作风带领着学生脚踏实地。深夜亲自操刀调电路的身影、组会一整天与同学们的交流、职业规划教育教学上的牵挂,默默影响着每一位同学。

柳世强与朱荣老师合影留念

(本文经院系审校定稿,原载于 2020 年 8 月"精仪系研究生会"平台)

徐政：
用热爱启迪人生之路

徐政，1960年出生，上海人。1983年毕业于上海交通大学，获学士学位 1992年毕业于日本九州工业大学，获博士学位。现为清华大学深圳国际研究生院副教授，电力系统国家重点实验室深圳研究室副主任。

主要从事电力电子技术与新能源领域研究工作，并结合市场需求，开展新能源开发利用、变频节能技术的研究与产品开发，先后完成多联机小型中央空调变频控制总成、光伏提水专用逆变器、光伏并网逆变器、永磁同步电机和单相感应电机变频调速控制器等系列产品的开发，实现批量生产与销售，并开展光伏海水/苦咸水淡化系统、光伏储能系统、光伏电梯系统、风光互补提水专用逆变器等的技术研究与样机开发。其中，光伏扬水系统在全球100多个国家和地区得到推广应用，并于2014年获联合国全球人居环境论坛绿色科技范例奖。

徐政：用热爱启迪人生之路

一

4月上旬的某一个深夜，对着电脑敲学位论文的致谢，窗外响着点点的雨声，写着写着，我忍不住落了几滴眼泪。

新冠肺炎疫情让2020年的开启变得异常艰难，从计划的7天假期到居家的第N天，恢复学习状态，调整论文架构，参加线上答辩，没法返校的影响一点一点被降到最低，但也有没法弥补的遗憾。

常常令我惋惜的是，在学生生涯的最后时间，错失了与导师、与实验室伙伴相处的很多时间。我打心底里怀念大家一起朝夕相处的日子，怀念实验室的每一处角落，怀念见面时充满活力的招呼，每周末一起打球的约定，在茶水间等一杯咖啡的放松，还有一起去聚餐的热闹和快乐。当习以为常的生活被疫情推到未知的未来，才知道这些和谐、温馨和有爱是多么难得和令人不舍。

二

一直以来，都觉得能遇到徐老师这样的导师，进到这样氛围的组里，是我很大的幸运。

进组前，他是学长学姐口中的充满魅力的"男神"；进组后，我发现这"男神"称号的内涵实在丰富——科研和工作上的一丝不苟、事必躬亲，生活中的兴趣广博，积极豁达，以及性格中的幽默风趣、正直善良。徐老师好像是光，在不断地温暖和影响着我们。

三

徐老师是最乐观幽默的。

刚来到组里做毕业设计的时候，为了让我们新来的小孩尽快地消除陌生感、融入组里，徐老师总是特别关照我们，喜欢带着我们去熟悉校园里的各处光伏系统，带着我们去气象局出差，集体活动里也总提到我们或者开些玩笑，他随和、有趣，爽朗的笑声能搅动整场的快乐氛围。

科研时也是这样，在我三年的课题研究中，从论文选题、框架构建直到最终完成，每一个阶段性任务的达成，每一步难点的攻克，都离不开他的关心和指导。我是犹豫又带点胆怯的性格，面对未知的困难常会感到压力和不安，但无论是组会还是私下与徐老师的交流，都使我感到莫大的鼓励与支持，能生出克服一切困难、解决所有问题的信心和勇气来。

徐老师不会批评或者责难学生，他提供给我们的是细致的帮助、积极的态度和开阔的心境。令我非常佩服的是，他也从不因为学术或很多方面的长处露出倨傲的态度来，而永远是谦和、平等和友善的。

四

徐老师兴趣广泛到让人常感到惊喜。

他听古典乐，听戏曲，听日语歌曲，吹陶笛，我们常调侃我们的工位是"演唱会内场"，能听到他办公室传来的美妙音乐，权当放松与享受。

他写小篆，刻章，爱喝茶，也懂得好咖啡，自己画新家的布局图纸。

他身体素质很棒，声音和行动都充满活力，每天的工作时间比我们都要长。他游泳，踢球，从小学开始练长跑，大学时玩转铁人三项，在日本学习工作时留着酷酷的爆炸头骑着摩托四处旅行，回国当老师后在午休时间绕着校园一圈一圈骑自行车。

徐政老师

除了这么多的特长和爱好之外，他对科研和工作更是极认真、极负责，他能构思并手绘我们需要依赖电脑才能完成的电路图和印刷电路板图，用很多种颜色，按照严格的比例尺，画出令人惊叹的漂亮设计图来；校园各处有很多他开发和搭建的系统，光伏喷泉、太阳树、太阳能车棚等，这些系统的维护和修缮工作是烦琐的，但他总是亲力亲为，有着十二分的耐心与毅力，每天清晨和傍晚去观察系统的运行，台风后带着我们一起去清理光伏板上的树枝，顶着烈日安装或调试……永远充满干劲和力量。

五

徐老师热爱美食，做菜也很厉害。

他对应季的美食了如指掌，哪个时节的芥菜和蚕豆最好吃，应该选择小芹菜还是大芹菜，红烧肉如何烧出漂亮的焦糖色，炸虾球怎样层层包裹……在他这里，烹饪和饮食都是快乐。

他给我们做过肥美的大闸蟹，浓郁的咖喱鸡肉和牛肉，搭配自己煮的毛豆和腌萝卜，带到实验室来分享。我们去企业实习时，赶上中秋节公司举办团建活动，号召大家自己做菜带来公司分享，我们只当有趣地分享这一消息给他，他便和师母一起做了四个菜，代表我们四个实习生的"参赛作品"，装在漂亮的餐盒里开车送过来给我们。前年的冬天，实验室近30人一起去徐老师家里吃饭，一起包饺子、包馄饨、做生煎、炸春卷，用了七种馅儿，他又准备了一大桌子美食，炖了一锅漂亮又好吃的胡萝卜羊肉，年味儿十足。

徐老师曾在日本学习、工作和生活十几年，我们最爱听他分享日本文化，有一年寒假前，他带我们去吃日本料理——刺身、乌冬、米酒，甚至尝到了河豚，美食本身已经是很好的享受，加上徐老师对于食物和文化的讲解，便实在是令人难忘，就连包厢里完全看不懂的日语节目都变得很和谐。

徐政老师（右一）课题组合影

六

2019 年，和徐老师一起去上海出差，作为本地人，他带着我们从母校上海交通大学走到黄浦江和外滩，带我们吃咸豆浆、粢饭糕、熏鱼、红烧肉，最地道的上海菜，他背着很重的背包健步如飞，体力比我们都要好。

经过南京东路一家卖字画和文玩的店铺，徐老师讲起自己的童年时，喜欢写字画画，时常从家里一路跑几公里过来，站在这家店的橱窗外看一会儿，再去黄浦江吹吹风，后又跑回家的故事。

我想着那个一路奔跑的小孩，心里不知什么地方被触动。他一个人跑那么远的路，到喜欢的字画店，看着好看但昂贵的毛笔和宣纸，然后自己默默攒钱，终于买到心仪的东西。不知道当时的他是怎样的心情，心里装着什么梦想，但好像坚定、勇敢等品质，那时候就已经是他的标签了。

七

2020 年我就要毕业了，徐老师也到了退休的年龄，日子过得多么快。仿佛昨天还是在某一学期的开工饭现场，大家举杯一起说着新学期继续加油，期待、喜悦和十足的干劲，但转眼，要离开校园的倒计时已经屈指可数，不舍和留恋的情绪也更加浓重起来。

台湾诗人叶青写过一首诗：

你是光

但我想送你一颗太阳

让你累的时候

可以闭上眼睛

任他去亮

想把这首诗送给徐老师，在我们的心里，徐老师就是光。他好像永远不会疲惫，不会不快乐，不会犹豫和胆怯，不会抱怨和害怕，不会急躁和发火，所有的困难在他这里都举重若轻，所有的险境也都能逢凶化吉。我们也希望他能一直这样下去，做最幸福、最健康、最快乐的男神。

（本文经院系审校定稿后供稿）

熊剑平：
因材施教明方向，到祖国需要的地方去

熊剑平，1994年硕士毕业于清华大学精密仪器及机械专业后留校从事科研教学工作，历任精密仪器系助教、讲师、副教授。现任校保密管理办公室主任。曾任精仪系研究生工作组组长、系党委副书记、校学生部副部长、研究生工作部副部长、校定向生工作办公室主任、校国防教育与人才培养办主任、校党委武装部部长。曾获得国家科技进步奖二等奖、国防科技奖二等奖、北京市科技奖一等奖、北京市教学成果奖一等奖、北京市高校党建和思政工作优秀成果奖二等奖、清华大学"一·二九优秀辅导员奖"、清华大学"林枫辅导员奖"、清华大学"先进工作者"等荣誉和称号。近十年来，致力于国防人才培养和国防教育工作，深度参与了清华大学国防定向生、飞行学员及"强军计划"等国防人才培养教育过程，对军民融合国家战略背景下的军队和国防工业人才需求状况以及其岗位素质要求、核心竞争力、职业发展路径有深刻的体会和理解。

情结航天，仰望星空更要脚踏实地

从高考报名清华国防生的那一刻起，陈明旺就知道，在往后的日子里，自己与军旅生涯一定会有千丝万缕的联系。2015年本科毕业，他听从需求搁置保研资格，毅然进入西昌卫星发射中心，从此与航天事业结下了不解之缘。

"在工作期间，我深刻体会到作为一名军人所肩负的责任和使命，但也认识到部队基层与科技前沿间仍然存在着一定的差距。"虽然有着清晰的认识，本科的知识水平却束缚着陈明旺大展拳脚。从那时起，"返校再学习，将前沿知识带进作战一线"的想法就在他的心中悄然萌芽。2017年，时值单位高密度的任务发射期，陈明旺本已暂时按捺住心中的想法，全身心地投入任务执行中，却没想到自己能在一个月后再次回到熟悉的清华园里。

陈明旺深知，能够与清华园再会，体现了航天军工领域对于人才塑造的高度重视与大力支持，也饱含了单位对自己的信任与培养。"重返清华园，我深知自己有着军人和党员的双重身份：既要努力提高自己的科研和技术水平，企盼毕业后能继续为航天军工事业添砖加瓦；又要练就过硬的思想和本事，在各项工作中发挥自己应有的光和热。"在返校深造之时，陈明旺早已在心中为自己定下了目标。

幸遇伯乐，因材施教明方向

"我本科时的辅导员是熊老师的学生，在我准备读研时，他就向我强烈推荐了熊老师。"就这样，陈明旺成为熊剑平老师的学生，并开始了他的研究生生涯。

作为在职研究生，陈明旺一度困惑于自己的开题方向，难以在学术方向和军工经历中找到合适的切入点。"熊老师在我身上费了很多心思，专门结合我的工作经历和技术背景，找到了多个军工或航天方向的点子与我讨论。"熊老师总是抛出两三个原始性的事例，在交流中引导陈明旺展开思考。在熊老师针对性的启发下，陈明旺顺利地找准了课题，扎实地进入了项目攻坚的阶段。

在熊老师个性化的关怀与指导下，陈明旺对自己的项目充满了信心与干劲。"熊老师平时虽然非常忙，但是每次去找熊老师沟通时，他都会细致地询问我的实验进度，并结合我的实际经历，提出十分中肯的建议。"陈明旺总是心里感慨，在努力成长为千里马的路上，熊老师就是他的"伯乐"。

双肩挑，做文化的传承者

"除了日常科研，熊老师认为社工工作也能够大力提升个人能力，所以时常鼓励我们积极地参与进去，又红又专地全面发展。"于是硕士期间，陈明旺担任了本科生最后一届国防班的带班助理。担起清华"双肩挑"的优良传统，陈明旺知道，同学们口中的这声"陈导"，既是荣誉，更是沉甸甸的责任。

陈明旺在执行任务中

"我时常回忆熊老师、本科辅导员与我相处的点点滴滴，他们教给我的正是'言传身教'四个字。"在担任国防生带班辅导员期间，陈明旺十分注重自己的一言一行，以身作则。通过组织班级活动、走访寝室等机会，陈明旺分享自己在部队的所见所闻，潜移默化地将军人的优良传统带入同学们之中；通过一对一谈心，陈明旺坚持不让任何一个同学掉队，让同学在点滴之中不断成长。"国防班同学在选择分流时，每一个同学都在犹豫自己的将来，非常困惑。"了

陈明旺与熊老师合影（左一为熊老师）

解到同学们的思想动态后，陈明旺邀请熊老师、国防生班师兄先后与班里同学座谈，帮助他们消除疑虑找方向。在熊老师和陈明旺的帮助下，最后班内有多名同学选择坚定自己的初心，入伍报国。

"引导同学，让同学全面了解自己，不浪费光阴，不虚度年华，在最好的年纪里

找准自己人生的方向，这一直是我努力的目标。"从熊老师到陈明旺再到国防生班的学子，清华的育人精神与内涵，正一代代薪火相传。

陈明旺（前排左二）与熊老师（前排左一）在国防班班级座谈会上与同学们合影

庆国庆，展现当代清华学子风采

2019 年 10 月 1 日，由清华师生组成的"伟大复兴"第一方阵从天安门前穿过。而在游行筹备期间，为积极响应号召，陈明旺成为清华大学国庆 70 周年专项活动的教练；而他的导师熊剑平，则是此次国庆专项活动中方阵训练组组长和方阵行进指挥长。

活动伊始，许多同学无法兼顾高强度训练和日常安排，积极性受挫。为消除同学们的负能量，熊老师和陈明旺同每一个同学面对面交流，既为他们梳理了专项工作的意义和重要性，又切身说法地鼓励同学积极平衡与协调时间。"那段时间的确十分辛苦，我即将毕业有很多事情待处理和安排，心中本也充满了忧虑。但当我看到熊老师每天尽职参会，在训练之余毫无怨言地抽休息时间指点和帮助方阵同学时，心中的石头也悄然放下了。"陈明旺回忆道。

"熊老师对我们给予了很大的期望，不仅希望把方阵带好圆满完成任务，更希望我们能在活动过程中展示出清华学子应有的风采，将清华精神发扬光大。"在师生二人的带头努力下，国防生及部分计划入伍的同学提前 7 天就被召集起来展开专项训练，一步一个脚印地夯实了队列基础。最终，国庆游行圆满结束，游行方阵既充分展现了清华人热爱祖国的强烈情感,又体现了训练有素、昂扬向上的综合素质与精神风貌。

陈明旺在专项工作中

恩师鼓励,回到祖国需要的岗位上去

2020年,陈明旺即将硕士毕业,重回西昌卫星发射中心。由于工作单位地处偏僻,工作环境保密程度高,在即将毕业的日子里,陈明旺的内心也动摇过。在这段迷茫的日子里,熊老师不断地与陈明旺谈心开导他。"熊老师告诉我,要想清楚自己追求的是什么。一个人不管在哪,只要做有意义的事情,就会感到充实与满足。"通过反复交流,结合国防生师兄建功立业的事例,熊老师最终解开了陈明旺的心结,也再一次坚定了他航天报国的决心。

"特别感激熊老师的开导,让我坚定地投入'战斗'中去了。"再次回到工作岗位上,陈明旺在心态上有了很大的转变。"以前在学校的时候我是一名学生,现在回到工作岗位以后我是一名军人,保家卫国是军人的天职,我要用自己的知识来为祖国贡献一分力量!"

启航奖出征仪式上陈明旺和熊老师的合影（右一为熊老师）

"大家在学校时一定要考虑好自己未来的发展方向。无论去哪，一定要遵从自己的本心，有规划地去。但有一点我觉得很重要，那就是无论我们在哪，都要发挥清华人'不怕苦、不怕累'的精神，要把个人的价值同国家的命运联系起来。作为清华人，不要只以个人条件和经济收入去衡量人生的成败，要有这样的意识——我们一定要为国家的发展贡献自己的绵薄之力！"

不负恩师期望，离开水木清华的陈明旺正坚定地行走在航天报国的路途上。在祖国需要的地方，会有更多志同道合的青年人同他一道，于民族伟大复兴的路途中绚烂绽放。风雨兼程过山丘，必有繁花锦绣，且让少年游！

（本文经院系审校定稿，原载于2020年9月"清华研读间"平台）

史蒂文·怀特：
一切源自热爱

史蒂文·怀特（Steven White，白思迪），1997年毕业于美国麻省理工学院，获得管理学博士学位。他是清华经管学院创新创业与战略系的副教授，主要从事战略、国际化、创新及创业等领域的研究和教学。他的研究关注组织间以及组织和环境的关系，尤其注重针对中国转型时期的情境研究。

他当前主要的研究项目包括创业在新兴产业生态系统中的作用、中国创业投资产业的发展演变机制等。他的研究成果广泛发表在多种国际重要学术期刊，包括 *Academy of Management Journal*、*Strategic Management Journal*、*Research Policy*、*Journal of Management Studies* 和 *Organization Studies* 等。

师途
清华大学导学故事集

他是一个热爱生活的人，这种热爱让他无论对待生活和工作，都对自己有着很高的要求，他上的每一节课，不管曾上过多少次，每一个细节都会准备好。他是一位认真又真诚地对待每一位学生的老师，无论是一对一与学生交流，或是小组讨论，他都会仔细聆听，希望能够尽己所能帮助他们每个人。他是一个在学术上追求卓越的人，他始终坚持用自己做学术的高标准去要求自己，他很反对为了立竿见影的短效而放弃精益求精的质量，做一些没有意义的文章。他就是史蒂文·怀特教授，学生眼中的"家人"。

史蒂文·怀特和他的女儿在墨西哥（右一为史蒂文·怀特）

我是史蒂文·怀特教授的第一个博士生，也是他目前唯一的博士生。

博士生一年级结束后填报导师时，我并没有过多考虑就填了他的名字。之前跟他只是简单认识，虽然交流不多，但我能感受到他是一个很绅士也很认真做学术的人。填报导师前，我和他沟通了我的研究想法，没想到他很爽快地同意了。就这样，他成了我的博士导师，我成了他的学生。

博士阶段前一年半的课程学习是忙碌又紧张的，所以在选定导师后的很长一段时间里，我忙于上课写作业和听学术讲座，除了每周固定地跟他探讨一些对学科和科研的想法与思路，交流并不太多。只是每次去他办公室时，常常看到预约他时间要和他讨论的学生很多，我也发现他非常乐于跟学生交流，对每个学生都很有耐心和热情。

待博士生课程结束,我开始将主要精力投入具体的科研课题,也开始参与他的课程做课程助教后,终于有机会对他有了更多了解。我慢慢发现,他是一个真正热爱生活和工作、用心关注学生一步步成长、同时又非常专注于学术科研的老师。

史蒂文·怀特与"管理思维"课程的嘉宾和同学们(第一排左三为史蒂文·怀特)

他是一个热爱生活的人。这种热爱让他无论对待生活和工作,都对自己有着很高的要求。他上的每一节课,不管曾上过多少次,每一个细节都会准备好。无论他的学生需要约多早的会议,他都更早到达学院,早早地等在自己的办公室。有时候到得太早,他会买一杯咖啡,坐在经管学院内里的小院儿,享受着清晨的静谧美好。

他认真又真诚地对待每一位学生。无论是学生平时的作业还是正式的论文,他都会认真做好批改;无论是一对一与学生交流,或是小组讨论,他都会仔细聆听,希望能够尽己所能帮助他们每个人。他也希望自己的学生同样认真。探讨课业时,他一丝不苟全力支持,课程结束后,他会发自内心为学生开心,盛情邀请学生参加他特意为此组织的庆祝聚会。他把学生当成自己的朋友,很多学生的家人和朋友都知道他们在清华经管有个热情可爱又无比认真的导师叫白思迪(史蒂文·怀特教授的中文名)。

他对清华园的感情始于他读博士期间来清华访问学习,转眼他已在清华工作了十年,对园子的这份感情日久弥深。同时,他对北京的熟悉程度已远远超过很多在北京生活的中国人。我也很享受从他的视角去了解这个城市更多元的一面。在他的带动下,我认识了无数行业内外有趣的朋友,第一次去了自己酿酒的餐馆吃汉堡,第一次跟他去三里屯的因各种行业专题分享讲座而出名的书店，第一次去了长城脚下的农家院，一群学生和他围着篝火，畅聊到半夜……他细心地观察着这个世界、这座城市和这里的生活，也常常会把他观察到的"不同"带入课程教学和学术科研中，启发学生提出自己的见解和方案。

他是一个喜欢记录生活的人。他喜欢用镜头观察多彩世界的角角落落，捕捉街头巷尾的烟火气，记录生活中最质朴的那些点点滴滴。每当吃到一份好吃的食物，看到一本有趣的书籍，或者看到好玩的东西，比如农家院墙角的涂鸦、胡同口久用生锈的老式自行车、校园里更迭变幻的四季，他都会拍下来。他很喜欢把有趣的东西分享给身边的朋友，他的朋友圈看起来很像一个美食家的博客或者一个旅者的日记，但是我知道那只是他用大家一日三餐的时间顺手把他眼中缤纷的世界用手机记录了下来了而已。

他把这份热爱和认真，也带入了他的学术科研中。

二

他是一个在学术上追求卓越的人。

高质量的管理学研究的发表极其漫长，但是他却始终坚持用自己做学术的高标准去要求自己。他很反对为了立竿见影的短效而放弃精益求精的质量，做一些没有意义的文章。去年，当我看着身边的同学陆续发表出成果，而自己在做的文章一直在反复修改，内心难免紧张焦灼。我去找他聊起当时的心境时，他告诉我："如果你决定要做学术，那就要沉得住气，要发表对得起自己的文章。"

他是这样说的，也是这样做的。他很早就在 *Academy of Management Journal*、*Strategic Management Journal*、*Research Policy*、*Journal of Management Studies*、*Organization Studies* 等多个管理学顶级期刊发表过文章。近几年，他新启动了关于新兴产业和人工智能行业的研究，期刊发表还不多，我知道那是因为他很在乎自己发表的每篇文章的创新点以及所能提供的价值，相信在他的不懈坚持和努力下，终将守得云开见月明。2014—2019 年，史蒂文·怀特教授连续 6 年入选爱思维尔（Elsevier）中国高被引学者"商业、管理和会计"榜单，我想这也是对他学术科研态度很好的证明。

去年 8 月，我决定去麻省理工学院的斯隆管理学院访学一年，这里也是他当年读书完成博士学业的地方。因为我当时要自己带着五岁的孩子一起前往美国，心里难免顾虑重重。他得知此情，宽慰我说，当年他在此攻读博士学位时，也带着自己两个年幼的小孩，同时分享给我很多宝贵经验，以他曾经的心路历程极大地鼓舞了我的信心。

临行前他告诉我，要做好管理学研究，一定要有专业的学科背景，所以他建议我到麻省理工学院后，要找机会多学一些经济学和社会学的研究方法。他推荐我访学的研究组，一直用经济学的方法在做管理学研究。除此之外，在他建议下，我还去旁听了社会学背景老师开设的战略研究课程，以及跟社会学和人类学背景的老师学做定性研究。这让我的访学一下子变得异常忙碌，但这极大地丰富了我的科研视野和学术眼界，我相信这将会让我以后的学术和人生道路都受益匪浅。

2019年年底，在我努力了许久之后，终于有一篇文章基本成稿了。当我在微信请他有空帮我改一下那篇文章时，他很快回复说他打算飞来美国当面帮我修改。听到他那样回答，我想当然以为那只是个遥遥无期的承诺，并未放在心上。但两周后，他真的来到波士顿出现在我的面前，见到他的那一刻，我有着说不出的感激。

他在波士顿一周，像个学生一样早出晚归，没有去任何一个景点，每天坐在麻省理工学院斯隆管理学院的会议室里手把手指导我修改论文。期间我们一起拜访了他在麻省理工学院攻读博士学位时的老师，也是我这次访学的导师。他照例早早等在那里，一如既往地认真和谦逊，他是那样尊重自己的老师，尊重所从事的职业。一周下来，他处处用自己的言行在教我如何做一个真正的学者。

那一周，我除了感激外，只有让自己更加努力。

我们的付出最终得到了回报。我们把改好后的文章投稿到2020年美国管理学会（AOM）年会，结果这篇论文不但被会议录用，还被评为AOM年会最佳会议论文，入选了AOM年会最佳论文集。当我告诉他这个好消息时，他开心地向我祝贺，说由学生作为第一作者能拿到最佳论文真不容易。但我知道，这一点点成绩的背后离不开他无私的付出和持续的关爱。

三

转眼我已经博士四年级了，现在更加能够感受到导师对于我，更像是自己的一位家人。

远在波士顿，当看到国内新冠肺炎疫情暴发的时候，我会经常问在北京的他是否安全。而现在美国疫情十分严重，他也会经常分享各种他认为有价值并能够帮助到我的信息，以提醒我如何积极防护和应对，并一如既往地悉心指导我的研究。对于我喜欢的研究领域，他不问是否跟他已有的课题一致，而会第一时间去大量阅读相关文献，了解那个领域；当我遇到挫折，向他征求意见时，他会云淡风轻地说起当年没有接收自己博士入学的一所法国商学院，如何在多年后又接受自己前去执教的有趣往事，用自己的经历去鼓励我坚定信念；在我面对疫情心神不定时，他会告诉我如何调节自己，用这个时间去专注思考和科研；甚至夜深了，当他发现我还在熬夜去加紧完成科研任务时，他也会发信息提醒我早点休息……他从不会强加自己的想法给我，而是首先尊重我有不同的思考，然后用自己的言行，用自己的经历和体验，坦诚又细心地关心着自己的学生成长。

　　这，就是我的老外导师史蒂文·怀特教授对"导师"这份工作给出的最朴素的定义。

（本文经院系审校定稿，原载于 2020 年 5 月"清华经管研团"平台）

李锋亮：
明德笃行，以身垂范

　　李锋亮，1977年生，江西人。2005年毕业于北京大学，2006年进入英国诺丁汉大学从事博士后研究。现为中国学位与研究生教育学会研究生教育学专业委员会秘书长、清华大学教育研究院长聘副教授，博士生导师，*International Review of Research in Open and Distributed Learning* 和 *Asia-Pacific Education Researcher* 两种SSCI期刊的编委。

　　李锋亮副教授作为青年教师不仅在科研领域深耕研究生教育，主持多项国家级课题；同时身体力行在生活中关切研究生教育发展，注重研究生的思想引领和价值培养，其优良的课题组学风、导学关系获得院系同学一致认可。李锋亮副教授曾获清华大学刘冰奖、清华大学优秀党建与思想政治工作者等多项荣誉，成立的教育管理党支部李锋亮工作室获评"清华大学双带头人支部书记工作室"。主要研究方向为教育和劳动力市场之间的关系、社会资本的构建与效益和远程教育经济学。在SSCI、CSSCI和北大中文核心收录期刊发表论文近百篇。承担多项国家自然科学基金项目、北京市社科基金项目、北京市教育科学规划年度课题等科研课题。获得2015年度中国人文社科最具影响力青年学者奖、北京市第十二届哲学社会科学优秀成果奖一等奖、第五届全国教育科学研究优秀成果奖一等奖等多项荣誉。

初识老师，一堂精彩的课推开人生的一扇门

初识李老师是在教育经济学的课堂。那是我第一次见到讲教育经济学能讲得这么动情投入的老师，从人力资本理论到筛选理论到劳动力市场分割理论，他以自己为例，以同龄人为例，以现实生活中熟悉可感的时事政策为例，形象生动又深刻丰富地让我感受到教育与社会经济发展的复杂关系。他有一颗赤子之心，讲起自己和很多"初代大学生"通过高考改变命运的时候，他由衷地感谢党和政府，他的研究也更加关注教育公平、教育促进阶层流动、社会创新的作用发挥。他非常的平易近人，虽然博学多识但一点不让人觉得有优越感，能感受到他发自内心地关注社会、关心下一代。他和我们交谈、询问我们的高考经历、学习感受，和这位老师交流起来，没有丝毫的代沟。平时大家开玩笑说教育学看起来是最不硬核的学科了，谁都能对教育指点一二，每个人都对教育颇有见地、都觉得自己很懂教育，但是上完李老师的课以后我觉得虽然这些名词在书本里我都见过，但我真的不懂教育了。于是我在内心非常希望他能当我的导师。

结识老师，从价值观到职业生涯的全过程关切

我给李老师发了邮件，很快收到他的回复，约定在职业发展中心的空余的咨询室里面谈。那时候我才知道，原来李老师真的是一位很有责任感的老师，身体力行、说到做到，在学校职业发展中心也承担着为各个专业同学们答疑解惑的工作。老师先请我介绍了自己的求学经历、知识背景、研究兴趣，他一直认真而耐心地倾听，会在关键的地方补充提问让我多说点，后来我才意识到老师在听我说事情的过程中引导我对自己价值观念的省察，让我对自己也有了更深刻的认识。之后老师介绍起他自己的研究方向和承担的科研项目，结合我的情况详细地沟通确认。当我接连说出好多句"我想去试试"的时候，老师说："敢于尝试是很好的品质，我支持你，同时你愿意和我聊聊你的职业规划吗？青年时光是宝贵的，做事情要有计划有系统。"我在内心窃喜，去哪里找这么好的老师呢？不过很可惜，当时我还没有职业生涯意

识，没想好以后到底想从事什么方向的工作。但恰恰是老师的提醒，让我有了职业发展的觉悟。

加入课题组，严肃活泼团结务实的学术软环境

李老师终于成了我的博士生导师，我终于加入了课题组。课题组同学是一个紧密联系的学术共同体，老师经常在群里分享前沿研究和学习资料。平时两周开一次大组会，每位同学汇报研究进展，老师和其他同学一起给我们提建议、当参谋，经常有脑洞大开的研究思路。导师非常重视学术伦理规范，他经常像小学老师一样，把我们的论文投影在大屏幕上带着大家一起圈画，找出其中表达不严谨、引用不规范的地方，看到有疑问的统计数字还常常带着我们重新做一遍。导师对学术大胆质疑，小心求证，让我们每个人都由衷敬佩。导师了解课题组每个同学的优缺点，经常鼓励我们互相帮助，合作学习。导师对每位同学一视同仁，对不同类型的学生也因材施教，还组织"结对子互助学习"，让学术型学位的博士生去帮扶专业型学位（即EDD学位）的学生。学贵得师，亦贵得友。导师每周还会积极利用午餐或晚餐时间，单独和学生一对一交流，听同学分享生活感受、科研进展甚至家庭困难、恋爱纠纷各个方面状况，这被我们称为"小饭桌"制度。导师专门搞了个小本本，让小师妹帮忙统计课题组同学的生日，每一次过集体生日的时候，导师都给我们讲一段他的科研故事，让我们对困难不轻易言败，对成绩不沾沾自喜。导师，成为我们每个人的良师益友。

2020年的教师节，李锋亮老师（前排左二）与学生合影

教学有法：对拖延症拉一把，对畏难症推一下

课题组有位硕士小师弟，他的兴趣爱好很广泛。热爱街舞、rap（说唱）潮人，金融职业爱好者，他的职业规划也是跨专业就业成为一名金融从业人员。是的，专业是高等教育学，但志趣在金融。导师没有否定他的想法还支持他的选择甚至帮他联系实习机会，真心希望他成为我们课题组的"巴菲特"。师弟优点非常多，就是有点拖延症。"巴菲特"的学业一直是在导师的催促下推进的，起初导师担心他有学习困难，多次和他交流，发现并了解这就是他的学习风格，后来导师甚至知道"巴菲特"喜欢什么时间写作业、读论文，导师把给"巴菲特"的任务分成好几小块，每块都给出具体的截止日期。导师在"巴菲特"在场的时候就装作要生气的样子，没有耳提面命但是再三嘱咐他务必完成，但是在"巴菲特"不在场的时候，老师就给我们讲"巴菲特"今天又进步了多少、"巴菲特"还有多少惊喜是我们不知道的。"巴菲特"终于要毕业了，他的毕业论文写得非常有水平，同学们看了都连连称好。

课题组有位保送推研小师妹，她内向腼腆，很少主动发言。导师总是积极给予正向反馈，希望她勇敢一些。有一次新申请一个正好是小师妹感兴趣的项目，在她还在犹豫不决的时候，导师帮忙推了一把，"就你来吧，你可以的"。师妹就这样开启了新的"升级打怪"的历程，有了第一篇自己理想的期刊论文。

立德树人：立场坚定、道德崇高、以身垂范树榜样

导师对我们说，以后不论做什么工作都希望我们做社会坚定的建设者。他一直怀有初心，平时学院有扶贫工作他第一个报名，还根据我们的时间安排，带恰好有空的同学一起去大凉山参与扶贫实践。大凉山的土豆给导师和同行同学留下了深刻的印象，组会订盒饭的时候吃着土豆牛肉面，导师就给我们讲起教育对反贫困的重要作用。记得导师说：高等教育大众化、普及化是必要的，通常社会里的精英是少数，但是我们的社会不能只培养精英，光比精英的话印度也许不见得比美国差，但是我们的义务教育、高等教育给了每个人实现自我价值的机会，促进了社会的创新，这功莫大焉。

导师是教工支部的老支书了，他的党史知识很丰富，平时聊天的时候就给我们科普党的知识。第一次带男朋友见导师的时候，导师说："你是军人，想娶我的学生，那我要考考你的理论知识。"风趣幽默中见风格。每学期的第一次交流，导师总是提

李锋亮：明德笃行，以身垂范

李锋亮老师在大凉山扶贫

醒我们严格遵守校规校纪，积极参加党组织生活，鼓励我们适度承担学生工作。课题组同学都在校、院党团班中担任职务。导师自己也积极承担海关总署、北京市财政局等政府部门的项目，用他自己的话说"让研究支持政策，这也是清华大学老师的社会责任。"对互联网新媒体上的舆情事件，导师也经常挑出有代表性的案例与我们讨论分析。导师说："不管别人怎样，我希望你们和我一样作为清华大学的一员，都能坚定立场，不忘初心，做好一个建设者。"

新冠肺炎疫情期间，导师通过视频、语音、电话多种远程形式和我们交流，询问我们的生活学习状况是否有困难，分享公开数据库和相关资源，指导我们在家开展科研工作。正如导师挂在嘴边的警句一样：人生有如负重致远，上下求索，看淡得失。导师的教诲让我们得以发展、得以自我实现，让我们拥有更闪光的灵魂、更深邃的眼眸、更充沛的行动力和更美好的人生。我的导师李锋亮老师是一位优秀的党员、坚定的马克思主义信仰者，他是一个实实在在、表里如一的人，他的严谨、正直、乐观深深影响着我。导师给予我的帮助不仅是知识的传授、能力的培养、科研的训练，更有心胸的开阔、立场的坚定、价值观的升华。行飞与跪乳，识序始知恩。在导师的引领下，我逐渐明白教育的价值和人生的意义，立志像导师一样，知行合一，身体力行，把个人有限的能量汇聚在社会建设的大江大河中，做坚定的建设者，过有意义的一生。

立德立言，无问西东。感恩导师对我的培养，我爱我的课题组，这里有我最青涩、最美好的年华，有我的初心和梦想，有我的动力和航向。愿服膺守善心无违！

（本文经院系审校定稿后供稿）

李蕉：
"Push 团"之成团小记

　　李蕉，清华大学马克思主义学院（简称马院）长聘副教授、博士生导师，研究方向为中国近现代史、中共党史。

　　曾获第四届全国高校青年教师教学竞赛（思想政治专项）一等奖第一名、中宣部宣传思想文化青年英才、全国高校思想政治理论课教师 2016 年度影响力标兵人物等 4 项国家级荣誉；第三十三届"北京青年五四奖章"（2019）、北京市高校首批思政课特级教师（2016）等 6 项省部级荣誉；清华大学 2019 届毕业生心目中的好教师及课程、清华大学教学成果一等奖（2019），本科生"清韵烛光 – 我最喜欢的教师"（2016、2018）、青年教师教学优秀奖、年度优秀教学奖等 8 项校级教学类奖项。所主讲的"中国近现代史纲要"课程入选清华大学标杆课。

李蕉："Push 团"之成团小记

在清华的语境里，"Push（原意为推，在这里引申为严格或施压的意思）"的反义词不是"Pull（拉）"，而是"Nice（好）"。而马院李蕉老师的研究生团队，就有一个江湖传言不太怎么"Nice（好）"的称号："Push 团"。那么，"Push 团"这个称号从何而来？这究竟是一个怎样的"团"？

"Push 团"卡通形象

顾名思义，"Push 团"的团魂当然是"Push（原意为推，引申为严格或施压）"。当大师兄因为课题组日程缺席篮球队训练时，会收获队友们的一个复杂而意味深长的眼神；当小师弟从入学伊始就忙个不停时，也会引起女友的质疑："硕士一年级，为什么这么忙？"……这样的 Push 传闻多了，再加上李蕉老师"蕉爷"的江湖绰号，一方面会让同学们自然"脑补"出"Push 团"里各种凶神恶煞的高压氛围；另一方面也加重了外人对这个团的深层疑惑——这么"Push（严格）"，为啥团里的人还乐此不疲？这究竟是一个怎样的"团"？

"Push"何来：不是一个，而是一群

一般人眼中的文科生似乎都过着一种闲云野鹤式的生活，但李蕉和她的学生们却总是相当繁忙、从不停歇。但更有意思的是，这种"Push（严格或施压）"，并

非是李老师的单向施压，而是一整个团队的齐头并进。

李蕉是个操心的人，操心学生们的日常，操心学生们的研究。"倒推时间表"是"Push 团"的一大法宝。每个学期伊始，李蕉都会带领团队做计划，根据既定的研究方向和阶段性目标向前回溯，在时间轴上标出一个个关键节点和研究目标；而每一个重要节点，李蕉都与他们同在。学生们都在这张"倒推时间表"上依序前行，互相成为彼此的参照，在感到"被安排得明明白白"的同时，也有条不紊地度过研究生的科研生涯。组会，则是"Push 团"的另一个重头戏，也是"Push 团"中人既盼望又焦虑、想快点过去却不想立即结束的重要"神奇"存在。超时和"蕉虑"是"Push 团"组会的常态，组会信息量巨大，输出源也不止李蕉一人，团员们都会积极贡献资源和想法。"这个问题我也想说一下"是组会上出现最多的一句话。

在李蕉的带动下，她的学生们也一个个变成了操心的人。早晨七点，手机震颤，同门发来的文献睁眼可见；深夜时分，微信闪烁，论文修改的意见已见诸方寸之间。团队中资料共享、事务传递，早已成为常态。不管李蕉工作如何繁忙，组会都是她极为看重的沟通平台；为了科研进展的需要，资深的高年级师兄师姐还会带着同门"加开"没有老师参加的非正式"野生"组会，用团队的力量督促个人的研究不断推进。这时李蕉会欣喜地感慨道："现在团队越来越成熟，已经可以'脱离'我 AI（人工智能）自动运行了！"

"Push"成团：保留个性，熔铸共性

"读历史好玩儿吗？""Do you enjoy（你享受吗）？""这个研究超酷的！"……这些都是"Push 团"微信群里经常出现的对话词句。李蕉总是对自己指导的研究生说：讲近代史，要有逻辑，要有深度，更要有趣，而要想把这三个方面做到极致，就要真正地热爱它。在李蕉看来，只有真正点燃了学生的学术志趣、激活了学生的远大理想，学生才会取得恒久无穷的驱动力，彼此砥砺前行。

"热爱"让大家更勇于反思与表达，不断追寻学术研究的价值。对于研究生，李蕉很少一上来就直接给学生指定研究题目，而是启发学生要结合自己的生命体验和马克思主义的现实关怀来选择议题。她常说，"要关心你的关心，要关怀时代的关怀。""Push 团"里，大家有经济学、历史学、新闻学、哲学、思政教育等不同的学科背景，关注着知识分子、党员干部、青年学生、基层百姓等不同的研究对象，各自深耕思想史、政治史、社会史等不同的研究领域。在李蕉看来，这样发自内心的

志趣选择是非常宝贵的。充分尊重、及时引领，才能让学生走得更稳、走得更远。她常说："让历史活过来，也是让'你'自己活过来；历史之所以能活过来，是因为过去与现实产生了共振，而'你'之所以能活过来，是因为你最独特的生命体验促成了你最深刻的现实关怀。"

"热爱"也让大家更喜爱这个集体、彼此关心。别看"Push团"里的讨论有时会尖锐激烈、针锋相对，但大家的相互鼓励、嘘寒问暖却从不缺席。在2020年的春季，当中国的新冠肺炎疫情刚刚缓解、美国的疫情却忽然严峻之时，团里的小伙伴成员第一时间想到的就是远在美国斯坦福大学访学的任梦磊师兄。短短24小时，团内成员从祖国各地筹措来了多种抗疫物资，从口罩、药品到消毒片甚至盛放消毒液的瓶子，一应俱全。身处北京的大师兄多方联络邮寄渠道，让物资在最短的时间内到达大洋彼岸。而在这个特殊的毕业季，"Push团"的大师兄、大师姐更是接连收到"毕业惊喜"：有手绘"团合影"，手写"暖留言"，有非凡的"照片书"，还有超走心的"送别礼"。而"Push团"的温暖并不只是在重要时刻降临，也在一天天的平凡生活中润物无声，将团里的每一个具有鲜明个性的个体，熔铸为一个具有战斗力的集体。

"Push团"的彼此关心

作为团魂的"Push":自强而奋进,不辱时代使命

在马克思主义学院,研究生一方面要提升科研素养,以透彻的理论回应时代问题;另一方面要练就过硬本领,为将来走上讲台讲好思想政治理论课做准备。科研和教学,两手都要抓,两手都要硬。而在这个团里,大家有着一致的信念:学术研究来不得半点马虎,只有讲清中国革命的复杂逻辑,才能真正实现马克思理论学科"培根铸魂"的重要使命。

在"Push 团"里,做学问要"顶天立地"。李蕉说:"教育不是复制另一个'我',而是培养真正的'你';这并不仅仅是指个性鲜明,也意味着主动担当,要立大志向,要做符合时代需求、能够继往开来的建设者和接班人。"因此,"Push 团"会对每一个研究、每一篇论文、每一次的教学任务严阵以待、反复推敲,会将自己关注的主题,如政党革新、青年工作、群团关系,与实现"两个一百年"奋斗目标和实现中华民族伟大复兴的中国梦的大问题联系起来。随着史料被一层层挖掘、论文被一次次修改,"Push 团"各具特色的学术思考在时代大问题中统一了起来,出现了奇妙的相互关联。

在"Push 团"里,做教学要"立德树人"。助教任务是"Push 团"每年春季的一桩大事,对每一位团员来讲,这是学术成长的必经之路。在备受欢迎的"中国近现代史纲要"课堂上,李蕉的研究生们要带领本科生阅读一本本厚重的历史著作,要在小班讨论中与同学们一起探究历史的细节、思考历史的哲学,从而加深同学们对当代中国的道路认同和理论自信。小到组队分书、作业核查,大到读书讨论、展示评述,整个"Push 团"都会全情投入、以身作则,不敢有丝毫怠慢。在李蕉看来,如此严格地训练助教,不单单是因为清华"课比天大"的价值观,而是因为这其实是一个"未来思政课教师的孵化计划",只有让研究生"扣好"执教生涯的"第一粒扣子",将来才能成为一个合格的教育者。

作为团魂的"Push",是清华人自强而奋进的一抹"亮色",也是马克思主义者笃实而坚定的一种"底色"。虽功成不必在我,但功成必定有我,这是"Push 团"所追求的品格。

李蕉："Push 团"之成团小记

李蕉老师对毕业同学的寄语（中间为李蕉老师）

（本文经院系审校定稿，原载于 2020 年 7 月"清华研读间"平台）

佟浩：
遇见佟老师是件幸运的事

佟浩，1978年生，黑龙江鸡西人。2008年于哈尔滨工业大学获博士学位，2010年清华大学博士后出站留校任教。2016—2017年美国加州大学洛杉矶分校（UCLA）访问学者，现为清华大学机械工程系副研究员。中国机械工程学会特种加工分会青年工作委员会委员、微纳米制造技术分会委员会委员，中国机电一体化技术应用协会理事。入选北京市高校青年英才计划。

主要从事微细特种加工工艺及装备的科研工作。发表学术论文80余篇，获授权发明专利30余件。已研发出多项自主知识产权的核心技术和多台先进装备，获得工业应用和行业好评。荣获中国机械工业科学技术发明奖一等奖、中国机电一体化技术应用协会成立30周年智造好青年奖、特种加工学会成立40周年40篇优秀论文奖等多个奖项。

普玉彬,清华大学机械工程系强军计划2017级硕士生,曾在基层单位工作5年,在学期间获得国家奖学金、清华大学实验室贡献三等奖,2020年被评为清华大学优秀毕业生。在这些荣誉的背后是他三年间不懈的努力奋斗以及导师佟浩老师言传身教的指导。

光阴有脚当珍惜,书田无税应勤耕

"只要还有睡觉的时间,那就不能说'没时间'。"普玉彬对自己的时间管理一刻都不曾松懈。

来清华以前,普玉彬是一名助理工程师,日常工作是机械维修。普玉彬常调侃自己是半路出家:"本科毕业之后的五年时间里,我的日常工作是面对机器进行简单琐碎又重复的工作,这与科研是搭不上边儿的,可以说我离开学术工作很多年了。"因而普玉彬比其他年纪小的同学更有危机感和紧迫感,不敢浪费一分一秒。"从职场重返校园,我更加珍惜在这里的时光。"

每天早上6:20,伴随着清脆的闹铃声,普玉彬在园子里忙碌的一天就开始了。研一时是他压力最大的一年,普玉彬不仅要完成要求的课程,还要做实验、完成课题相关任务。

"研一的时候早上6:20起床开始写作业,7:40左右去上课,到了晚上就写材料,写到9点多有些困了,就去游泳馆游泳,运动完继续工作。课程结束之后,我的工作时间调整到早8点到实验室,坐下之后就不站起来了,除了吃饭,晚上12:30睡觉。那段时间我女朋友每天晚上10点钟回宿舍,把她送回寝室之后,我回实验室继续做实验。"普玉彬笑着回忆起这段往事,"当时还

普玉彬在做文献调研

瞒着她，她知道之后挺心疼我的。"

作为定向生，普玉彬自知基础差、起点低，要想获得与同期研究生同等的成果，必须要付出更多的努力。"不停地调研，不停地做实验，不停地写材料"贯穿了整个科研过程。

得益于学校丰富的学术资源，普玉彬调研了近500篇相关文献，了解课题的最新进展和现有问题；通过进一步的思考和实验，提出了许多创新方法和改进措施。

在主动导管的制造工艺研究中，针对微管镂空结构加工变形大的特点，普玉彬提出了基于电火花的加工工艺，连续奋战一个月搭建了四轴三维微细电火花加工机床，加工出外径为1mm的薄壁镂空微结构，它的尺寸精度小于10μm。在放电辅助化学加工工艺研究中，为深入了解加工机理和提出创新方法，普玉彬开展了上百次实验。"因为脑子里没思路，我只能多做实验，希望通过实验现象找出一些新想法。"

"付出总有回报，所以我要一直向前。即使走了弯路，那也是锻炼了身体啊。这算不上是努力吧，因为我只是把我该做的事情做好罢了。"

职责在身，使命在肩

如果要问五年的基层工作经历给普玉彬留下了什么，那一定是靠谱踏实的特质，这与清华行胜于言的校风不谋而合。

"开始还担心自己从职场返回校园的特殊身份会让导师有所顾虑，没想到佟老师反而对我前5年的工作经历赞赏有加。或许是因为我把工作时的好习惯带到了校园。在单位里，不打折扣地无条件完成上级交代的任务是常态，对导师教给我的任务，我也是按最高标准执行的。扫描电镜是常用的观测微纳结构形貌的手段，而结构加工的好坏直接关系到观测的效果。为顺利得到最好的观测效果，针对单个结构我总要加工5次甚至10次，以保证一次观测成功，不然心里没底。"

普玉彬的特质还体现在执行力上。"工作中的任务往往是很紧急的，因此我习惯把截止日期（deadline，ddl）提前，预留充足的时间以防特殊情况发生。"比如要求三天完成的工作，普玉彬通常会在第一天拿出初稿，第二天修改完善，第三天展示终稿，每一个时间节点都不拖延。

"沟通很重要，通信很重要，反馈很重要。"这是普玉彬工作时的原则。"我不仅仅把佟老师当导师看待，更把他看作为了完成同一个目标一起工作的同事，所以勤沟通很重要，我的工作每往前推进一步都会及时主动向导师汇报，而他也会适时给出建议，让我能往前推进时心里更踏实。"

而清华也对普玉彬产生了重要影响。"清华人应该有自觉的家国情怀，这是流淌在血液中、烙在基因里的印记；行胜于言，厚德载物，就是要务实肯干，以天下为己任。我毕业后会继续返回单位，以自己所学为国家复兴贡献力量。这个目标很远大也很漫长，我会用尽一生去追求。"

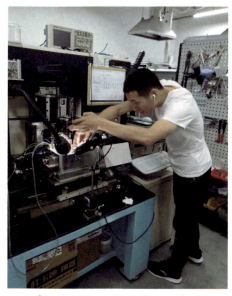

普玉彬进行微细导管加工实验

追忆过往，难忘师恩

三年前的夏天，普玉彬第一次在李兆基楼见到了自己的硕士导师佟浩老师，那次会面给他留下了深刻的印象。

"佟老师是个做事有规划、踏实勤奋有执行力的人，这些优秀品质深深影响了我。他很早就通过邮件和简历认真了解了我的情况，为我量身定制了硕士期间的学习计划。第一次见面佟老师就把他的规划告诉了我，包括适合做什么方向，每学期要达到什么样的进展，需要上哪些课程，等等。"

按照佟老师的计划，普玉彬开始了自己的硕士生活。"第一步，你先熟悉课题组已有的电火花加工方面的研究基础。"佟老师给普玉彬挑选了一些资料让他回去仔细研读。

"佟老师给我交代的第二件事是与一个课题研究有关。佟老师非常注意我自己的特点，我课程繁重时，嘱咐我先好好上课，但是心里要有这两件事情，空闲时可以进行调研和实验。这样主次有序的指导在我看来很有针对性和可操作性，也为我顺利完成硕士学业打下基础。"

普玉彬获得学位后与导师合影留念（右一为佟浩老师）

  佟老师的课题组一共有十余名学生，佟老师对待每一位学生都非常认真负责，每2~3天就要邮件与学生沟通科研进展，即便是长期在海外的留学生也不例外。"我们随时都可以联系佟老师，有问题他会随时帮忙解答。"

  入学之初的普玉彬，不知道怎样通过文献调研了解当前课题的研究现状，不知道怎样使用讲稿清晰准确地表达自己的想法，不知道要通过实验现象来分析根本原理，而这些事情对别人仿佛是可以轻松做到的。

  佟老师并没有因普玉彬基础知识薄弱而苛责他，而是耐心地一步一步教会他怎样使用数据库调研文献，包括选择关键字、筛选文献、精读文献和总结成书面材料。对于普玉彬提交的书面材料，佟老师总是不厌其烦地提出建议和改进的方向，邮箱里285封邮件记录着佟老师辛勤的付出。实验中遇到的各种困难，佟老师总是能够抽出时间帮助他解决问题，即便忙完已是深夜，佟老师也毫无怨言。

  口头报告一直是普玉彬的弱项，刚开始在课题组会上汇报时，他10页PPT讲了20分钟，佟老师亲自演示如何在5分钟内讲清楚自己的想法，给予耐心细致的指导。"现在我也可以在5分钟之内把自己的想法讲清楚，并且不论业内人士还是外行人都能听懂。这离不开佟老师对我一次次的训练。记得有一次去乌鲁木齐开会，佟老师陪我们过了五六遍讲稿，直到报告前一天的晚上，我们还在讨论PPT的节奏和用词。"

而做出漂亮的文献插图则是作为研究生的另一个必修课，但普玉彬一直不得要领。佟老师以加工参数影响工艺效果的插图为例，一边详细讲解，一边用笔和纸勾勒出插图的具体轮廓。"我仍清楚地记得当时佟老师细致的讲解，从横轴的变量，到左边纵轴加工结果，再到右边纵轴的去除速率，还有局部放大图。"佟老师在指导上不仅有宏观的方向，更重要的是有操作性极强的具体建议，这对于普玉彬的成长和进步无疑是非常关键的。

如果说读研是个"升级打怪"的过程，那佟老师就是普玉彬在这条路上的最佳助攻。导师的自律、勤奋让他时刻不敢松懈，也激励着他向一个又一个目标去努力。"我觉得自己能遇到佟老师是件很幸运的事。"

积水成渊，厚积薄发

研三是普玉彬收获颇丰的一年。这一年，普玉彬参加了第十八届全国特种加工学术会议并作口头报告，以硕士身份获得国家奖学金，同时他还申报了清华大学实验室贡献奖并荣获三等奖。"没有前两年的积累，这都是不可能的事情。很感谢佟老师使我养成做完实验就形成文档材料的习惯，这对后面写小论文和大论文太有帮助了。这几年我整理了无数个小文档，回头看都是自己曾经付出的心血。"

普玉彬的课题组每周五开组会，组会上不仅要汇报自己的工作，还要有一位同学分享一篇 *Nature* 或 *Science* 上的论文。"第一次读的时候，我花了两天时间没能理解透彻，单词看着都会，连在一起就不知道是什么意思了，这让我感到很是头疼。"但是科研能力就是在这一次次组会、一篇篇文章中提升的。现在的普玉彬，已经训练出了很好的学术品位，也掌握了快速阅读文章的技巧。

硕士学习生涯总是充满波折，尽管经过长时间积累普玉彬有了一定的知识基础，但他仍苦于无法形成研究成果。这时候佟老师引导他，做研究要有设计、有依据、有分析，但这样的建议在普玉彬眼里还是缺乏实操性。

直到一次做课题总结报告时，佟老师问了普玉彬以下几个问题："为什么要这么做这个研究？这么做与现有研究相比有什么优势？""这项研究成果在全世界范围内达到什么水平？"普玉彬逐一回答之后茅塞顿开。

佟老师接着说："做科研要讲究方法论。在做研究前要做好文献调研，搞清楚意义和现状；研究过程中要提出合理的方案，做到有理有据；最后要分析研究成果能达到的水平,评估研究前景。"导师寥寥数语指明了问题,使普玉彬明白如何将碎片化的努力形成完整的成果。

普玉彬在摩擦学年会上作口头报告

短短三年的硕士生涯并不能学到所有知识,但佟老师春风化雨般的教导,课题组温馨的氛围会润物无声地影响方方面面,让普玉彬受用一生。

(本文经院系审校定稿,原载于 2020 年 6 月"清华研读间"平台)

黄俊：
心之向阳，身之所往

　　黄俊，清华大学环境学院教研系列长聘副教授，兼任 Chemosphere 期刊副主编、中国环境科学学会持久性有机污染物专委会委员、生态环境部第五届化学物质环境管理专家评审委员会委员。主要从事持久性有机污染物（POPs）等新兴污染物的污染控制化学与国际履约策略研究。

"做科研就是要实干,实干才能兴邦,国家和社会的需要就是我们做好工作最大的动力。"来自环境科学与工程专业的黄俊老师总是这样教导同学们,"当老师最大的幸福就是看到自己学生的不断进步和成长,这能带来很大的成就感。"

不舍昼夜,实干兴邦

环境治理与污染防控是社会发展永恒的话题,它直接关系到人类健康和赖以生存的生态环境。作为主攻新兴污染物控制的学者,黄俊老师不断探索学术前沿课题,立足中国,面向国际。近几年以氟代持久性有机污染物为重点,负责编制了《中国全氟辛基磺酸/全氟辛基磺酰氟(PFOS/PFOSF)淘汰替代国家战略与行动计划》,并作为技术专家协助成功开发了赠款金额达 2400 多万美元的"中国 PFOS 优先行业削减与淘汰项目",为我国 POPs 履约提供了有力的技术支持。"当下各国科技竞争日趋激烈,想要拥有话语权,就要不断进取稳步向前。"黄俊老师如是说。

黄俊老师

在课题组眼里,黄俊老师是"发光"的。这束光一直在引领同学们发展的方向。很多时候同学们觉得科研工作量已经达到上限,但黄俊老师又会一次次走在更前方,"为什么老师可以做那么多事情"推动着课题组越追越勇。这束光一直在传播力量。

同学们都说黄俊老师爱笑，讲起研究进展时，说着说着，就自信地笑了，眼里笃定的光更坚实了大家实业兴邦的信念。这束光一直在感染周匝。有同学回忆起第一次去参观清华大学招生宣传片里的二噁英实验室时（2006年，清华大学环境系在日本NEDO项目、学校"十五"和"211工程"建设项目的共同支持下建成二噁英实验室），老师如数家珍地介绍了当初建设高水平实验室以及协助余刚教授编制完成《中国二噁英类减排国家战略与行动计划》等过往研究经历，那份溢于言表的自豪与魅力感染着大家，烙印心底。

黄俊课题组协作科研日常

黄俊老师给大家介绍实验室情况

今年刚毕业的博士研究生、研究生特等奖学金和学术新秀的候选人包一翔说，自己如今获得的进步和成绩都建立在黄俊老师悉心指引之上。回忆起职业选择时的纠结不定，他曾想过入伍当兵保家卫国，想过深入基层部门服务群众，也想过在高校教书育人。黄俊老师不止一次地与他深度交流过这个问题，也让他明白"只要坚持理想、厚积薄发，就能在任何一个行业找到一席之地，更好地报效社会"。如今，包一翔成为某国家重点实验室的一名科研人员。承师所愿，实干兴邦。

良师益友总温情

提起黄俊老师，课题组大家首先想到的便是"温暖"。温暖就在"秘密基地"。在遇到挫折的日子里，博士生刘立全像往常一样走向院馆五楼的小阳台与黄俊老师谈心，听黄老师分享自己的故事，或引导或鼓励，温暖而柔情。博士生姜新舒的手机响了，是黄俊老师发来的一篇公众号文章，满满的治愈文字传达着老师对于学生家庭压力与身心健康的殷切关怀，温暖而热烈。新冠肺炎疫情暴发初期，家在湖北的硕士生秦若冰面临着口罩购买难的困境，黄俊老师当即寄去一整盒 KN95 口罩，这份来之不易的包裹跨越时空的限制，将关怀传递至秦若冰的心里。

课题组秘密基地之"小阳台"

除开师间的日常生活，黄俊老师的温暖不止于此。"我最大的压力来自我做错了事情，黄俊老师不批评我。"博士生顾梦斌的博士资格考试汇报迫在眉睫，老师一句"继续加油，你没问题！"将他的焦虑转化为审视自己的冷静。温柔的鼓励远远胜于严厉的苛责，对于有追求同学来说，老师的包容、理解和支持给予了同学们科研攻关的必胜信念，让他们能够时刻以愚公精神鞭策自己，不负师恩，久久为功。这样的关怀，是根植于内心的温柔，是老师，也是朋友，亦是所有人的大家长。

心怀大地燃希望

新冠肺炎疫情期间，黄俊老师着力打造雨课堂"克隆班"，为清华大学与华中科技大学（简称"华科"）的同学们全英文教授"高等环境化学（Advanced Environmental Chemistry）"。正式开课前，黄俊老师悉心准备了五次试讲排练，以华科抗击疫情的海报为课程开端，用心研究、反复打磨教学计划，只为呈现出最佳的教学效果，将温暖和力量传递给每一位在线上翘首期盼的学生。千里共上一堂课，黄俊老师和华科的同学们一起，在疫情的黑暗中共同燃起一束光亮。课程结束时黄俊老师收到了一封联名信，"非常感谢黄俊老师三个月以来的辛勤付出和倾囊相授"华科学子纷纷表示，"我们都获益匪浅"。

华科学子的联名信

走过风风雨雨、走过冷暖四季，有过高光时刻，但更多的是踏实地积累与坚定地前进。黄俊老师身体力行地感染着学生，踏实践行着"行胜于言"的清华精神，学生们追随导师的脚步奋勇争先，努力让"自强厚德"的优良作风在课题组中代代相传。"光荣在于平淡，艰巨在于漫长"，责任与关怀在他们心中点燃的火焰从未熄灭。秉持着热爱与信念，太阳和"小太阳"们在这份可以奉献一生的事业里，恣意绽放，传递希望。

（本文经院系审校定稿，原载于 2020 年 8 月"清华大学小研在线"平台）

范文仲：
山高水长，立诚致广

范文仲，清华大学五道口金融学院兼职教授和战略咨询委员会委员。本科及硕士毕业于上海复旦大学国际金融系国际金融专业，后获美国耶鲁大学经济学博士学位，担任耶鲁国际金融中心博士研究员。现任北京金融控股集团党委书记、董事长。

范文仲教授曾任中国银行业监督管理委员会国际部主任，重庆市发展和改革委员会副主任，重庆市国有资产监督管理委员会副主任、党委委员，中国银监会研究局副局长。在此之前，曾经先后任职于中国财政部世界银行司、雷曼兄弟投资银行全球经济部等国内外多家政府和金融机构。

范文仲：山高水长，立诚致广

范文仲老师

"古之学者必有师，师者，所以传道授业解惑也。"

在清华五道口学习的时光虽然短暂，但常常会遇到一些能够影响一生的恩师，他们不仅是学术上的指导者，更以其精神和行为上的垂范，成为学生们人生的引路人。范文仲老师就是这样一位师者。"学高为师，身正为范；学为人师，行为世范"这十六个字，或许就是同学们对范老师最简洁和最质朴的表达。

用心引路，春风化雨

用心领路，因材施教，是学生对范老师发自肺腑的评价，这份用心的背后凝聚着范老师对学生的期望和责任，而留给学生们的是可敬可亲、尊师爱生的师者之风，犹如春风化雨，有如时雨之化者。"范老师给予了我太多的指导与帮助，无论是在学习生活还是在职业发展上。""他的学术研究和实践经验开拓了我的视野，导师虽然从事金融实践多年，但扎实的学术功底和对学术研究的热情让我感到触动和佩服。"

范老师随物赋形，会根据学生的禀赋和兴趣，帮助他们找到适合的研究方向和发展路径。困惑于研究和论文方向，有些同学难以找到合适的切入点，而范老师会根据每位学生的学术背景、工作履历、科研经历等不同情况，在选题阶段与每位同学深入讨论，并根据学生的专业特长确定有针对性和挑战性的课题。在论文的实际撰写时，范老师还积极协调相关的资源，为学生做出更有实践意义和价值的研究分析提供助力。

"我对论文研究方向有很多疑惑，对选题和研究内容也不够自信，导师在我的选题和内容撰写过程中给了我很大的指导，帮助我建立了信心，引导我找到了思路。""在论文攻难时刻，由于渠道方面缺少思路，研究难以成行，范老师引导我找到了两个思路，其中一个思路得到了数据的验证，打开了研究局面。"

范老师拥有国内国外世界一流的学术教育背景和国际顶尖金融机构的丰富从业经验，又在财政部和银保监会的关键岗位任职多年。"严谨治学和授人以渔"是范老师教书育人的心法。他除了要求同学对待研究要有主动性和专业性，同时也要有国际化视野和金融前瞻性，所以不管研究什么问题，他都会引导学生积极思考，激发同学的创作灵感。"范老师会陪我们一起讨论问题，帮我们分析症结，鼓励我们主动去克服难题，带领我们开展严谨的科学研究。""这些教导使我对国内本地金融市场有了更深刻的了解，在对本地金融市场进行分析的时候也显得更加得心应手。""从论文的选题到结构安排，从内容到实证模型，都凝聚了导师大量的心血。在这篇论文的写作过程中，老师不辞辛劳，多次与我就论文中许多核心问题进行深入细致的探讨，给我提出了切实可行的指导性建议，使我深受感动。"

传道授业，知明行笃

"培养金融领袖，引领金融实践"是清华大学五道口金融学院的使命，也是范老师的育人理念，正如"知之愈明，则行之愈笃；行之愈笃，则知之愈益明"。在传道授业解惑中，范老师激励同学们要胸怀时代使命感和责任心，无论是在研究还是工作中，都应开阔视野，投身于有社会意义和社会影响力的金融实践。范老师教导同学们："金融的本质是跨空间、跨时间有效地分配社会经济资源，为全社会提供更多的经济生活选择，在资源配置的过程中完成对整个社会福利边界的提升和扩大。"范老师对金融本质的理解也凝结着他对同学们如何"树人立业"的教诲和期望。

"导师在工作上勇担重任的创业精神让我受益匪浅。"国内金融控股公司的发展尚处在不断探索的过程中，根据北京地区整合金融资源的发展需要，范老师主动从制定宏观政策的国家机关来到金融市场一线，组建北京金融控股集团，打造集团发展顶层设计，建立了以金融科技板块为"大脑"、持牌金融机构为"骨架"、传统投融资业务为"肌肉"的总体发展规划，整体规划的高度、全面性和前瞻性都是空前的。"引领金融实践，建设新时代国有新型金融控股平台实属不易，这意味着责任和挑战，更是勇气和担当，其中的不易和老师的坚持让我印象深刻，也让我感受到'竹杖芒鞋轻胜马，谁怕？一蓑烟雨任平生'的赤诚之心。"

在经济主导下的现代社会，金融成为整合资源和实现价值的主要手段，范老师鼓励和指引学生要跟踪前沿和开拓创新。"范老师支持我探究时下的实践热点数字普惠金融和科技创新之间内在联系，也使我有机会深入了解在实践中如何刻画企业图像和评价企业风险。"为了帮助同学开阔视野，范老师想方设法，为学生提供宝贵的研究资源。"范老师在带领我研究文化金融课题时，给我提供了业界很多宝贵的资源，还很用心地送给我一本作者签名版的《中国文化金融蓝皮书》。""范老师为我协调大数据高级技术专家，从而了解如何利用大数据的机器学习算法识别企业造假相关的潜在风险。""通过实践的教授，使自己的分析模型和方法能够更加创新性地为国内财务造假的判别和预警提供理论和实践价值，并在未来各种场景下拓展应用。"

在范老师看来，指导学生既是繁忙工作之余的一项责任，也是与学生分享心得的一件乐事。即使工作再忙，他也会抽出时间，与同学们一起研究课题，讲授研究心得。"范老师工作的安排非常紧凑密集，连周末都少有休息的时间，但作为清华大学五道口金融学院的业界导师，依然会利用少有的周末空闲时间，为五道口金融学院不同项目授课演讲，平时也会抽出时间与我们进行交流。"他时常与同学们探讨金融前沿课题，鼓励学生发表自己的观点，在交流的过程中，让同学们感受思想碰撞的魅力。"范老师带领我研究了好几个前沿金融课题，老师不仅金融专业知识和学术研究功底深厚，还能在丰富的实践经验中达到融会贯通的状态。他循循善诱的方式，给我提出建议并引导我去思考，总让我醍醐灌顶和受益匪浅。"范老师常说，金融业发展革新速度很快，新的金融形态将会通过人才、技术等改革和赋能机制来实现，希望学生不要囿于一隅，应该打开视野，保持持续的学习状态和劲头。

躬身力行，润物无声

"树立和践行正确的金融价值观，立诚致广"是范老师躬身力行的人生信条，同时也是对学生的谆谆教诲。范老师希望学生在自己的岗位上，立足初心，勇担时代使命，守正致远。

北京金融控股集团作为兼顾社会效益与经济效益的国有金融机构，从创建伊始就致力于"服务百姓生活、服务首都发展、服务国家战略"，努力构建科技驱动、面向未来的智慧金融服务体系，通过开展特色党建、发展创新的企业文化，积极打造和践行正确的金融价值观。范老师作为国有金融机构领导人体现出的责任心和使命感是发自内心深处的，这种情怀和信心在目前资本市场弥足珍贵。

"志存高远，脚踏实地"是范老师躬身力行的理念，也是他传递给同学们的精神。范老师非常关切同学们的职业发展，他希望同学们在职业发展中追求卓越，树立高远的志向，拥有不断突破、求新求变的勇气。"范老师不仅指导我深入研究很多金融前沿课题，而且也深入了解我的职业发展路径，与我交流心得，为我争取学习成长和平台展示的机会，也为我悉心考虑未来发展问题并提点未来职业建议。""范老师很关心我的职业发展，我之前对未来发展比较迷茫，他非常细心地了解我的情况，每次面谈都亲切地询问我的动态和想法，并通过切实经历分享很多宝贵的经验，给了我很多启发。"

清华－康奈尔双学位金融MBA硕士论文答辩

在繁忙的工作和教学之余，范老师还十分关心同学的生活和工作。他鼓励学生要注重全面发展，同时也要常锻炼勤锻炼。"有几次与范老师见面虽然已经是晚上6点多钟，但觉得他神采奕奕，丝毫看不出工作的疲惫。范老师即使平时再忙，都会抽出时间锻炼身体。在新冠肺炎疫情期间也很关心同学们的身体状况，从这些生活点滴之间可以感受到他对我们的无限关爱。""范老师充分理解在职学习面对的时间与精力上的压力，指导我合理安排充分利用时间，兼顾学习工作两不误，并且树立年轻人敢打敢拼不断提升自我的决心和魄力。"范老师以他的自身经历和对人生、对事业的无限热情和忠诚感染着学生,他的言传身教,润物无声,恰是他带给同学们的一份宝贵精神财富。

　　落其实者思其树,饮其流者怀其源。对范老师的学生而言,这种师生缘分是树之根,是水之源。受其教诲,感念于心,感恩师长,不负师恩,以梦为马,不负昭华。故古有云:"云山苍苍,江水泱泱,先生之风,山高水长。"

(本文经院系审校定稿后供稿)

焦雷：
要说再见了，"焦师兄"

  焦雷，1983年1月生于北京。2001年进入北京大学学习化学，2005年毕业获学士学位。2005年进入北京大学化学与分子工程学院余志祥教授实验室攻读博士学位，在有机合成化学与计算有机化学方向开展研究工作。2010年获得博士学位后在德国洪堡奖学金的资助下进入慕尼黑工业大学化学系教授托斯滕·巴赫（Thorsten Bach）实验室进行博士后研究，主要研究方向为过渡金属催化的碳－氢键活化反应。2013年年底回国加入清华大学基础分子科学中心开展独立研究工作。焦雷博士曾获2008年罗氏化学创新奖，2010年礼来亚洲优秀研究生论文奖一等奖，2012年全国优秀博士学位论文，2014年赛姆化学期刊奖（Thieme Chemistry Journals Award），2015年求是杰出青年学者奖，以及2017年中国化学会－物理有机化学新人奖。

焦雷：要说再见了，"焦师兄"

还有一个学期，化学系博士生张力就将完成在清华的学业。回顾一路走来的种种记忆，张力很想对他的导师焦雷老师说一句"要说再见了，'焦师兄'"。

不仅是因为张力的即将离开，也是因为年轻的导师焦雷，曾经像"师兄"一样带他度过了充实的博士岁月。

"普适科学规律""新的反应""工业化应用"这些短语曾经无数次出现在张力的脑海中。成为一名化学系的博士生后，张力发现一个个反应、一个个现象背后的反应机理并没有那么简单。在反复思索中，他越发清晰地认识到突破性成果的根基在于基础理论问题。"只有深入的基础研究，才能有从 0 到 1 的创新。"他选择"沉"下去，把研究方向放在了自由基反应机理研究和新型自由基反应设计上。

"这段路并不好走，但所幸遇见了我的导师。"回顾自己的博士之路，张力把时间拉回了 2015 年。那时，正跟随焦雷老师做毕业设计的他，顺理成章地加入了他的课题组。焦老师当时刚回国不久，所以张力是他的第一个男博士。

如今，课题组里已经有了七个成员，他们戏称为"七个葫芦娃"，张力自然是"大娃"，焦老师则像"老爷爷"一样悉心培育着他们。"当然，焦老师一点也不老。"张力笑言道，不仅年轻，导师身上还有着几个很有意思的标签。

焦雷课题 2019 年毕业季合影（左五为焦雷老师）

技术遇上"宅",有理用得来

透过焦老师办公室的窗子,可以看到对面红色的大楼一角。他专门布置了一块青蓝色的窗帘,调和屋里的光线。

整个办公室也被一分为二,在里间他还添置了小台灯、红色小猪储钱罐等提升"幸福感"的物件,文件也被码得整整齐齐。

"毕竟老师'宅',办公室是除了家里最常待的地方,要讲究一些。"张力推开玻璃隔离门,就到了外间。一件长长的木书架,下方是摆着电脑的书桌,旁边还精心地配上了材质相同的圆凳子。

"这里是接待国内国外来访教授的地方,最常见的接待就是喝咖啡聊化学,一谈就是半个下午。"张力熟练地取出咖啡包,添上热水,不一会儿咖啡的香味就溢满了屋子。"导师后来就越来越鼓励我们和来访教授们喝咖啡聊天介绍我们的研究工作,自己则偷偷溜到别的屋子里。"张力已经深谙导师的会客之道,"怎么说呢,教授们只好和我们谈话,一来二去就这么认识我们了。"

社交的时间省了下来,焦老师就琢磨起实验室里的科学仪器。"去年,我们想要探索课题组完全没有涉及过的全新的光化学领域,但手里甚至连光反应器也没有。"面对市售的光反应器价格昂贵,到货时间又长,张力已经决定放弃了。然而,焦老师听到张力的想法后,要来了光反应器图片,认真琢磨了一下后,痛快地说:"自己动手,丰衣足食。"

张力和焦雷老师一起 DIY 的光反应器

"我最初听到这个想法的时候还以为导师在开玩笑,市售好几万元的仪器怎么可能自己做呢?"张力心里嘀咕着,一边听着导师解释光反应器的结构,一边按照老师的吩咐去五金店买了一些需要的电焊器材和 LED 灯。很快,从构思、电焊、拼接,只用了一天的时间,焦老师就带着张力 DIY(自己动手制作)出了光反应器,整个成本不到一百块。"太酷了。"张力从未想过仪器还可以自己造，而导师却拍着他肩膀说，"还有什么设备要整的？"

就是这个味儿

尽管焦老师"宅"，但有一件事一定会把他拉出门外。按张力的话说，就是"寻味儿北京"。

焦老师自己就是个老北京，从小就听着"磨剪子嘞，戗菜刀"的吆喝声，现在还对老北京的大街小巷、胡同大院了如指掌。只要组里来了新成员，焦老师就会召集他的"葫芦娃"们一起去最有味儿的馆子。他会亲自选一家藏在犄角旮旯的烤鸭店，从他家一撤就挪腾到挨着的涮肉小店，趁着味儿还没绝，麻溜儿地吃起来。

"这一顿吃下来，您还别说，感觉跟过了个小年儿似的。"张力坦言，尤其是做完一个大实验后，饥肠辘辘，疲惫不堪，吃上热乎的饭菜，那滋味"绝了"。

焦雷课题组一起品尝美食（左二为焦雷，左三为张力）

馆子里的菜式并没有让焦老师满足，他还一手承包了家中的饭菜，甚至会为了一道新菜品钻研半天，为了一份烤鸭反复尝试几十次。"每次看到老师为了一道菜的认真劲儿，感觉做实验也没那么难了。"

隔壁来的，但很清华

焦老师毕业于隔壁的北京大学，在那里待了9年，一直读到博士毕业。之后他去德国留了学，回国后就到清华任教了。"不知是受到未名湖的滋润，还是在德国受到了熏陶，抑或是清华园中的氛围，焦老师是个十分严谨的人。"张力之前做出一个实验，非常兴奋，没多想就一路小跑敲开焦老师办公室的门。

"没想到老师一脸严肃。"他看到老师扶了扶眼镜，双手一背，身子略微往前一倾，问的第一句话是"哦，你用了其他方法check（检查）了吗？"

张力当时一惊，兴奋劲儿一下子就冷却了。后来和老师相处多了，他才渐渐发觉导师对这种细节特别在乎，实验结果一定要保证是可重复的。"给这种严谨打个比方，就像焦老师在做烤鸭的时候，如何糊糖，如何吹气，几十道工序，他都会考究。"做菜中的"考究"用在了科研上就是"不糊弄"，这也成了课题组内文化的一部分。

"我特别喜欢看老师专注做事的那种状态。"不仅仅科研上严谨，在每周两次的组会上，焦老师还会注重学生的言谈举止与逻辑思维训练。学生们需要在其中一次组会上讲解前沿文献，有时候还要做一些习题。习题有些甚至是本科生难度的，但焦老师经常挂在嘴边的一句话就是细节决定成败。通过这些基础的训练，张力逐渐向老师的"科技范儿"靠拢。

焦雷老师在为学生们详细讲解反应机理

"check（检查），check（检查），再 check（检查）。"这句话也深深印在了张力的脑子里。现在，看到新进组的师弟师妹们，他也重复起焦老师当时的话，"哦，你 check 了吗？"

睡觉睡得好，科研不烦恼

"他还从德国搬回来了年假制度。"在张力科研学习压力很大的时候，焦老师会劝他放几天假调整一下状态。"在焦老师看来，好的科研应该张弛有度。"所以，一年除了法定假日外，张力和他的师弟师妹们会有固定天数的灵活休假时间。

因为讲究的是有效的工作时间和工作效率，除了放假，全组人员也都有一个比较规律的作息。他们一般早上 8 点起床，去邻近的食堂吃个早餐，9 点左右到实验室，也不用打卡，午间和傍晚还能休息一会儿，晚上 11 点左右从实验室回去，保证在 12 点前入睡。"这种日出而作，日落而息的生活，就像桃源。"在这一个时间段里，组里同学如果觉得不想做实验，无论是状态不好，情绪不好都可以跟焦老师请假，换一个心情再回来。

在核磁样品准备上样前，张力正在灯光下观察样品

当被问到是否请过假时，张力却摆摆手，"没有，我觉得不需要。"

亦师亦师兄

"师者传道授业解惑也，他会给我们讲很多做人做事的道理。"张力的第一个课题是焦老师带着做的，他对老师"鼓励做难题"的教学风格深有体会。张力当时的那个课题是研究一个反应的机理，但是这个反应在 2010 年被科学界发现以来，一直到 2015 年的时候机理也还没完全摸清，那 5 年就没有人有更多的进展。但焦老师还是鼓励张力去挑战，并告诉他有难度的科学问题都可以分解为学过的已有的知识点。焦老师的这种思维方式给了张力不再逃避难题的勇气。在解难题的过程中，他"发现做科研的一种魅力，会享受这种迎难而上的感觉"。

课题组一起为焦雷老师制作的教师节礼物

"他其实大我们不到10岁，更像我的师兄。"刚进组的时候，张力的实验一直做不出期待的反应，非常着急。这个时候，焦老师对他说，"大部分科研都是99%失败，1%成功。"因为年龄相差不大，焦老师也是经历过这些实验一步步走来的，"所以他其实特别能理解我遇到失败以后很难受的心情。"在张力起步的时候，焦老师就手把手教他，更多的时候是两个人互帮互助，一起把难题解决了。

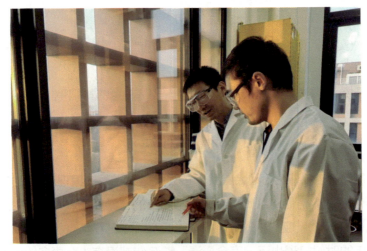

焦雷老师和张力在讨论实验结果（左一为焦雷老师）

因为实验室和焦老师的办公室就挨着，两边的门也都开着，实验遇到困难了，敲办公室的门就进去了。张力每次和焦老师谈话，老师都会挂着微笑，带着点文人式的儒雅，风度翩翩，而一谈起来总是有说不完的话。"因为老师是过来人，也很乐意站在学生的角度，分享自己曾经的经验，有时候一聊就一两个小时。"

"但焦老师也有不能触碰的底线，那就是科研态度要端正。"每次听到焦老师谈到这个问题的时候，张力能明显感觉到他的声调会提高，"房间里的气氛突然会冷静下来。"

尾 声

马上要毕业的张力，回忆起和焦老师共处的日子，总有说不完的故事。在这几年的时间里，他认识了老师丰富的面孔，看到了老师出色的品格。更重要的是，这是一段老师与学生共同成长的时光。在这四年里，焦老师愈发适应老师的角色，而张力也在他的言传身教中继承了他的科研方法，有了新的思维方式。

"他让我看到了一个可爱的、可敬的老师的模样。"张力收起咖啡杯子，用清水细细地洗了几遍。

（本文经院系审校定稿，原载于 2019 年 12 月"清华研读间"平台）